[美] 杰克·伦敦 著

野性三部曲

THE TRILOGY OF
THE WILD

刘文荣 译

文汇出版社

译者前言

杰克·伦敦 (Jack London, 1876—1916)，笔名，本名约翰·格里菲斯·切尼 (John Griffith Chaney)，生于旧金山，幼年当过童工，曾漂泊于海上，跋涉于荒野，但他勤奋好学，在艰苦谋生的同时读书写作，自学成材，最终脱颖而出，成为著名作家。

杰克·伦敦的一生充满传奇色彩。由于家境贫困，他从十一岁起就外出打工，做过报童和罐头厂勤杂工，也曾参与过流氓团伙的街头打斗。他喜欢自由闯荡，十三岁时曾独自划一只小船在暴风雨中横渡旧金山湾，差一点送命，但他却在一帮海上盗贼中赢得了名气，不久便结识了一帮"偷蚝贼"，专门偷盗旧金山湾养殖户的蚝（即牡蛎）。据他自己说，那时他年轻无知，干过许多坏事：酗酒、斗殴，甚至放火烧船。后来，他结识了几个海上巡警，又反过来做了巡警的帮手，专门帮他们去抓海上盗贼。

十七岁时，他在一艘捕猎船上当了一名水手，去日本海和白令海一带捕猎海豹。他受尽劳累和严寒、风暴的磨难，也感受到了捕猎海豹时的惊险和刺激。由于生性剽悍，他很适应水手的粗野生活，所以年纪虽小，却深受同行的尊敬和船主的赞许。但他不想一辈子当水手，而是想找一份有技术的工作。所以，不久之后，他就凭自己看书学到的一点知识，到奥克兰电车公司去求职。那时，电车刚刚问世，属于先进技术。他对经理说，只要能学到技术，他什么苦都肯吃。但没想到，经理却让他做每天十三小时的苦工，还没有星期天，累得他死去活来，技术却一点没有学到。他一怒之下，辞职不干了。

那时正值"大萧条"时期，工作很难找，他成了失业者。他还加入失业者队伍，从旧金山出发，到华盛顿去请愿。但在途中，他又觉得请愿也没用，便独自离开请愿队伍，爬火车在各地流浪，成了流浪汉。流浪乞讨，在美国的有些城市是禁止的，所以他被警察逮捕，又被法院判罚六个月苦役，成了苦役犯。获释后，他又爬火车到了加拿大西海岸。在那里，他再次上船当水手，随船回到美国。

他在一家洗衣店做洗衣工糊口，每天累得半死，根本没有时间和精力读书，而读书是他最喜欢的事情，即使在做苦役时，他也想方设法弄书来读。现在，他的读书梦也要破灭了。

正在这时，阿拉斯加传来了发现金矿的消息。于是，他做起了发财梦，像许多淘金者一样，打点行装，奔赴北极。那是一八九七年，他二十一岁。

他和三个伙伴一起历经千辛万苦，到达靠近北极的育空河，并在那儿度过了严酷的冬天。接着，他们便满怀希望，开始淘金。然而，没等他们把金淘到，他却得了坏血病（原因很可能是北极生活以肉食为主，缺少水果和蔬菜）。没办法，只好回家。于是，他和三个伙伴一起驾一只小船，沿育空河顺流而下，行程近两千英里，一直到达育空河入海口，即白令海峡，再从那里坐船南下，返回加利福尼亚。

淘金虽一场空，但淘金经历却使他意外地出了名。他早先曾写过几篇小说，不是没地方发表，就是发表了也不被人看好，而这回他以北极荒野为背景、以淘金经历为素材写的一些小说，没想到，竟然使他名声大作——几乎是一夜成名。

做定了作家的杰克·伦敦固然继续写作，但他"旧习不改"，仍不"安分"。他去做记者，而且是战地记者，动身到非洲去报道当时刚刚爆发的"波尔战争"。在途中，他接到报社取消计划的电报，要他马上返回。但他不听命令，擅自到伦敦的贫民窟去住了三个月，还写了一篇关于伦敦贫民窟的长篇报道，令报社哭笑不得。一九〇四年，他去远东报道"日俄战争"。到了日本，他觉得日本政府有意限制各国记者的活动，便租了一艘小船，偷渡国境，结果被日本边防警察当作俄国间谍抓了起来。获释后，他再次偷渡，而且成功到达了朝鲜半岛。由于他这种"超常行动"，他的报道当然比其他记者更为精彩。但是，他却一次次被日军抓获。最后一次，他在前线被抓后，日军准备处决他，直到美国总统出面，才把他从日军的监狱中救出。

这样一来，他的名气更大了，收入也非常丰厚，不久便成了大富翁。但是，他本性难移，决定到海上去冒险。一九〇六年，他驾驶一艘他自己设计的船，一个人去作环球航行。他预计花七年时间绕地球一周，但他设计的那艘船实在不行，花了好几万美元，毛病却很多，刚到夏威夷，就需要修理。修理后，勉强行驶到澳洲，便彻底报废了——环球航行，以失败而告终。不过，他还是成了人们心目中的"英雄"，因为有报道称，他一个人驾驶一艘"如此蹩脚的船"，竟然还能到达澳洲，实在令人称奇。

最后，杰克·伦敦的死也很离奇。一九一六年十一月二十一日，经营着一个农场的杰克·伦敦打算第二天到纽约去，中途还想到芝加哥去看看那里的牲口交易会，顺便买一些种牛。但是，就在那天晚上，他死了——就在他自己的房间里。他患有尿毒症，这是事实。但是，尿毒症不会突然死亡，这是常识。验尸报告称，他因服用过量吗啡而死。吗啡是他常服的药，为什么会过量？是有意，还是无意？若是有意，就是自杀。但是，一个人会毫无征兆地突然自杀吗？这叫人难以相信。若是无意，就是误用药物。可是，就在他的桌上，放着说明书，上面明明白白写着安全药量，年仅四十的杰克·伦敦，难道会如此糊涂？这同样叫人难以相信。但是，不管怎样，他死了，死因至今是个谜。

杰克·伦敦英年早逝，其创作生涯仅短短十六年。但是，在这十六年间，他写了十九部中长篇小说和一百五十多篇短篇小说，还有剧作、政论、随笔、特写等，可谓"多产作家"（其全集多达四十九卷）。本书所选，是他的长篇小说《白牙》（White Fang，1906）、中篇小说《野性的呼唤》（The Call of the Wild，1903）和短篇小说《热爱生命》（"Love of Life"，1907）。取名为《野性三部曲》，是因为这三部作品都以北极荒野为背景，以残酷的生存竞争为题材，颂扬野性的生命力和人类之爱。

《野性的呼唤》是杰克·伦敦的成名作。小说的主人公是一只名叫"巴克"的狗，它在被拐卖前是一只温和的家犬，过着安逸的生活，但被拐卖到严酷的北方后，它不得不面对一个完全不同的世界。在极其恶劣的环境中，巴克显示出强烈的生存欲望，克服一切难以想象的困难，成为一只适应荒野生存法则的雪橇犬。然而，巴克不仅受到恶主人哈尔的虐待，还差一点被哈尔打死。就在巴克被打得奄奄一息之际，约翰·桑顿救了它。约翰·桑顿是个爱狗的人，他阻止了哈尔的恶行后，收留了巴克，还为巴克治伤。就这样，等巴克康复后，它成了约翰·桑顿的忠义之犬，一次次为约翰·桑顿排忧解难，甚至救过约翰·桑顿的命。这期间，虽然巴克常常听到树林里传来野性的呼唤，常常会内心骚动，但它对约翰·桑顿的爱阻止了它，使它一直没有去投奔狼群。然而，不幸的是，有一天，它从树林边回到营地，发现约翰·桑顿被印第安人杀了。这使它悲愤交加，同时也彻底唤醒了它的祖先留在它身上的野性。它像狼一样发出一声长嚎，以此回应野性的呼唤，以此表明它对人类社会不再有一丝留恋。于是，它奔向树林，奔向荒野，奔向狼群。从此，它变成了一只狼，一只誓与可恶的人类社会为敌的野狼。

《白牙》是杰克·伦敦的长篇名作。小说的主人公是一只名叫"白牙"的狼，它出生在北极荒野，从小野性十足，但它母亲是一只曾被印第安人驯服过的驯狼，它除了具有野狼的天性（它父亲是一只纯粹的野狼），还具有驯狼的遗传基因，所以它幼年时代就离开荒野，投奔到印第安人的营地，在一个叫"灰海狸"的印第安人那里充当一只拖橇犬。但是，它终究是一只狼，不仅和狗生来就有世仇，而且天生是狗的杀手——印第安人营地里的所有狗都是它的复仇对象。后来，由于它的主人灰海狸染上酒瘾，用它和一个叫"美男子史密斯"的白人换了几瓶威士忌。这样，白牙到了新主人美男子史密斯那里。但是，它仍忠于灰海狸，不肯服从新主人。美男子史密斯是个邪恶之人，他利用白牙的仇恨和野性，把白牙当作一只专门和各种猛犬打斗的"战狼"，用来赌博和牟利。在打斗中，白牙百战百胜，附近一带没有哪只狗是它的对手。但最后，它遇到了一只本地没有的斗牛犬。那只斗牛犬不仅强壮如牛，而且不屈不挠，在白牙打得筋疲力尽之际，咬住了它的脖子。白牙必死无疑。然而，就在这时，有个名叫"维顿·斯考特"的白人正好经过此地。他见此情形，毅然挺身而出，把白牙从那只斗牛犬嘴里救了出来。接着，维顿·斯考特还从美男子史密斯那里买下了垂死的白牙。经过救治和护理，白牙康复了。现在，维顿·斯考特成了它的主人，而且还是它的救命恩人。然而，白牙仍不肯服从这个仁慈的主人，因为它不仅有狼的野性，还有狼的忠诚——它仍忠于它那个酒鬼主人。对此，维顿·斯考特差一点失去了耐心，但他最后还是决定用爱心感化白牙。他一点一点使白牙感受到人类最伟大的品质——爱。同时，他还使白牙一点一点产生了它过去从未有过的感情——对主人的敬爱（过去它忠于灰海狸只是出于它本能的恐惧，因为灰海狸手里拿着棍子）。就这样，在爱的感召下，白牙渐渐被驯化，成了主人和主人一家的忠实朋友和守护天使。一次，在主人一家遇到危险时，白牙舍身相救，身受重伤，命悬一线。后经主人一家奋力抢救，它终于转危为安。从此，它成了主人一家最钟爱的一只"天狼"，一只既勇猛又温顺的爱犬。《白牙》和《野性的呼唤》是姊妹篇。在《野性的呼唤》中，一只原本属于文明社会的狗，因为失去人类之爱而重返荒野，变成了一只野狼，而在《白牙》中，一只原本属于荒野的狼，因为得到人类之爱而融入文明社会，变成了一只狗。狗变狼，狼变狗，关键在于爱——没有爱，狗也会变成狼；有了爱，狼也会变成狗。这大概就是这两部作品的主题。

《热爱生命》是杰克·伦敦的短篇杰作，写得就如一首诗，一首悲壮的抒情诗，歌颂的是生命和生命的宝贵。小说中的人物其实只有一个，而且没有名字，就叫"他"。他在淘金返回途中，在荒无人烟、冰天雪地的旷野里艰难跋涉，孤单无助，几无生路：饥饿、严寒、疲惫、野兽，随时都会使他失去生命。但是，他"热爱生命"，他不愿死，他执着地要活下去。于是，他像牛一样趴在地上吃草；他舀干水坑里的水，抓小鱼充饥；他捡起狼群留下的鹿骨，啃食上面的残肉，甚至敲开骨头，吸食骨髓。尽管如此，生命之火仍在渐渐暗淡，行将熄灭。更为可怕的是，还有一只病弱的老狼尾随着他。那只狼和他一样"热爱生命"，它也不愿死，它要用他的血来延续生命，哪怕一天也好！这样，一个垂死的人和一只垂死的狼，展开了一场残酷的、噩梦般的生死之争——真正的"你死我活"。最后，当这个人爬到海边、奄奄一息地躺在雪地上时，那只狼终于追上了他。然而，正当那只狼爬到他身上、费力地伸过头来想撕开他的喉咙时，这个人奇迹般地奋力翻过身来，一口咬住了狼的喉咙。一股狼血进入他体内，延续了他的生命，这才使他最后被一艘捕鲸船偶然发现而得救。

杰克·伦敦的小说，尤其是他的早期小说，往往就是这样，人物被置于极其严酷、生死攸关的环境中，以此展露人性中最深刻、最真实的品质（《野性的呼唤》的主人公是一只狗，《白牙》的主人公是一只狼，但小说所要表现的并不是狗性和狼性，而是人性）。可以说，正是这种"严酷的真实"，使他的小说不同凡响，使读者为之震撼而有所感悟。

刘文荣

2022年10月于上海

目 录

野性的呼唤........ 1

白牙........ 89

热爱生命........ 281

野性的呼唤

The Call of the Wild
1903

一

巴克①不看报纸，否则它就会知道，麻烦事正等着它。这麻烦事不仅仅等着它一个，还等着从布格桑特到圣迭戈沿海一带②所有肌肉强壮、身披毛皮的狗。由于在北极荒野中探险的人发现了一种黄色金属，由于轮船公司和运输公司大肆宣传，成千上万的人涌向北方。这些人需要狗，需要肌肉强壮能做苦役、身披毛皮能抵御严寒的大型狗。

巴克住在阳光温暖的圣克拉拉山谷的一所大屋子里。这大屋子是米勒法官的寓所。屋子建在大路后面，半隐在树林里，透过树林，屋子四周阴凉的走廊依稀可辨。屋子前面，几条用细石子铺成的马车路在高大的白杨树阴下蜿蜒地穿过宽阔的草地。屋子后面的规模比屋前更加开阔、巨大。这里有大型的马厩，马房里有十几个马夫和仆人在照料。有好几排仆人住的茅屋，茅屋上爬满了藤蔓。有一长列看不到尽头的整整齐齐的仓库。有长排的葡萄棚、碧绿的牧场、果园和一小块一小块的浆果地。还有装着水泵的喷水井和水泥砌成的大水池，米勒法官的几个孩子早晨到这儿来嬉水玩耍，炎热的下午就在这儿避暑乘凉。

巴克统治着这块巨大的领地。它出生在这里，而且在这里已经生活了四年。当然，这里还有其他的狗，这么大的地方怎么会没有其他的狗呢？不过，这些狗算不了什么。它们来了又去了，住在拥挤不堪的狗窝里，或者默默无闻地住在大屋子幽静的房间里，就像日本狗图兹和墨西哥无毛狗伊沙贝尔那样——这两个古怪的家伙很少把鼻子伸

---

① 巴克：狗名。
② 从布格桑特到圣迭戈沿海一带：即美国西海岸。

到门外,也很少把脚放到地上。还有,这里至少有二十只小猎狗,这些小猎狗每当图兹和伊沙贝尔被一大群手拿扫帚和拖把的女佣人保护着,从窗户里向它们张望时,它们总要大惊小怪地吠叫。

巴克不是待在屋里的狗,也不是关在棚里的狗。这里所有的领地都是它的。它和法官的儿子一起跳进游泳池或者一起去打猎。它保护法官的女儿蒙莱和爱丽丝作黄昏或晨间漫长的散步。冬天的晚上,它匍匐在书房里熊熊的炉火前和法官的脚边。它驮法官的孙子玩耍或者和他们一起在草地上打滚,还保护他们作野外冒险,陪伴他们到马厩院子里的水泉旁边,甚至到小牧场和浆果地那儿。在小猎狗当中,它趾高气扬,对图兹和伊沙贝尔,它不屑一顾,因为它是国王——凌驾于米勒法官寓所中一切走的、爬的、飞的东西之上,包括人在内。

它的父亲爱尔摩是一只巨大的圣巴纳特种狗,曾是法官最亲密的伙伴,巴克有幸接替了它父亲的位置。它的个子并没有父亲那么大——体重一百四十磅——因为它的母亲雪普是一只苏格兰牧羊犬。但是,就这一百四十磅的体重,加上那种由于一贯的养尊处优而形成的威严,也足以使它摆出一副真正的贵族样子来了。在这四年中,它过着一种优裕舒适的贵族生活。它就像有些闭塞隐居的乡间绅士一样,有点自命不凡,甚至有点专横独断。不过,它倒没有让自己变成一只光会吃喝的家犬。打猎以及各种户外活动使它免于发胖还增强了肌肉。像那些喜水的动物一样,对水的喜爱使它精神爽快又身体健康。

这就是巴克这只狗在一八九七年秋天时的情形。这时,克朗代克[①]的发现正在把人们从全世界吸引到冰天雪地的北方。但是,巴克

[①] 克朗代克:阿拉斯加地名,此地因发现金矿而引来了无数淘金者。

不看报纸,也不知道园丁助手中有个叫马尼尔的是个背信弃义的朋友。马尼尔有一种恶癖,喜欢玩中国纸牌,而且有个致命的弱点,就是在赌博时相信一套固定的打法,这样他就注定了非倒霉不可。于是,他需要钱,而一个园丁助手的工资却仅够养活老婆孩子而已。

在马尼尔做出背信弃义的事情的那个不可忘怀的晚上,法官正在葡萄干制造商协会开会,孩子们在忙于组织一个体育俱乐部。没有人看见马尼尔带着巴克穿过果园走了出去,巴克当时以为是出去散步。没有人看见他们到了一个叫作考勒基伯克的小小的火车招呼站,那儿,有个人正等着他们。这个人和马尼尔说话,接着钞票在他们之间哗哗作响。

"你得把货捆好了,再交给我。"那陌生人粗声粗气地说。马尼尔用一根粗绳子在巴克的脖子上绕了两圈。

"你只要拉紧这根绳子,要想勒死它都可以。"马尼尔说。陌生人满意地嗯了一声。

巴克镇静而从容地接受了那根绳子。说实在的,它过去从未玩过这种游戏。但是,它知道应该信任熟悉的人,而且相信他们具有一种自己无法企及的聪明才智。然而,当绳子的一端交到陌生人手里时,它愤怒地叫了一声。这也不过是暗示一下它的不愉快,因为它很有自尊,相信暗示就是命令。但是,使它吃惊的是,绳子却在脖子上抽紧了,抽得它喘不过气来。它向那人一下子扑过去,那人便伸出手把它迎面截住,卡住了它的喉咙又反手一挥,把它四脚朝天地摔在地上。接着,绳子就毫不留情地抽紧,一直抽到它发疯般地挣扎,舌头伸到了嘴外,巨大的胸脯绝望地抽搐起来。它有生以来从未受人这样恶毒地捉弄过,也从未发过这么大的火。但是,它渐渐地感到浑身乏力,感到头昏目眩,而当火车被招呼停下,两个男人把它扔进一节货车车厢里去时,它已经什么也不知道了。

醒过来之后,它只是模模糊糊地感觉到自己的舌头受了伤,感觉到自己的身体在随着一种什么车子一起晃动。过岔道时,火车头发出的尖锐的汽笛声使他明白了自己在什么地方。它经常随法官一起旅行,坐火车的感觉它自然不会不知道。它睁开眼睛,就如一个被绑架的国王,两眼射出怒不可遏的目光。那个人跳起来想卡它的脖子,但它却抢先回敬了他。它紧紧咬住那人的手,死死不放,一直到脖子上的绳子再次把它勒得昏死过去。

"嘿!一只疯狗。"当列车员被厮打声吸引过来时,那人藏起被咬伤的手说,"老板让我把它带到旧金山去,那儿有个医道高明的兽医说能治好这只狗。"

在旧金山海边一间酒馆的后室里,那人为这次夜间旅行竭力地讨价还价。

"只给五十美元。"他抱怨说,"下次就是预付一千美元,我也不干。"

他的一只手正裹在一块血迹斑斑的手帕里,右腿的裤管从膝部到脚背整个儿已被撕开。

"那个傻瓜要了多少钱?"酒馆老板问。

"一百美元。"那人回答,"一个子儿也不肯少,我敢发誓。"

"那么,一共是一百五十美元。"酒馆老板一边数钱一边说,"这只狗就值这么点了,我可不是乡巴佬。"

绑架者解开血迹斑斑的绷带,望着自己被咬伤的手。"但愿我没得狂犬病……"

"得狂犬病也是你活该。"酒馆老板笑着说。"来,帮个忙再走。"他补充说。

巴克虽已昏昏沉沉,喉咙和舌头疼痛难忍,而且虚弱得只剩下半条命，但它还是勇敢地面对这两个迫害者。于是，他们把它按倒在地，又一次次勒紧绳子，一直到它脖子上那个沉甸甸的铜颈圈被取下来之后才罢手。接着，他们解开绳子，把它扔进了一只像鸟笼似的木条箱里。

在木条箱里，它躺下了。那令人厌倦的黑夜才过去一半，它躺着，平息着自己的愤怒，抚慰着受伤的自尊心。它不明白这一切究竟是什么意思。这些陌生人想干什么呢？他们为什么要把它关在这个狭窄的木条箱里？它不明白这到底是为了什么，但它感到一种模糊的大难临头的预兆。有好几次，小屋的门在夜里偶然打开，这时它站起来，希望看到进来的是米勒法官，或者至少是法官的孩子。但是，他每次看到的总是酒馆老板那张浮肿的脸在幽暗的烛光下向它张望，而每次，它喉咙里颤动着的高兴的呜呜声也就变成了狂暴的吼叫。

但是，酒馆老板不理会它，走了。到第二天早晨，进来四个人把木条箱抬了起来。巴克断定，这些人也是来迫害它的，因为他们一个个面目狰狞、衣衫褴褛、披头散发。它在箱子里隔着木条对他们吠叫、咆哮。他们却一味地笑，还用棍子捅它。它用牙齿咬棍子，他们越发捅得厉害，后来它终于明白了，原来他们是在故意戏弄它。于是，它愠怒地躺下，听凭他们把木条箱抬到一辆货车上。接着，它就和那只囚禁它的木条箱一起，开始在许多人的手里递来递去。先是运输公司的办事员看管它。随后，它被装上一辆卡车。卡车带着它和一大堆箱子、包裹上了一艘渡轮。卡车又离开渡轮把它运到一个大火车站。最后，它被作为托运物件装上了一列快车。

这列快车挂在汽笛长鸣的火车头后面开了两天两夜，巴克两天两夜没有吃也没有喝。快车上的列车员第一次走近它时，它愤怒地对他们吼叫，他们却把它戏弄了一阵作为回答。它浑身颤抖，嘴里吐着白沫冲撞着木条箱上的木条,他们笑它并且辱骂它。他们学着劣狗的样子汪汪乱叫,咪咪地学猫叫,还摆着手臂学鸡叫。它知道,这一切都极其无聊。但是,它的自尊心却因此受到更大的伤害,变得越来越怒不可遏。由于这样高度的紧张和过分激动,再加上干涸、红肿的咽喉和舌头在发炎,它被折磨得发烧了。

唯一可庆幸的是,脖子上的那根绳子总算解掉了。这绳子给过他们许多方便,现在既然已经解掉,它就要给他们一点颜色看看。他们永远别想再把绳子套在它脖子上。对此,它下定了决心。尽管它两天两夜没吃也没喝,但就在这受尽折磨的两天两夜里,它已经积聚了所有愤怒的力量,无论谁再来冒犯它,它就要叫谁倒霉。它两眼充血,左右环视着,活像一个发狂的恶魔。它完全变了,就是法官本人也不会认出它来了,而快车上的列车员呢,一直到西雅图①把它从火车上搬下去之后,才松了口气。

四个人小心翼翼地把木条箱从马车上搬到一个狭小的、四面围着高墙的后院里。一个身强力壮的男人,穿着一件领口已磨破的红色汗衫,走出来和车夫结账。这个人,巴克已经料到,又是一个要折磨它的人。它在木条箱里狂蹦乱跳。那人狞笑着,拿来了一把斧头和一根棍子。

"你准备放它出来?"车夫问。

"当然。"那人回答说,一面举起斧头开始劈木条箱。

四个搬箱子的人轰地跑散了。他们爬到墙上,坐在安全的地方,准备看一场精彩表演。

巴克冲撞着正在断裂的木条,噬咬着碎片,又蹦又跳。斧头在箱子上每劈一下,它就在箱子里吠叫与怒吼一阵,它那急切地渴望

---

① 西雅图:美国西北部城市,去阿拉斯加的必经之地。

获释的样子,恰恰和那穿红色汗衫的男人镇静自若的样子成了鲜明对照。

"好吧,你这发疯的恶魔。"当箱子上劈出了一道足够让巴克的身体通过的口子时,那穿红色汗衫的男人说道,同时他扔掉斧头,把棍子移到了右手。

巴克果真成了发疯的恶魔,它紧缩着身体准备一跃而出,全身的毛根根耸起,嘴里吐着白沫,充血的眼睛里闪烁着疯狂的目光。它集中了在两天两夜里积聚起来的怒气,笔直地向那人扑去。正当它的双颚马上就要碰到那人的身体时,它在半空中遭到当头一棍,身体一歪,上牙和下牙猛然一磕,痛得它翻滚在地,背部和肋部在地上摩擦。它生来从未遭到过棍子的打击,所以它并不认识棍子。它发出一声与其说是吠叫不如说是尖声的号叫,重新站起来,又纵身扑了过去。又是一击,噗通一声,它又被打回地面。这次它意识到那就是棍子,但它已疯狂得不顾一切,接二连三地猛扑过去,但每次都遭到棍子的阻击,每次都被打倒在地。

在一次特别凶猛的打击之后,它两腿发软,头昏目眩得无力进攻了。它拐着腿摇摇晃晃地走动,血从鼻孔里、嘴里和耳朵里流出来,美丽的皮毛上斑斑点点地溅满了带血的唾沫。这时,那人就走上前来,满意地对准它的鼻子猛击了一棍。这一棍带来的痛苦,真可以使它以往所受的一切痛苦都化为乌有。它像一头发狂的狮子一样大叫了一声,再次向那人奋身冲去。然而,那人只是把棍子移到左手,腾出右手,冷静地抓住了它的下巴,接着便是转身往下一扭。它的身体在空中划了一个圆圈,又划了半圈,随后头和胸啪的一声撞在地面上。

最后一次,它又冲了上去。那人故意拖延了好几分钟,随后便给了它致命的一击。它的身体抽动了一下,倒在地上,完全失去了知觉。

"他驯起狗来真不赖啊,我敢说。"坐在墙上的人中间有一个高兴地喊起来。

"他每天驯马,星期天还驯两次哩。"车夫一面爬上马车吆喝着马,一面回答说。

巴克恢复了知觉,但力气并没有恢复。它躺在刚才倒下去的地方,望着那个穿红色汗衫的男人。

"名字叫巴克。"那人自言自语地念着从酒馆老板那儿寄来的信,信中要他把巴克代售出去。"嘀,巴克,我的孩子,"他用温和的声音接着说,"我们刚才稍微吵闹了一下,现在我们最好把它忘了吧。你已经懂了你该怎么做,我也知道我该怎么做。做只好狗吧,这样就万事大吉,否则的话,我就把你揍得服服贴贴。懂吗?"

说着,他毫不在乎地拍了拍巴克刚被痛击过的脑袋。巴克一经他的手触摸,全身的毛就愤怒地耸立起来,但它忍耐着,没有抵抗。于是,那人拿水给它。它大口大口地喝了,接着又从那人的手里一片一片地吃了许多生肉。

它败了(这它知道),但它没有垮。它明白了,而且永远明白了,要想对付一个手拿棍子的人,那是毫无希望的。它接受了这个教训,而且在往后的生活中它始终没有忘记这个教训。棍子是一个新的启示。这是它进入原始法律统治地区的一种引导,是它不得不接受的一种引导。残酷的生活现实展现在它面前,而当它勇敢无畏地面对这个现实的时候,那深藏在它天性中的狡黠的本能也就同时被唤醒了。

随着日子一天天过去,还有一些狗也来到这里。它们不是被关在箱子里就是用绳子牵着。在这些狗当中,有的很顺从,有的则像它来的时候一样暴跳如雷。然而,它看到,它们都一个个地经过了那个穿红色汗衫的男人的训导。当它一次次看着那残酷的表演时,这样的教训也就越来越深地铭刻进它的心里!凡是拿着棍子的人就是立法官,就是主人,虽然没必要对他献媚讨好,但必须服从他。这最后一点,巴克始终遵守着,但它看见有些狗被打后会摇尾乞怜,还舔那人的手。他还看到有一只狗既不献媚也不屈服,一直为主权而搏斗,最后被打死了。

时常有一些陌生人到这里来,他们神情激动,语言花巧,用各种方式和那个穿红色汗衫的人交谈。而每当他们之间交接过钞票之后,陌生人总要带走一只或几只狗。这些狗到哪儿去了?巴克感到迷惑不解,因为从来没有看见它们回来。它对未来感到强烈的恐惧,所以每次当它落选后,它总是感到高兴。

然而,终于轮到它了。一天,来了一个瘦小的男人。这人讲着蹩脚的英语,话中还夹杂着许多巴克听不懂的古怪而粗野的口头语。

"天哪!"他一眼看到巴克就叫起来,"真他妈的一只大狗!嗯?要多少?"

"三百美元,简直是送礼物。"穿红色汗衫的男人马上回答,"你是用公费买狗,不会讨价还价,嗯,彼尔?"

彼尔咧嘴一笑。他知道近来由于特别需要狗,狗的价格已经涨到了天上,像这样一只品种优良的狗,三百美元的价钱并不算贵。加拿大政府买狗固然不肯吃亏,但政府也不愿意公文传送得很慢呀。彼尔懂狗,他一看到巴克就知道,这是一只千里挑一的狗——"万里挑一"。 他心里想。

巴克已看见了他们交接钞票,所以当它和一只名叫柯丽的性情温和的纽芬兰狗一起被这个瘦小的男人带走时,它并不感到诧异。这样,它就最后告别了那个穿红色汗衫的男人,而当它和柯丽一起从纳瓦尔号船的甲板上望着渐渐消失的西雅图城的时候，它已经和温暖的南方永远告别了。彼尔把它和柯丽带到甲板下面，交给了一个黑脸膛、高身材、叫作弗朗哥的人。彼尔是法国血统的加拿大人，皮色黝黑，而弗朗哥是法国人和加拿大土人的混血儿，皮色更加黝黑。对于巴克来说，他们是一种完全陌生的人（命运注定它将更多地遇到这种人），它虽对他们没有好感，但它同时又不能不对他们产生敬意。它很快就知道，彼尔和弗朗哥为人正直，他们在施行赏罚时态度坚决、公正，而且他们对狗十分了解，绝不会受狗的愚弄。

在纳瓦尔号船的底舱里，巴克和柯丽跟另外两只狗住在一起。这两只狗，其中一只是出生在斯比兹伯根岛上的又大又白的家伙，它是被一个捕鲸船船长带出来的，后来又加入一个地质勘探队，到过巴林群岛。这只狗表面上好像很友好，但它会一面冲着别人的脸笑，一面却在背后搞阴谋诡计。譬如，它们第一次一起吃饭时，它就偷了巴克的食物。巴克跳过去要惩罚它，这时弗朗哥的鞭子已经啪地打中了那个贼，而巴克呢，除了取回那根被偷的骨头，什么事也没有。巴克认定，这就是弗朗哥的公正之处，因而弗朗哥在它的心目中的地位，也就越来越高。

另一只狗既不表示友好，也不要别人亲近它，也不想偷新来者的东西。它是个忧郁的、脾气古怪的家伙，曾明白地向柯丽表示，它唯一的愿望就是不受打扰，如果有谁去打扰它，就会招来麻烦。它叫戴维，它除了吃饭、睡觉，就是整天打哈欠。它对什么事情都不感兴趣，甚至在纳瓦尔号经过夏洛蒂女皇海峡时，船被风浪打得上下颠簸、左右乱晃得像着了魔似的，它也如此。那时，巴克和柯丽都紧张万分，害怕得简直要发疯，而它呢，好像很不耐烦似的抬起头，淡淡地瞥了它们一眼，打了个哈欠又睡着了。

船上的机器永无休止地响着，船昼夜不停地行驶。虽然每天的情形都很相似，但巴克却感到天气在变冷。一天早晨，机器终于静了下来，纳瓦尔号船上一片忙乱。巴克和其他狗一样，感觉到了这种气氛，而且知道情况马上会有变化。弗朗哥给它们系上皮带，把它们带上了甲板。巴克一走上寒冷的舱面，脚就陷进了一种软软的、白色的、像淤泥似的东西里。它一紧张，纵身一跳，这白色的东西就扬到空中并落到它身上。它抖抖身体，但有更多这种白色的东西落到它身上。它惊异地用鼻子去嗅，又用舌头舔了一下。舌头像火烧一样刺痛，但马上又消失了。这使它困惑不解。它又试了试，结果还是一样。旁边的人全都哈哈大笑。它感到害臊，但又不知什么原因。这是它第一次看见雪。

二

在达亚海岸度过的第一天就像做了一场噩梦，巴克每时每刻都充满了惊骇。它被人从文明生活的环境里拖出来，现在又突然被人投入原始事物的包围之中。这里远不是那种悠闲的、温暖的、百无聊赖的生活。这里没有和睦，没有休息，甚至没有片刻的安全。这里有的只是忙乱和混乱，身体和生命在每一分钟里都受到威胁。这里最迫切、最日常的需要是警惕，因为这里的狗和人不是城里的狗和人。这里的狗和人都是野蛮种族，他们无法无天，不知道任何法律，只知道棍子和牙齿的法律。

它曾见过狗打架，但它从未见过像这里的这些狼一样的东西的那种打法，而且它最初的经验就给了它一个难忘的教训。当然，这是间接的经验，否则的话，它也不可能活下来受惠于这种经验。但是，柯丽却成了牺牲者。那时它们住在木材场附近，柯丽以它惯有的友好态度向一只爱斯基摩狗表示亲近。那只爱斯基摩狗虽说还不及柯丽一半大,但也有一只成年狼那么大小。那只狗一声不响,突然像闪电似的一跳,张开铁夹似的牙齿就咬,随后又同样迅速地跳到一边,而柯丽的脸,从眼睛到下巴,全被撕破了。

突然袭来,随后跳开,这是狼在搏斗时的打法,但还不仅仅这样。还有三四十只爱斯基摩狗跑到出事地点,团团围住两个打斗者,站在一边静静地观望。巴克不理解它们为什么要这样观望,也不理解它们那副馋涎欲滴、孜孜以求的样子到底是什么意思。当柯丽冲向它的对手时,那只狗又是突然一击,随后又跳开。柯丽再冲过去,它就用胸脯顶住它,用一种奇特的方法把它绊倒在地。柯丽再也没有站起来。这正是那些围观的爱斯基摩狗所期待的。它们吼叫着朝柯丽一拥而上,只听见柯丽一声惨叫,就被掩埋在一大堆毛发倒竖的身体下面了。

事情发生得这样突然,这样出乎意料,巴克呆住了。它看见斯比兹①伸出血红的舌头,好像在笑。它看见弗朗哥挥舞着斧头跳进狗群,又有三个人拿着棍子来帮助他。没有多久,就在柯丽倒地后两分钟,最后一个袭击者被棍子驱走了。但是,柯丽蜷曲着,毫无生息地躺在布满血迹和杂乱的脚印的雪地上,几乎被撕成了碎片。弗朗哥愤怒地站在柯丽旁边,嘴里恶狠狠地咒骂着。这情景,后来常常出现在巴克的心中,使它不能入睡。原来,它们是这样的打法,一点不讲"费厄泼赖"②。你一旦倒下,就算完了。那好,那它就应该小心,千万不能倒下。斯比兹又伸出舌头在笑了。从此以后,巴克就和它结下了不共戴天的刻骨仇恨。

他还没有从柯丽惨死的震惊中恢复过来,又受到了另一次震惊。弗朗哥把一副绳索套在它身上。这是一副挽具,它过去在家乡

---

① 斯比兹:狗名。
② 费厄泼赖:fair play(公平竞赛)的音译。

时见过马夫把这东西套在马身上。现在，它也要像马一样，开始做同样的工作了，也就是把一辆雪橇——雪橇上坐着弗朗哥——拉到山谷边上的树林里，随后等装满了木材，再拉回来。它成了一匹拉车的牲口，这使它的自尊心受到严重伤害，但它已经很聪明，知道反抗是徒劳的。它忍耐屈从了，虽然这工作它从未做过，也从未见过，但它尽力去做。弗朗哥是严厉的，对他必须唯命是从，而在他的鞭子的威力下，也只能唯命是从。还有戴维，一个有经验的拖橇能手，每当巴克一有错处，就咬它的屁股。斯比兹是领头的狗，同样有经验，它走在前面不能咬巴克，但它却时常用尖刻的吠声斥责巴克，或者狡猾地放松挽绳把重量压在巴克身上，迫使巴克纠正走错的步子。有两个伙伴和弗朗哥的共同指教，巴克很快就学会了，而且取得了明显的进步。它在返回营地前就已经懂得，听到"吁——"要停下，听到"驾！"就起步，在拐弯的时候要荡开一点，而当满载的雪橇在他们身后冲下山坡的时候，要给后面驾辕的狗让路。

"三只非常棒的狗。"弗朗哥对彼尔说，"尤其是那个巴克，拉得真棒。我把它什么都教会了。"

一直忙于赶路传送公文的彼尔在下午时分回来了，还多带回来两只狗。他叫它们"比利"和"乔"，这是兄弟两个，一对纯种的爱斯基摩狗。这两只狗虽说同出于一个母亲，但它们却像白昼和黑夜一样迥然不同。比利有个缺点，就是过于善良。乔恰恰相反，孤僻乖戾，老是恶狠狠地瞪着眼睛吠叫。巴克以同伴的态度对待它们。戴维不理睬它们。斯比兹呢，一开始就轮流对它们加以攻击。比利先是摇尾求和，当它知道求和无效时，就转身逃跑，而当斯比兹狠狠地咬它的胸脯时，它尖声喊叫（依然是求和的声音）。但是，乔却始终和斯比兹面对面周旋，无论斯比兹怎样追逐，它总是竖起颈毛，挺着耳朵，颤动着嘴唇不住地吠叫，一有机会还张口猛咬，两只眼睛里则闪出恶魔一样的光——简直是好斗和恐怖的化身。它这副可怕的样子迫使斯比兹放弃了对它的教训。但是，为了掩饰狼狈，斯比兹转向毫无战意、正在哭泣的比利，把它一直驱赶到营地的尽头。

黄昏的时分，彼尔弄来了另一只狗。这是一只年老的爱斯基摩狗，又瘦又长又憔悴，脸上布满打斗留下的痕迹，但一只残留下来的眼睛里闪烁着令人敬畏的勇武的目光。它叫索尔-赖克斯，意思是"愤怒者"。像戴维一样，它无所关心，无所给予，也无所期待。它故意慢吞吞地迈着阔步走到它们中间，连斯比兹也没有惹它。巴克很不幸，发现了它有一个怪癖。它不喜欢有谁从它瞎眼的一边靠近他。巴克曾在无意中冒犯了这个忌讳，当索尔-赖克斯转身扑过来并在它肩上抓出了一条三英寸长的深深的伤痕时，巴克才明白自己太冒失了。从此以后，巴克一直避开它瞎眼的一边，它们的友谊也就一直没有遇到什么麻烦。像戴维一样，索尔-赖克斯表面上唯一的愿望是不受打扰，别无所求。但是，巴克后来知道，它们俩其实都以工作为乐。

这天夜里，巴克初次遇到一个重大问题——睡在哪里。帐篷里燃着一支蜡烛，在雪白的原野上温暖地闪烁，而当巴克想当然地走进帐篷时，彼尔和弗朗哥一起对着它咒骂，还拿着炊具驱赶它，一直到它从慌乱中清醒过来，狼狈地逃到帐篷外面的寒气里。一阵刺骨的寒风吹过，它浑身颤抖起来，尤其是它受伤的肩膀更是被寒风刺得彻骨地发痛。它在雪地上躺下，想努力睡着，但严寒马上又迫使它重新哆哆嗦嗦地站起来。它悲哀而孤独地在许多帐篷之间徘徊，无论哪里，它发现都一样寒冷。在好几个地方，它又遇到一些野狗向它冲来，但它只是耸起颈毛大声吼叫几声（它正在快速学习），它们就不再打扰它了。

终于，它脑子里突然闪过一个念头：应该回去看看，那些伙伴是怎样解决这个问题的。使它吃惊的是，它们都不见了。它在巨大的营地里兜了一圈又一圈想寻找它们，可是一次又一次地它回到了原来的地方。它们在帐篷里？不，这不可能，要是这样，它也不应该被赶出来。那么它们到哪儿去了呢？它拖曳着尾巴，哆嗦着身体，绕着帐篷打转，样子真是十分凄惨。突然，它前脚下面的雪松开了，它陷了进去。脚下有什么东西在蠕动。它往回一跳，竖起颈毛大声吠叫，对这莫名其妙的东西感到十分恐惧。一声友好的低鸣消除了它的恐惧，它走过去察看。一股温暖的气息直冲它的鼻子，原来是比利，正蜷缩在雪下面一个小小的洞穴里。比利诉苦似的呜咽着，不住地扭动着身子表示它毫无恶意，甚至还大胆地伸出热烘烘、湿漉漉的舌头舔了舔巴克的脸，以表示它十分友好。

又是一课。原来，它们是这样解决问题的，嗯？于是，巴克有了信心，也找了一个地方，开始忙乱而费力地为自己挖了一个洞穴。不一会儿，那小小的空间里已填满了从它身体里发出来的热量，它睡着了。这一天的生活漫长而辛苦，它睡得很沉，虽然在一连串噩梦中它不停地咆哮、吠叫，还时时翻动，但始终没醒。

它一直睡到第二天早晨，营地里发出的喧闹声把它惊醒。一醒过来，它竟不知道自己在什么地方。夜里下过雪，它已整个儿埋在雪里。四周的雪墙紧紧挤压着它，它忽然有一种强烈的恐惧感——野兽对陷阱的恐惧。这是一个信号，表明它正在循着自己的生活道路向它祖先的生活返回，因为它是一只文明化的狗，一只过度文明化的狗，凭它自己的生活经验，是根本不知道陷阱的，因此也就没有理由对陷阱感到恐惧。它全身的肌肉痉挛地、不由自主地抽搐着，颈上和肩上的毛一根根耸立起来，它发出一声凶猛的吠叫，从地洞里直蹦到昏蒙蒙的晨光中，身后扬起一团像闪闪发光的云朵似的白雪。它还没站稳脚跟，就看到眼前的白色营帐，这时它才明白自己在什么地方，而且记起了从它和马尼尔一起出来散步到它昨天夜里为自己挖洞这中间所发生的一切。

弗朗哥一看到巴克就欢呼起来。"我说得不错吧！"赶橇人对着彼尔喊道，"这个巴克什么事都学得快！"

彼尔平静地点点头。作为加拿大政府传递重要公文的信使，他渴望获得最好的狗，所以拥有巴克使他感到特别高兴。

一小时后，拖橇的行列中又增加了三只爱斯基摩狗，现在总共有九只狗了。不到一刻钟，这些狗都已套上挽具，拖着雪橇向达亚山谷进发。巴克很乐意离开营地，虽然拖雪橇是件艰苦的工作，但它发现自己并不十分鄙视这种工作。使它感到惊讶并使它受到鼓舞的是，全队拖橇狗都充满着对工作的渴望，而更使它惊讶的是戴维和索尔-赖克斯的表现。它们在挽具下彻底地变了，变得几乎无法辨认。迟钝与冷漠从它们身上一扫而光。它们又敏捷又活跃，对工作抱着赤诚之心，而且不论哪只狗行动迟缓或忙乱而使工作拖延的话，都会受到它们的厉声斥责。拖雪橇这种苦役，仿佛是它们存在的最高表现，仿佛它们生来就是为了做苦役，而且唯有在苦役中，它们才感到轻松愉快。

戴维是驾辕的狗，紧靠雪橇，它前面是巴克，再前面是索尔-赖克斯。整个拖橇队伍就这样成单行朝前排开，最前面领头的狗，是斯比兹。

巴克被有意安排在戴维和索尔-赖克斯中间是为了让它接受它们的指教。巴克善于学习。它们也善于指教。只要巴克一犯错误，它们马上给予纠正，只不过它们是用锋利的牙齿来执教的。戴维很公正，也很明智，从来不无缘无故咬巴克。但是，当它认为有必要的时候也从来不会放过巴克。弗朗哥的鞭子是它的后盾，所以巴克发现，与其不服从戴维的指教而吃弗朗哥的鞭子，还不如老老实实遵命为妙。在一次中途休息时，巴克缠乱了挽绳，耽误了出发时间，戴维和索尔-赖克斯同时扑到它身上，狠狠地教训它。结果挽绳缠得更乱。不过，这之后巴克便十分留神，不再缠乱挽绳，而且在天黑之前就熟练地掌握了自己的工作，两个伙伴也不再咬它。弗朗哥的鞭子声也不再响起，彼尔甚至还夸奖了巴克，还提起它的前脚仔细查看了一阵。

这是一整天的艰苦行程，他们穿过达亚山谷、西普营地、分界线和森林地带，穿过冰河和数百英尺高的雪丘，又翻越了介于咸水湖和淡水湖之间的巨大的奇尔可特山岭。那是进入北方荒野的一道屏障。他们争分夺秒，沿着一长列由火山口形成的湖泊匆匆赶路，直到半夜，才拖着雪橇走进位于贝内特湖一端的巨大营地。那儿有几千个淘金者在制造船只，等待春天到来，湖里的浮冰融化。巴克在雪地里挖好洞，困乏地酣睡，但没等它睡醒，就在寒冷的黑暗中被驱赶出来，和它的伙伴一起又被套上了挽具。

这一天的路况很好，他们走了四十英里。但是，第二天和往后好几天需要他们自己开路，行程变得越来越艰苦，越来越费时间。按照惯例，彼尔穿着扁平的雪鞋踩雪，走在最前面为雪橇开路。弗朗哥站在雪橇上指挥拖橇狗。有时，弗朗哥和彼尔会换个位置，但并不经常这样。彼尔走得很快，因为他熟知冰河而且对此很感到自豪。不过，这种知识确实是必不可少的，因为雪橇下面的冰层有时很薄，在有些水急的地方，甚至还没有结冰。

就这样，一天又一天，巴克被套在挽绳中做着苦役。他们常常天没亮就上路，当天边微微露出曙光时，他们已经赶了好几英里路程。他们常常要到天黑才扎营休息，吃一点鱼干，蜷缩在雪地里睡觉。巴克总是饥肠辘辘，每天的口粮是一磅半鲑鱼干，这对它来说简直就像没吃过一样。它从未吃饱过，总是受着饥饿的折磨，而其他的狗因为体格较小，加上已经习惯了这种生活，所以只要有一磅鱼干就行了。

巴克很快改变了过去的习惯。它过去总是慢慢地吃食，现在它发现，先吃完的伙伴会来偷吃它还没吃完的食物。这种事情防不胜防。它奋力赶开这两三只狗，另外两三只狗就乘机把它的食物吃个精光。没有办法，它只能和它们吃得一样快，而且出于饥饿的逼迫，它对其他几只狗的食物也不再那么态度超然了。它一边观察一边学习。它看到一只新来的叫派克的狗——这只狗善于装病，还善于做贼——在彼尔一转身之际悄悄偷了一片咸肉，第二天它就学这只狗，偷到了一整块咸肉。这件事引起了一场风波，但它没有被怀疑，而是那只干坏事老是被抓住的笨狗杜布，替它受了严厉惩罚。

这第一次偷窃行为表明了巴克在充满敌意的北方环境中的生存能力，表明了它对不稳定生活的适应能力，而若缺乏这种能力，即意味着迅速而可怕的死亡。这也表明了它的道德感开始消退，或者说，已经泯灭——因为在这种无情的生存竞争中，道德感是无用的，甚至是有碍生存的。虽然在南方，在爱和平等的法律下，出于对私有财产和个人感情的尊重，道德是必须的。但是，在北方，在棍子和牙齿的法律下，谁如果还把道德当作一回事，那他就是个傻瓜，结果不仅是一事无成、一无所有，甚至连性命也难保住。

这些，巴克并不需要思考。它是在适应环境，而且只要适应、只要无意识地适应新的生活方式就可以了。所以，无论何时，无论多么孤立无援，它从不逃避争斗。它只是接受了那个穿红色汗衫的男人用棍子展示给它的那种基本的、原始的法则而已。如果在文明环境中，它会出于道德感——譬如，为保护米勒法官的人身安全——而奋不顾身。但是，现在，为了生存下去，它已经摆脱了道德感的束缚。它并不是为了取乐而是为饥饿所逼才偷窃的。它从不公开抢劫，而总是悄悄地、狡猾地偷窃，为的是比较容易逃避棍子和牙齿的法律，逃避监视与惩罚。总之，它这么做了，因为对它来说，这么做比不这么做更容易。

它在快速成长（或者说退化）。它的肌肉已像铁一般坚硬，对任何皮肉之苦它都觉得若无其事。它的身体不仅具有了外部适应力，同时也具有了内部适应力，无论怎样粗糙生硬的食物，它照样能一口吞下，而且吞下之后，它的胃液总能从中吸取营养，它的血液总能把这些营养输送到全身，使全身长出了最坚韧、最结实的肌肉。它的视觉和嗅觉已变得无比敏锐，听觉也同样如此，以至它睡着时也能听见最细微的声响，而且立刻能分辨出是无害的还是危险的。它已学会用牙齿衔出结在趾间的冰块，已学会直起身体用前脚猛踩河上的冰层，使冰层碎裂而喝到下面的水。它甚至能用鼻子嗅风，预知明天的风势。它在雪地里挖坑作窝时，无论怎样细小的微风它都能感知，从而把窝筑在背风处，避免风势增大时会带来的麻烦。

这些，它并不是单凭经验获得的，还因为那久已寂灭的自然天性在它身上复活了。世代驯化的影响已从它身上消退，它正模糊地、朦胧地回忆起它的种族的年轻时代——那个野狼成群在原始森林里奔驰捕猎的时代。那种拦截、猛扑，那种像狼一样敏捷迅猛的搏斗方式，它无须学习，因为它的远古祖先就是这样搏斗的。它们在它身上复活了，它们深深地遗留在它的血液中的习性，现在就成了它的习性。它不需要努力寻求，这些习性自然而然就出现在它身上，因为它们从来就没有离开过它。所以，当它在寂静寒冷的黑夜里像狼一样仰天长嚎时，那是它死去的、已化为尘土的祖先越过世纪的长河在它身上仰天长嚎。它的长嚎声就是它们的长嚎声。在这长嚎声中，它的祖先在诉说心中的悲哀，在诉说寂静、寒冷和黑暗的意义。

这表明，它的身体不过是幕前的傀儡，那古老的嚎叫声在它体内回响，它因此而获得了新的生命。而它之所以获得新的生命，是因为人们在北极发现了一种黄色金属，是因为园丁助手马尼尔的工资太低，只够养活老婆和孩子。

三

在巴克心里，想成为优等原始野兽的欲望本来就很强烈，而雪道生活的严酷环境更使这种欲望与日俱增。不过，这是一种隐秘的增长。新近学会的狡黠使它平衡和控制了这种欲望。它一心忙于使自己适应新的生活，一时还没有心思去实现这种欲望，所以它不仅不挑起争斗，还尽可能地避免争斗。它总是保持一种特别谨慎的态度，从不轻易采取鲁莽或轻率的行动，就是对斯比兹，它也竭力克制，避免向它挑战，尽管它十分憎恶它。

在另一方面，斯比兹，也许已经预感到巴克是一个危险的敌人，所以始终不放过任何可以显示实力的机会。它想方设法向巴克示威，试图挑起争斗，以此来决个你死我活。它们之间的这种争斗，要不是因为一次意外事件的打扰，也许在这次旅程刚开始的时候就已经发生了——这天傍晚时分，他们在勒巴湖畔荒凉凄惨的营地里宿营。因为一场像白晃晃的刀子一样砭人体肤的风雪，加上黑夜的降临，他们不得不在那里停留。营地的情形真是糟糕透了。他们的背后直立着一堵险峻的峭壁，而他们的前面，是一片结冰的湖面，因而彼尔和弗朗哥只能在冰层上生火过夜。为了减轻辎重，他们在达亚时已丢弃了帐篷。几根零星的木柴燃起了一堆火，但火下的冰很快融化，火就熄了。于是，他们只好在黑暗中吃晚饭。

巴克在挡风的悬崖下面为自己找好了一个窝。那里很舒适，躺在里面那么温暖，以至于当弗朗哥在火上化开冰冻的鱼干并分配好每只狗的食物时，它还真有点舍不得离开那个地方。但是，当它吃完自己的一份食物回来时，却发现自己的窝被人侵占了。一声像警告一样的吠叫，告诉它入侵者就是斯比兹。直到现在，巴克始终避免和它的敌人发生冲突，但这次实在太过分了。兽性在它胸中怒吼。它凶猛地朝斯比兹扑过去。这使它自己和斯比兹都大吃一惊。尤其是斯比兹，它根据和巴克的接触，一直相信自己的敌人是一只胆小得异乎寻常的狗，只是凭着它个子大、身体重，才能活到今天。

它们扭成一团，从那个已遭破坏的窝里翻滚出来。弗朗哥也大吃一惊，但他猜到了打斗的原因。"啊嗨！"他向巴克嚷道，"给它点厉害，妈的！给它点厉害看看，这个婊子养的贼！"

斯比兹怀有同样的欲望。它狂叫着左右旋转，寻找袭击的机会。巴克呢，既不掉以轻心，也不莽撞蛮干。它同样左右旋转着，争取优势。然而，就在这时，发生了一件意外的事情，而由于这次意外事件的打扰，它们的这场权力之争也就被拖延了很久很久，一直要等到它们走过千百里艰难的路程、吃尽千辛万苦之后才重新开始。

彼尔的咒骂声、棍子打在骨头上的噼啪声，还有尖锐刺耳的惨叫声，说明发生了骚乱。整个营地被一群毛茸茸的、偷偷摸摸的东西搞得混乱不堪——因为印第安人部落里的七八十只或者一百只爱斯基摩狗嗅到了营地上的气味。就在刚才巴克和斯比兹搏斗的时候，它们溜进了营地。彼尔和弗朗哥拿着粗大的棍子跳到它们中间，它们竟露出牙齿加以反击。它们已被食物的香味弄昏了。彼尔看见一只狗把头钻进食物箱里，便举起棍子狠狠地朝它的肋骨打去。食物箱被打翻。一下子，二十只饥饿的畜生一下子围拢来争抢面包和熏肉，棍子打在它们身上毫无作用。它们在棍子的连续打击下哀号、吼叫，但一点也不减弱它们疯狂的争抢，直到地上的食物被一抢而光。

受惊的拖橇狗从窝里冲出来，但马上就被凶猛的入侵者团团围住。巴克从来没见过这样的狗。它们的骨头看上去即刻要从皮肤里戳出来似的，简直是一群裹在一层松脱的皮肤里的骷髅，而且眼睛发红，牙齿滴着口水。因为饿得发疯了，变得异常凶残而难以抵挡。谁也不能和它们对抗。第一个回合之后，拖橇的狗就被迫退回到了悬崖跟前。巴克被三只爱斯基摩狗包围着，它的头和肩很快就被咬得伤痕累累。喧嚣声令人恐惧。比利照例只会哭喊。戴维和索尔-赖克斯已遍体鳞伤，但它们还是肩并肩地勇敢搏斗。乔像个恶魔似的乱噬乱咬。它一口咬住一只爱斯基摩狗的前腿，咬断了里面的骨头。派克，这只装病的狗，这时跳过去扑在那只残废的爱斯基摩狗身上，牙齿一闪，身体一抖，咬断了它的脖子。巴克咬住一个口吐白沫的对手的咽喉，牙齿深深地陷进血管，血喷出来，洒得它浑身都是。由于嘴里的那股暖烘烘的血腥味的刺激，它变得更加凶猛。它又猛地扑向另一个敌人。但是，就在这时，它突然觉得自己的脖子被咬住了。这是斯比兹，这家伙从旁边向它发动了叛变者的偷袭。

彼尔和弗朗哥把营地里的爱斯基摩狗赶走后，就急急忙忙来救援他们的拖橇狗。饥饿的野兽像浪潮似的滚滚退却，趁此机会，巴克从斯比兹的牙齿底下挣脱出来。但是，这只是一会儿工夫。彼尔和弗朗哥还不得不回去拯救营地里的食物。这时，爱斯基摩狗又回过来攻击那些拖橇狗。比利在恐怖中生出了勇气，它冲破那群野兽的包围，逃到湖上去了。派克和杜布紧跟在它后面，其他的狗也相随而去。巴克正准备全力以赴跟着冲出去，这时它忽然从眼角里瞥见，斯比兹在向它冲来。这家伙显然是想把巴克撞倒。一旦倒在这群爱斯基摩狗的脚下，那就毫无希望了。然而，巴克却撑住自己的身体，顶住了斯比兹的冲击，并没有倒下，而且还到了湖上和那些突围者会合。

过后，这九只拖橇狗聚在一起，在森林里寻找过夜的地方。现在，虽然没有谁来追赶它们，它们的处境却十分困窘。它们没有一个不是受了四五处伤的，有的伤势还很严重。杜布的一条后腿伤得很厉害。新近在达亚山谷加入拖橇队的爱斯基摩狗杜里的脖子被撕了一大条口子。乔失去了一只眼睛。而比利，这只善良温顺的狗，它的耳朵被撕得简直成了碎片，彻夜不停地在哀号和呻吟。到了黎明时分，它们惶惶不安地拐着腿回到营地，发现那些强盗已经走了，两个主人正在发愁。他们失去了一大半干粮。雪橇上的皮带和食物箱上盖的布也全都给那些爱斯基摩狗咬坏了。而其实，无论什么东西，不管是能吃的还是不能吃的，都没能逃过它们的牙齿。它们吃掉了彼尔的一只鹿皮靴子和大部分皮挽绳，甚至连弗朗哥鞭子上端两英尺长的皮带，也未能幸免。弗朗哥从哀愁中惊醒过来，连忙去看那些受伤的狗。

"呵，伙计们，"他低声说，"你们被咬成这样子，也许你们要变疯狗了。也许全会变疯，天哪！你说呢，哎，彼尔？"

彼尔疑惑地摇摇头。从这里到陶森还有四百英里路程，要是在狗中间发起狂犬病来，那他只能干瞪眼了。他们用了整整两个小时的时间边咒骂边整理挽绳。随后，这队浑身是伤的狗便拖着雪橇出发了。它们痛苦地挣扎着，踏上至今还没有遇到过的最艰难的道路。这段道路是从这儿到陶森之间的难关。

瑟特密尔河很宽，湍急的河流抵抗着严寒，没有冰住，只有沿岸水静的地方才结成冰。要走完这可怕的三十英里河道，需要六天令人困乏的艰苦跋涉。这确实很可怕，狗和人每走一步都在冒生命危险。彼尔在前面开路。他一次次踩破薄冰，又一次次为他手里的那根长木棍所救——他每次掉进水里，那根长木棍总是横在洞口，他这才没有沉下去。但是，寒气逼人，气温在零下五十度①，所以他每次踩破薄冰又爬上来后，不得不生火烤干衣服，否则就会冻死。

彼尔什么都不怕。正因为如此，他才被加拿大政府选中作为信使。他敢于冒各种各样的险，虽然长得瘦弱，但他毅然来到北方，一天到晚在野外奔走。彼尔顺着紧靠河岸的已经冰封的河面走着，冰在他脚下发出咯咯的碎裂声。他们不敢停下。有一次，雪橇下面的冰碎了，戴维和巴克一起被拖进冰水里，而当被捞起来时，除了没被淹死，它们几乎全身被冰住了，不得不赶紧生火救它们。它们浑身上下都裹着冰，彼尔和弗朗哥就牵住它们围着火堆不停地奔跑，汗水和融化的冰水混合在一起。由于紧靠着火，靠得那么近，又几乎被烤焦。有一次，斯比兹掉进冰洞里，走在巴克前面的狗全都被它拖了下去。巴克竭尽全力拼命向后挺住，它的前腿站在滑溜溜的冰洞边上，脚周围的冰颤动着发出啪啪的碎裂声。后面的戴维同样挺着。弗朗哥赶忙跑到雪橇后面使劲拉住雪橇，拉得手上的血管全都爆胀起来。

还有一次，前面和后面的冰面全都破裂了，他们被困在中间，除了爬上陡峭的堤岸，无路可逃。弗朗哥情不自禁地为它祈祷起来，彼尔竟然奇迹般地爬了上去。他们用所有的皮带、挽绳，还有绑挽具用的粗纱，连接成一根长长的绳索，把狗一只只吊上陡峭的

---

① 全书涉及的温度计量单位"度"皆为摄氏度。

堤岸。弗朗哥在雪橇和行李后面最后一个吊上来。走过一段之后，他们寻找重新回到河道上的地方，最后用同一根绳索吊回到河道上。这时，天已经黑了。这一天他们总共才走了四分之一英里。

到了达霍林卡附近，那里的冰层很厚。这时，巴克已经筋疲力尽，其他的狗也一样，但彼尔为了弥补失去的时间，昼夜不分地催它们赶路。第一天，他们走了三十五英里到达大沙蒙河。第二天，走得更多，到达小沙蒙河。第三天走了四十英里，法夫芬格河已遥遥在望。

巴克的脚不像爱斯基摩狗的那样结实强壮。自从它的野生祖先被居住在山洞里和河滩上的人类驯养以来，经过了许许多多世代，它的脚已经变得柔软了。在每天的长途旅程中，它痛苦万分地跛着腿行走，而一到营地的时候，就像死狗一样倒在地上。它尽管很饿，尽管弗朗哥已经把鱼干放在它面前，它却不愿意站起来吃。每天吃完晚饭后，弗朗哥总要把巴克的脚揉上半个小时。他还剪下自己鹿皮靴的上筒，为巴克做了四只脚套。这大大减轻了巴克的痛苦。一天早晨，弗朗哥忘记了脚套，巴克仰天躺在地上，四只脚在空中像诉说什么事情似的比划舞动，一直到套上脚套，它才站起来。这使彼尔也情不自禁地歪扭着瘦削的脸，咧嘴笑了。后来，巴克的脚在道路上渐渐强壮起来，那四只已经磨破的脚套也就扔掉了。

在伯里河上的一天早晨，正当他们套挽具准备出发的时候，那只平时从来不引人注目的狗朵里，突然疯了。它发出一声心碎的像狼一样的长嚎，使所有的狗都惊怕得毛骨悚然。接着，它又直冲着巴克猛扑过来。巴克从未见过疯狗，按理是不会害怕这种疯病的，但它却感到万分惧怕，惊慌失措地拔腿就逃。它拼命地奔跑，朵里喘着气，嘴里直吐白沫，在后面紧追不舍。它追不上巴克，因为巴克恐惧之极，跑得特别快。但是，它也甩不掉朵里，因为朵里疯了，跑得也很快。它飞快地穿过岛上的树丛，穿过岛上地势较低的一端，穿过高低不平的冰封的河面，到了另一个小岛上，再穿过第三个小岛重新回到河道上，就这样一路狂奔。在这段时间里，它连头也没回过一次，但它始终听到朵里在它身后狂吠。弗朗哥站在几百码远的地方大声喊叫。它转身往回跑，朵里依然离它只有一步之遥。它觉得自己透不过气来了，希望弗朗哥能救它。它看见弗朗哥正手拿斧头等着，便从他身边一闪而过。朵里追上来时，弗朗哥举起斧头，对准它的脑袋劈了下去。

巴克精疲力竭，身体失去了控制，喘着气摇摇欲坠地靠在雪橇上。斯比兹的机会来了。它扑到巴克身上，用双倍的力气把牙齿咬进它的身体，一直咬到骨头。这时，弗朗哥的鞭子打了下来。巴克满意地看到，斯比兹受到一顿最严厉的鞭打。这次鞭打，可说是对全队拖橇狗的一次示范性警告。

"斯比兹这家伙简直就是恶魔，"彼尔说，"总有一天它会杀了巴克。"

"巴克这家伙可是双料恶魔，"弗朗哥回答说，"我一直在注意巴克这家伙，我知道得很清楚。听我说，总会有一天，它会发疯，会把斯比兹嚼烂了再吐到雪地上。我知道得很清楚。"

从这以后，巴克和斯比兹一直处于战争状态。斯比兹作为领头的狗，是公认的首领，而它感到自己的权威正在受到巴克这只古怪的南方狗的威胁。它觉得巴克古怪是因为它曾见过许多南方狗，它们没有一只曾经在营地里或在雪道上是举足轻重的。它们全都软弱无能，全都经不起苦役、严寒和饥饿的考验，全都一个个死了。但是，巴克却是个例外。唯有它，竟然能生存下来，还强壮起来，而且它的力气、它的野蛮、它的狡猾，都和爱斯基摩狗不相上下。不仅如此,它还是一只颇有领袖风度的狗,而且由于那个穿红色汗衫的男人的棍子对它的教诲,它不会犯两雄相争时易犯的那种盲目和轻率的错误——这一点,使它变得特别危险。它异常狡猾,而且还有那种完全属于原始动物的耐心,等待着,等待着时机的到来。

它们迟早要为争夺首领地位而决一死战。这是不可避免的。巴克希望如此。这既出自它的天性,也出自它在挽绳中和雪道上产生的那种莫名其妙的自豪感——正是这种自豪感,使那些拖橇狗即使到了只剩一口气也会坚持做这种苦役,最后迷迷糊糊、快快活活地死在挽具下。若把它们从挽具下解放出来,反而会使它们丧魂落魄、不知所措。这是戴维、一只驾辕狗的自豪感,也是索尔-赖克斯、一只模范拖橇狗的自豪感。这种自豪感,每当破营出发时就控制了所有的拖橇狗,使这些懒惰的、乖戾的、死气沉沉的畜生变成了勤奋的、热忱的、野心勃勃的动物。这种自豪感,在整个白天始终激励着它们,而一到晚上扎营时,又立刻从它们身上消退,听凭它们重新陷入阴郁不安和空虚无聊之中。这种自豪感,刺激着斯比兹去惩罚那些在道路上犯规的、偷懒的狗和那些在早晨出发时偷偷溜开的狗。也就是这种自豪感,使斯比兹害怕巴克可能成为领头的狗。同样,这种自豪感,也是巴克的自豪感。

它开始公开威胁斯比兹的领袖地位。每当斯比兹惩罚犯规者时,它总要横加干涉。它是有意这样做的。一天夜里下了雪,到了第二天早晨,那个善于装病的派克不见了。其实它正舒舒服服地躲藏在一英尺深的雪下面的窝里。弗朗哥呼叫它,到处寻找它。斯比兹怒气冲天地在营地里到处奔走,一面嗅着、翻掘着每一个可疑的地方,一面还可怕地吠叫着。派克在它的安乐窝里听到弗朗哥的叫声,吓得瑟瑟发抖。

最后,它被拖了出来,而当斯比兹迅速冲上去想惩罚它时,巴克以同样的速度冲到它们中间。它这突如其来、敏捷伶俐的动作，使毫无防备的斯比兹不由得往后一退，而且脚一滑，摔倒在地。这时，瑟瑟发抖的派克看到巴克这种公然反叛的动作，顿时有了勇气，扑到了首领身上。乘此机会，巴克也扑了上去——它早已把"费厄泼赖"置之脑后。不过，弗朗哥不会疏忽自己的公平裁决。他苦笑着，举起皮带用尽全力抽打巴克。但是，皮带并不能使巴克离开被打倒的对手。于是，弗朗哥改用棍子，打得巴克头晕目眩，不得不连连后退，而弗朗哥没有停手，又改用皮带继续对它猛抽。与此同时，斯比兹狠狠地撕咬那个大逆不道的派克，给了它一次最严厉的惩罚。

这之后，他们天天赶路，陶森越来越近了。在此期间，巴克依然干涉斯比兹对犯规者的惩罚。不过，它做得很巧妙，总是当弗朗哥不在场的时候才行动。它的这种秘密反叛行为影响了整个拖橇狗队，一种普遍的不满情绪滋长起来。除了戴维和索尔-赖克斯，其他的狗都变得越来越桀骜不驯。一切都变得越来越混乱。争吵、打斗，此起彼伏。骚乱持续不断，而引起骚乱的，总是巴克。这使弗朗哥不得安宁。这个赶橇人一直担心巴克和斯比兹之间会有一场生死之战，后来他确信，这场生死之战是在所难免的。所以，不止一次，他在被窝里听到狗的吵闹声也要爬起来前去查看，生怕巴克和斯比兹打起来。

不过，时机并不轻易到来，这场伟大的战斗一直没有发生。终于，在一个阴暗的下午，它们拖着雪橇到达了陶森。在陶森，巴克看到许多人和许多狗都在工作。狗要工作，看来是天经地义的。那些狗排着长队，拖着雪橇，在大街上穿梭忙碌，它们发出的铃声直到深夜还在叮叮当当地响。它们拖运造房子用的木料，拖运生火用的劈柴到矿上去，还要做其他各种各样的工作，而这些工作，在圣克拉拉山谷里都是马做的。时而,巴克也会遇到一些南方狗,但这里的狗,绝大多数是具有野狼血统的爱斯基摩狗。每天夜里九点、十二点和凌晨三点,这些爱斯基摩狗都会有规律地长嚎,仿佛在唱一首黑夜之歌,一首怪异而令人恐惧的圣歌。巴克很兴奋,时不时地会加入它们的合唱。

这时,北极光在天空中阴惨惨地晃动,星斗在随着飞舞的寒霜一起闪烁,冻结在厚厚的冰雪下的大地寂然无声,这些爱斯基摩狗的歌声就是生命的挑战,低沉而阴郁地回响着,歌声就像悠长的恸哭和短促的抽泣,像是在哀诉生存的无限痛苦。这是一首古老的歌,和它们的种族一样古老——这是原始时代的哀歌中的一首,而那时的歌,都是悲哀的。在这歌声中,充满了世代的哀怨,而当这歌声响起时,巴克就会感到内心的骚动不安。于是,它就随着这歌声呻吟和抽泣,抽泣声中充满了生的痛苦——这是它的野生祖先在往日感到的痛苦。同时还充满了对寒冷和黑暗的恐惧感和神秘感——这是它的野生祖先在往日感到的恐惧和神秘。显然,它的这种骚动不安表明它正在穿越文明时代,向着原始的荒野时代返回。

他们在陶森逗留七天后,便沿着巴拉克峻峭的河岸进入约肯河的河道,返回达亚山谷和索尔瓦特湖。彼尔带着比他过去送过的任何信件都重要的紧急公文,又因为在长途旅行中产生的那种自豪感的刺激,他要做一次全年中破纪录的快速旅行。有几件事对他是有利的:拖橇狗经过一星期休息已恢复元气,一个个精神抖擞。他们来的时候在雪地上开出来的道路已被后来的人踩实,比较容易走。还有,政府在沿路设立了三个贮藏站,为拖橇狗和人提供食物。所以,他一路上心情舒畅。

第一天,他们走了六十英里到达西克坦密尔村。第二天,他们沿着约肯河的河道直奔伯里。但是,这样的快速行进必然会使弗朗哥遇到麻烦。巴克的隐秘反叛行为已经破坏了拖橇狗队的合作。这些狗不像从前那样像一只狗一样在道路飞奔了。在巴克的怂恿下，一些不安分子做出各种各样无聊的不端行为。它们不再害怕首领斯比兹。过去那种对斯比兹的敬畏态度现在已一扫而空。它们纷纷起来挑战斯比兹的权威。一天晚上，派克还偷了斯比兹半条鱼，并在巴克的掩护下一口吞了下去。另一天晚上，杜布和乔联合起来，和斯比兹对打，迫使它放弃了对它们的惩罚。甚至那个心地善良的比利，也不再那么心地善良，哭泣时也不像过去那样卑微可怜了。巴克呢，只要一走近斯比兹就大声吠叫，挑战似的把颈毛耸起来。它其实就像一个恶棍一样故意挑衅斯比兹，在它面前大摇大摆地走来走去。

　　纪律的混乱同时也影响了其他狗之间的关系。它们比以往更容易引起纠纷和争执，有时甚至把营地弄得简直就像一个鬼哭狼嚎的疯人院。只有戴维和索尔-赖克斯没有什么变化，但它们也为这无穷无尽的喧闹而越来越烦躁不安。弗朗哥用古怪而粗野的脏话胡乱咒骂，气急败坏地在雪地上捶腿跺脚，无可奈何地抓头扯发。皮带虽然时不时在狗群中啪啪作响，但收效甚微。只要弗朗哥一转身，老样子又马上恢复。他用鞭子支持斯比兹的权威，巴克却在背后支持狗群的叛乱。弗朗哥知道巴克是一切骚动的根由，巴克也知道弗朗哥是知道的。但是，它很聪明，根本不会让自己被当场抓住。在拖雪橇时，它虽然诚心诚意，因为它觉得这种苦役是件愉快的事，但更使他高兴的却是巧妙地在伙伴中间挑起争斗，在途中制造混乱。

　　在泰克纳河河口上的一天黄昏，晚饭之后，杜布从雪地里挖出一只雪兔，但一不留神，雪兔跑了。所有的狗都狂奔起来。在离它们一百码远的地方，有一个西比警察局的营地，那里住着五十只爱斯基摩狗。这些狗闻声赶来和它们一起追赶那只兔子。兔子沿着河飞奔，一转身拐进一条已结成坚冰的小支流里。它轻快地在冰面上疾驰，所有的狗都在后面追。巴克一路领先，六十只强壮的狗紧跟在它后面。它转了一个弯又转了一个弯，但始终没有追上那只兔子。它加快速度飞奔，急切地吠叫，毛茸茸的身体在微弱苍白的月光下就像一道闪电，霍霍地向前直冲。那只兔子呢，同样霍霍地向前直冲，就像一个白色的精灵。

有时，人会完全凭着一种原始本能的冲动离开喧哗的城市，跑到森林里去，在那儿用火药推动铅弹，无谓地杀死一些生物——这种嗜血的欲望，这种杀戮的兴奋，巴克同样具有，而且要比人类强烈无数倍。它现在飞奔在狗群之前，正在追赶一只野生动物，一种活的食物。它要用自己的牙齿杀死它，并把自己的脸浸泡在温暖的血液里。

出神，这是生命达到顶峰的标志，除此之外，生命是无处可攀的。但是，这正是生命的矛盾之处。一个人在生命力最旺盛时会出神，但当他出神时，又彻底忘记了自己。这种出神的境界，这种忘我的生命状态，会出现在艺术家身上，这时他会在狂热中袒露自己的灵魂。它会出现在士兵身上，这时他会疯狂冲杀而拒绝回营。现在，这种境界就出现在巴克身上，它正率领着狗群，发出像狼一样的咆哮声，追逐着在月光下穿行的活生生的食物。这种咆哮声不仅发自它内心，更发自它天性中比它的生命更深沉的本能。而正是这种本能，在引导它返回远古的褪裸——返回原始的时代。原始生命的波涛滚滚而来，席卷着它，支配着它。它的每一块肌肉、每一个关节和每一根韧带的运动都表现出内心的狂热。这种狂热就是生命，但也带来了死亡。它炽热而汹涌。它在惨白的星光下，在寒冷而死寂的世界上，奔腾、高歌。

然而，就是在情绪最高涨的时候，斯比兹也很冷静、很理智的。它离开狗群,朝一个瓶颈状的狭长地带横插过去。那儿是小河的拐弯处。巴克不知道斯比兹的行动,依然沿着河道直追,紧随着那只精灵般的兔子拐过了弯。这时,它看到另一个更大的精灵从陡峭的河堤上跳下来,挡住了兔子的去路。这就是斯比兹。它不等兔子转身,白晃晃的牙齿已凌空而下,咬住了兔子的背脊。兔子的惨叫声就像一个突然遭袭的人发出的惊呼一样响亮。这是生命的惨叫,是生命从顶点突然坠入死亡的铁钳时的惨叫。与此同时,巴克身后的狗群里发出了一阵地狱般的欢呼声。

　　巴克没有欢呼,也没有止步,而是直接朝斯比兹冲了过去。肩膀撞到了肩膀,但由于用力过猛,它没有咬住斯比兹的喉咙。它们在粉末飞扬的雪地上翻滚。斯比兹站了起来,好像没有倒下过似的,随即就对准巴克的肩膀猛咬了一口,然后跳到一边。接着,它又冲过去咬了第二口,牙齿像捕鼠器上的钢齿一样深深插入巴克的身体,然后又跳回来,站稳了。这时,它才扭动尖瘦的翘嘴唇,发出一声咆哮。

　　巴克顿时明白,生死决战的一刻来临了。它们面对面地迂回旋转、咆哮,双耳直立,两眼转动,寻找进攻的机会。此时,巴克觉得眼前的一切仿佛很熟悉。它好像记得这一切——白色的树林、白色的大地、白色的月光,还有搏斗时那种强烈的刺激。在这白色和寂静的上面正笼罩着地狱般的天空。没有一丝风声,一切都毫无动静,连一片树叶也不摇动,只有白色的气体从狗嘴里吐出,又徐徐上升,在寒空中微微晃动。雪兔早已被那些狼一样的狗撕碎后吞食,现在它们正围在四周,等待着。它们默默无声,只有目光在闪烁,白色的气体从嘴里向空中慢慢升腾。对巴克来说,这情景一点也不陌生,一点也不新奇。这就是往日的情景,好像从来就是如此。这是世界的常态。

斯比兹是个有经验的斗士。它从伯根经过北极、又横越整个加拿大和巴林群岛，曾对付过各种各样的狗，不仅保全了自己，还赢得了凌驾于其他狗之上的权威。它虽然生性凶暴，但从不盲目发怒。它在撕咬和杀戮的激情中始终不会忘记，它的对手也处在同样的激情中。它从来不在没有防备的情况下贸然进攻，也从来不会抢在自己的对手之前先发起进攻。

巴克一心想咬住这只大白狗的颈部，但每次都徒劳。每次当它的牙齿正要向那柔软的颈部咬下去时，每次都被斯比兹用牙齿挡住。牙齿对牙齿咯咯相撞，巴克的嘴唇被撞破了，流着血，但它就是没法突破斯比兹的防御。它一怒之下，像旋风一样死死缠住对手，连连发起冲击。它一次次试图咬住那雪白的颈部，那儿正一鼓一鼓，像生命在诱惑，但斯比兹一次次把它顶住，随后闪开。于是，巴克再次冲上去，看上去好像还是要咬它的颈部，但就在冲到它面前的一刹那，它突然仰起头，侧转身体，用肩膀对着斯比兹的肩膀撞去，像军舰用舰艏撞沉敌舰一样，想用肩膀撞倒斯比兹。但是，斯比兹敏捷地闪开了。巴克的肩膀撞在地面上。

斯比兹安然无恙。巴克呢，却鲜血直流，气喘吁吁。战斗渐渐变成了挣扎。像狼一样静候着的围观者们正期待着，期待它们两个中的哪一个先倒下，这样就可以把它撕碎了吃掉。巴克开始气急力衰了，而斯比兹却开始发起进攻。它一次次冲撞巴克，撞得巴克摇摇晃晃。有一次，巴克真的被撞倒了。六十只狗组成的围观群众一下子围拢过来。但是，就像鸟儿翅膀一拍，冲天而去，巴克纵身一跃，腾空而起。于是，围观群众又散开了，继续等待。

巴克具有一种不寻常的素质——想象力。它不仅凭着本能在搏斗，同时也凭着头脑在搏斗。它冲了上去，样子好像还是那一套肩撞肩的诡计，然而到最后一瞬间，它突然身体一沉，朝着斯比兹的下身俯冲过去,接着张口一咬,咬住了斯比兹的左前腿。啪的一声,骨头断了。现在,这只大白狗只能用三条腿上来对付它了,而当它再次假装肩撞肩时,它又重复了它的策略,咬断了斯比兹的右前腿。斯比兹绝望了。它痛苦万分,但依然像发疯似的挣扎着,撑住身体不让自己倒下。它看见那些默然无声的围观者正闪着目光、吐着舌头、呼出白色气体在向它逼近。它过去曾多次看见这样的围观者逼近败在它手下的敌人,而这次,被打败的将是它自己。

它毫无希望了。巴克是残酷无情的。仁慈是为高雅的国度准备的东西,而巴克准备的是最后的进攻。围观者围上来了,巴克甚至已感觉到这些爱斯基摩狗嘴里呼出的热气喷到了它的两肋上。它看见它们已把斯比兹围住,而且都半蹲着身体,准备跳跃,眼睛正紧紧地盯着斯比兹。一阵静默。所有的狗都一动不动,仿佛都变成了石头。只见斯比兹在颤抖,毛发倒竖,摇摇晃晃地挣扎着。它发出恐惧的、威胁的吠叫声,仿佛在竭力驱赶行将到来的死亡。这时,巴克跳进围观者圈子,肩膀对肩膀,给了斯比兹最后一击,随后跳了出来。接着,黑沉沉的围观者圈子便在洒满月光的雪地上聚合成了一个圆圆的黑点。斯比兹消失了。巴克站在那里,静静地看着这一切。这位得胜的斗士,终于凭着无情的杀戮成了优等的原始野兽。

四

"怎么样?我不是说过吗?我说巴克是个双料魔鬼,说得不错吧。"

第二天早晨,当弗朗哥发现斯比兹失踪、巴克浑身是伤时,他这么说,一边还把巴克拉到火边,在火光下指点着它身上的伤痕。

"斯比兹这家伙打得真他妈的厉害。"彼尔打量着巴克身上裂开的伤口说。

"那么,巴克这家伙是打得真他奶奶的厉害啰。"弗朗哥回答说。"好了,咱们太平了。没有了斯比兹,也就不会有麻烦了。"

彼尔把帐篷和用具捆扎好之后,弗朗哥便准备给狗套上挽具。巴克快步走向过去斯比兹站的那个位置。弗朗哥没有注意它,而是把索尔-赖克斯带到了这个被觊觎的位置上。依照弗朗哥的判断,索尔-赖克斯是现存最好的领头狗。巴克勃然大怒,猛地扑向索尔-赖克斯,把它赶开,自己站到它的位置上。

"呃?呃?"弗朗哥喊道,双手兴奋地拍着屁股,"看哪,巴克这家伙,他杀了斯比兹,原来想占这个位置!"

"滚开,混蛋!"他又喊道,但巴克一动不动。

他抓住巴克的颈圈,不管巴克怎样狂暴地吼叫,硬是把它拖到一边,然后又把索尔-赖克斯放回原来的位置。那只老狗并不喜欢这个位置,而且明显表现出害怕的样子。但是,弗朗哥固执己见,偏偏要这样做。只是他一转身,巴克又占据了索尔-赖克斯的位置。索尔-赖克斯呢,也乐得走开。

弗朗哥火了。"好,你这个混蛋,看我揍你!"他喊着,拿起一根棍子走过来。

巴克想起那个穿红色汗衫的男人,便慢慢地向后退却,而且当索尔-赖克斯再次被带过来时,它也没有试图冲上去。但是,它却在棍子威力的外围回旋,愤恨地吠叫着、咆哮着。与此同时,它的眼睛紧盯着那根棍子,只要棍子一抡起来,它马上就闪开,因为它太熟悉棍子的轨迹了。

弗朗哥转身和彼尔说了几句话,随后就招呼巴克,准备把它放到戴维前面的那个老位置上。巴克后退了几步。弗朗哥向前走了几步,巴克又退了几步。这样一进一退重复了好几次。弗朗哥以为巴克是怕挨打，便把手里的棍子扔在地上。但是，巴克依然躲躲闪闪，不听他的使唤。它不是害怕棍子，而是要获得那个领头的位置。因为在它看来，那个位置理应是它的。它赢得了那个位置，就一定要占据，誓不罢休。

彼尔走过来帮弗朗哥。巴克在他们两人中间穿来穿去，被他们追逐了半个多小时，依然不肯就范。他们扔棍子砸它，它闪开。他们咒骂它，咒骂它的父母祖先，咒骂它的子孙百代，咒骂它身上每一根毛和血管里的每一滴血，对此它都报以一阵狂吠，就是不让他们接近。它并没有跑远，只是一面退却一面在营地里绕圈子。它的态度很明确，只要满足它的愿望，它马上就回来，而且会尽心尽职。

弗朗哥坐下了，抓着头。彼尔一边看手表，一边信口乱骂。时间飞快地过去，上路的时间已经耽误了一个小时。弗朗哥又抓抓头，无可奈何地对着彼尔苦笑。彼尔耸耸肩膀，承认他们失败了。

于是，弗朗哥走向索尔-赖克斯，一边走一边招呼着巴克。巴克笑了——像狗那样地笑了——但它依然远远地站着不动。弗朗哥解开索尔-赖克斯身上的挽绳，把它放回到原来的位置上。现在，所有的狗都套着挽具排在雪橇前面，队伍里没有一个空缺，就等着出发了。除了最前面的那个领头的位置，队伍中已没有巴克的位置。弗朗哥再次招呼巴克。巴克又笑了，但还是站着不动。

"把棍子扔了！"彼尔大声说。

弗朗哥扔下棍子后，巴克快步走来，一边走一边还在得意地笑。它绕了个圈子，走到前面的那个位置上。挽具套上了，雪橇起动了。彼尔和弗朗哥奔跑起来，雪橇沿着河道一路驰去。

弗朗哥过去一直对巴克评价很高，称它是"双料魔鬼"。但是，这一天还没过去，他就发现自己早先还是低估了巴克。巴克赢得了领头的位置，在这个位置上是需要有判断力的。弗朗哥过去一直以为斯比兹是无与伦比的领头狗,没想到,巴克以它敏锐的反应和迅速的动作表明它远比斯比兹高明。

不过,巴克最杰出的才能还不在于此,而是它能制定纪律,并使它的伙伴们遵守纪律。戴维和索尔-赖克斯对于变换头领是毫不在乎的。这不是它们的事。它们只管出苦力,套在挽绳中全心全意地出苦力,只要不妨碍这件事,无论发生什么事,它们一概漠不关心——就是让那个好好先生比利来领头,只要它不乱套,它们也无所谓。然而,其余的狗却因为在斯比兹领头的后期已变得不守规矩,所以当巴克开始执行使命时,它们都很震惊。

那个走在巴克身后的派克,因为偷懒而常常遭到巴克的脚踢。这家伙,若没人强迫它,胸前的挽绳从来就不是拉紧的,而这一天还没有过去,它已经拉得比以往任何时候都卖力了。在第一夜宿营时,性格乖戾的乔遭到了严厉的惩罚——这是斯比兹从来做不到的事情。巴克仅仅用自己出众的体重就把它压在地上喘不过气来,最后它只好停止吠叫,苦苦地哀号求饶。

这些拖橇狗的精神面貌很快焕然一新。全队团结一致的状态已经恢复,所有的狗又像一只狗一样在雪道上跳跃、奔驰。到了林克河,有两只本地的爱斯基摩狗加入队伍中,而巴克训练它们的速度之快,使弗朗哥看了惊叹不已。

"从来没见过像巴克这样的狗!"他喊道,"没有,从来没有!它值一千美元,妈的!怎么样,你说呢,彼尔?"

彼尔点点头。他们已经创了纪录,行进的速度在一天天加快。道路的情况良好,路面上的积雪已踩得结结实实,也没有新下的雪来增添麻烦。天气不太冷,大约零下二十度,而且整个行程中一直保持着这样的气温。他们两人轮流驾橇和步行。狗都精神抖擞,只需要短暂的休息就可上路。

瑟特密尔河上的冰层比较厚。他们来的时候在这里走了十天，现在只用两天就走完了。从巴尔湖畔到怀特霍司河，他们一口气走了六十英里。穿过玛西、泰格西和贝奈时（这是七十英里湖面上的道路），他们走得几乎像飞一样，以至轮到步行的人好像是被系在雪橇后面的绳子上拖着奔跑。到了第二个星期的最后一个晚上，他们已登上怀特分水岭，接着就沿着向海边倾斜的山坡顺势而下。脚下正亮着斯凯格村和航船上的灯光。

真是一次创纪录的迅跑。他们走了十四天，平均每天走四十英里。彼尔和弗朗哥得意扬扬，在斯凯格的大街上忙碌了三天，到处受邀赴宴，而那些狗呢，一时成了许多驯狗人和驾橇人的崇拜对象。接着，有两三个西部匪徒来抢劫村镇，结果像胡椒瓶盖子似的被子弹穿了许多洞，这才使村镇上的人把注意力从那些狗身上转向了另一些偶像。接着，彼尔接到了政府的命令。接着，弗朗哥含着眼泪把巴克叫到跟前，用双臂紧抱着它的头。就这样，弗朗哥和彼尔从巴克的生活中永远消失了，就像以前的那些人一样。

一个苏格兰混血男人接管了巴克和它的伙伴们。他们和其他十几组拖橇狗队一起，踏上了返回陶森的艰难里程。这回不像来的时候那样轻快地驰骋了，更谈不上创造纪录，而是天天拖着沉重的货物，服着沉重的苦役，因为这是邮政雪橇，上面装满了来自各地的沉重的邮件。收件人就是那些在北极的阴影里寻找黄金的人。

巴克厌恶这份工作，但它竭力忍耐着。它尽力像戴维和索尔-赖克斯一样，对这份工作感到自豪。它观察到它的伙伴们也一样，无论是对这份工作感到自豪的，还是并不感到自豪的，都在尽力而为。生活是单调乏味的，像机械一样刻板轮转。这一天和那一天几乎没有什么两样。每天早晨的某个时候，伙夫起来干活。火生了起来，接着早饭就吃好了。随后，有的人收拾行装，有的人给狗套上挽具。上路后一个小时，黑夜消退，天边露出了黎明的曙光。到了夜里，照例是扎营住宿。有些人打桩，有些人砍柴或者锯松树枝搭床，还有一些人则提水或者运送冰块，准备煮饭。还有，就是喂狗。对于巴克来说，这是唯一的一件有点意思的事，虽然吃完鱼干后和其他那些狗一起闲荡和玩耍个把小时，也算是愉快的。那些狗当中有不少是年老的或者性情古怪的，也有勇猛善战的斗士，但巴克和它们经过三次激烈较量后，赢得了权威，所以只要它耸耸颈毛，露露牙齿，它们都会乖乖地给它让路。

也许，在所有的事情中，它最喜欢的就是蹲坐在篝火边，两眼望着火，像做梦一样陷入沉思。它有时会想起阳光温暖的圣克拉山谷，想起米勒法官的大住宅，想起那里的水泥游泳池，想起墨西哥无毛狗伊沙贝尔和日本种小狗图兹，但他更经常想起的是那个穿红色汗衫的男人，想起柯丽的死，想起它和斯比兹的那场恶战，想起他吃过的和他喜欢吃的各种各样的食物。它没有患思乡病，南方对它来说已经非常遥远。在它的记忆中，更为有力的是那些遗传而来的东西。那些它自己从未见过、但时不时会呈现在它眼前的模糊印象，每每会在它心里唤起一种亲切之感。伴随着这样的感觉，那些在它身上已经退化的原始天性（也就是它对它的原始祖先的深层记忆）也开始复活了。

有时，当它蹲坐在那里望着火光像做梦一样陷入迷迷蒙蒙的状态时，它仿佛觉得那火光是从另外一堆篝火里发出来的，而它就蹲坐在那堆篝火旁边。它仿佛还看到了另外一个人。这个人和他眼前的混血伙夫很不一样，双腿要短得多，双臂要长得多，身上的肌肉也不像伙夫那样是滚圆的、浮肿的，而是粗壮的、青筋爆满的。这个人的头发又长又乱，前额是往后塌下去的，时常会发出一些古怪的声音，好像非常害怕黑暗，老是不停地朝黑暗张望，垂到膝盖和脚踝之间的长手里总握着一根长长的棍子，棍子的一端还绑着一块沉甸甸的石头。这个人几乎赤身裸体，只有一块破烂的烧焦的兽皮挂在他的腰上。他全身长满了毛，在有些地方，如胸部和肩膀之间以及大腿的外侧，毛茸茸的简直就像兽皮一样。他站不直，总是像驼背一样弓着上半身，膝盖也是弯的，但他的身体却像猫一样灵活而富有弹性。他还非常警觉，好像周围的世界充满了可见或不可见的危险。

有时，这个多毛人会在篝火边蹲着，把头夹在两腿间睡觉。这时，他把双肘搁在双膝上，双手合抱着头，好像是在用毛茸茸的手臂遮雨。篝火的周围，一片漆黑。巴克看到，那里有许多像炉中的炭一样闪闪发亮的东西，而且总是两个一对，永远是两个一对。它知道，这是一种凶猛的食肉兽的眼睛。它仿佛听到了它们的身体穿过灌木丛时发出的沙沙声和它们在夜间发出的低沉的叫声……就这样，在约肯河的河岸边，巴克望着篝火里的火光，朦朦胧胧地梦见了另一个世界，而那个世界里的声音和景象，总使它感到既兴奋又害怕，以至于它会呜呜地低声哀鸣。这时，那个混血伙夫会对它大声喊叫："嘿！巴克，你怎么啦？醒醒！"于是，那个世界消失了，现实世界又重新展现在它眼前。它站起来，打打哈欠，伸伸懒腰，好像刚刚睡过一觉似的。

旅程是艰难的，加上拖着邮橇，它们都被沉重的工作压垮了。所以，当最后到达陶森时，它们都瘦弱不堪而且病了，至少休息十天或者一个星期。但是，只过了两天，它们又拖着装满邮件的雪橇，从巴拉克村出发，沿着河岸朝约肯河的下游走去。所有的狗都疲惫不堪，赶橇人骂声不断，而更糟糕的是，每天都下雪。这就意味着要在松软的雪地上行走，也就是步行的人要费更大的劲，狗要拖更重的货物。好在驾橇人都知道，最重要的是他们的狗。

所以，每天晚上，首先得到照料的是狗。他们总是让狗先吃饱，然后自己才吃，而且在临睡前总要检查一下狗的脚。但是，尽管这样，那些狗还是一天天地虚弱。自开冬以来，它们已经拖着雪橇在这艰难的雪道上走了整整一万八千英里。这一万八千英里路程，就是最强壮的狗也难以承受，但巴克承受住了，尽管它万分疲惫，一路上还要敦促伙伴，维持狗队的纪律。其他的狗都不行了。比利每天夜里在睡梦中惊叫，呻吟。乔变得更加阴沉乖戾，而索尔-赖克斯呢，不仅它眼瞎的一边不让人靠近，就是不瞎的一边也不让人靠近了。

最倒霉的是戴维。它好像撑不住了，不仅脾气变得越来越古怪，而且一到宿营地，马上就到雪地里去刨个坑，躺在里面，连吃饭也要主人拿去喂它。有几次，身上的挽具刚刚解下，它就躺倒了，一直到第二天早上准备出发时才站起来。还有几次，在路上，当雪橇突然停住或者猛地被拉动时，它就叫起来，好像很痛苦。它的主人检查它的腿脚，找不出什么毛病。所有的驾橇人都对它感到很纳闷。他们吃饭时谈论这件事，上床前吸最后一支烟时还在谈论这件事。一天夜里，他们决定为戴维做一次"会诊"。他们把它从雪窝里拖出来，带到火边，给它推拿、扎针，弄得它一阵阵惨叫不息。它好像是身体里面出了什么毛病，但他们又摸不出有骨折，不知道毛病出在什么地方。

到达卡西雅时，它已虚弱得几次倒在路上。那个苏格兰混血男人命令橇队停下，把它从挽绳里解放出来，由走在它前面的索尔-赖克斯替它驾辕。混血男人的意思是让戴维休息一下，让它空身跟在雪橇后面。但是，戴维虽已病成这样，却不愿意离开挽绳。在解开挽绳时，它就不停地挣扎、吠叫，而当它看到索尔-赖克斯代替了它心爱的工作时，更加心碎地呜咽起来。出于对挽绳和雪道的自豪，它尽管病得离死不远，却不能容忍由另一只狗来代替它的工作。

雪橇起动后，它一跛一跛地沿着道路旁边松软的雪地奔跑，一面悲伤痛苦地呜咽、呻吟和狂叫，一面又用牙齿去咬索尔-赖克斯，用胸脯冲撞索尔-赖克斯，想把它推到道路那边的松软的雪地上去。它还奋力跳进挽绳里，挤在索尔-赖克斯和雪橇中间。混血男人用鞭子抽它，想把它赶走，但它不顾鞭子抽打，仍不肯离开，以至于混血男人不忍心再继续打它了。它显然不愿跟在雪橇后面舒舒服服地行走，而偏要沿着路边松软的雪地费力地奔跑。于是，它倒下了，躺在那里悲痛欲绝地大声哀号。长长的雪橇队从它身边颠簸而过。

它拼出最后一点力气，摇摇晃晃地跟在后面。到了雪橇队又一次停下休息时，它跟跟跄跄地从后面走过一辆辆雪橇，一直走到自己的雪橇前面，站在索尔-赖克斯旁边。它的主人此时到后面雪橇上去借火点烟，正好不在。等他回来，雪橇队又要出发了。他驱动自己的雪橇，只见那些狗一边摇摇晃晃地起步，一边不安地回头张望，接着又突然停下了。他很惊异，定神一看，就连忙招呼他的同行，要他们来看看那情景：戴维已咬断索尔-赖克斯身上的挽绳，一点不差地站在雪橇前面那个属于它的位置上。

它望着主人，仿佛在请求他不要再把它赶走。主人茫然不知所措。他的同行们说，不让一只狗工作，狗真的会伤心死的。他们还举例说，有些狗由于年老或者受伤不能胜任苦役，好心人把它们从挽绳中解放出来，它们就死了。还说，戴维反正活不长了，那就让它心满意足地死在挽绳中吧，这也是一种仁慈。于是，戴维被重新套上了挽具，虽然忍不住内伤的创痛而一次次惨叫，但它仍然因为能像往日一样拖橇而感到自豪。它一次次地倒下，一次次地被拉起来。有一次，雪橇撞到它身上，显然撞伤了他的一条后腿，但它仍然一跛一跛地坚持着。

它一直支撑到了宿营地。一到那里,它的主人马上在篝火边上给它安排了一个地方。第二天早晨,它虚弱得无法站立。当主人要给狗套上挽具时,它吃力地爬到主人跟前,浑身颤抖着勉强站了起来,但摇摇晃晃没走几步,就倒下了。接着,它只能在地上蠕动了,就像一条虫一样。但是,它仍拼着命伸出前腿,攀住地面,像拉单杠似的拖动自己的身体,一英寸一英寸地慢慢爬向雪橇,爬向正在套挽具的伙伴们。它被留下了。当它的伙伴们拖着雪橇出发时,最后一眼看见它正喘着气躺在雪地上,用渴慕的目光痛苦地看着它们,而当它们走过河边的小树林时,只听见后面传来一声声凄惨的哀号。

这时,雪橇队突然停下了。那个苏格兰混血男人慢慢地朝他们刚刚离开的宿营地走去。所有的人都沉默不语。传来一声枪响,哀号声停止了。混血男人快步走了回来。鞭子声响了,随着一阵铃声,雪橇队沿着河蹒跚而行。但是,巴克知道,每一只狗都知道,刚才在那小树林后面发生了什么事情。

五

巴克和它的伙伴们拖着去索尔瓦特湖的邮政雪橇离开陶森后三十天,才到达斯凯格村。它们筋疲力尽,虚弱而憔悴。巴克一百四十磅的体重减少到了一百十五磅。它的伙伴们本来比它轻,但体重减轻得更厉害。善于装病、生来诡计多端的派克,现在不用装了,它的腿确确实实实出了毛病。索尔-赖克斯也跛了腿。杜布伤了肩膀,痛苦不堪。

所有的狗,脚都在痛,不但不能跳跃,甚至全身麻木。它们脚步沉重,摇摇晃晃,倍感旅途的艰辛。除了疲倦,它们已毫无感觉。它们的疲倦不是因为一时太吃力——要是这样，只需休息几个小时就能恢复——而是因为几个月来的长途跋涉把它们的精力彻底耗尽了。它们甚至连恢复的精力也没有了。没有剩下一丝精力能使它们重新振作起来。所有的精力都已用完，连最后一点一滴也用完了。每一块肌肉、每一根神经、每一个细胞，都感到疲倦。这是可想而知的。它们在不到五个月的时间里走了两千五百英里，而在最后一千八百英里的路途中，休息的时间只有五天。所以，当它们到达斯凯格村时，都已经无力行走了。在下坡时，它们只能拉直挽绳，朝两边躲开，以免身后的雪橇把它们压死。

"走哇，你们这些一瘸一瘸的可怜虫！"当它们步履踉跄地走在斯凯格村的大街上时，赶橇人催促着它们。"马上就要到了，马上就可以休息了，嗯？真的，舒舒服服休息一阵。"

赶橇人确实希望能停下来休息一阵。走了一千两百英里才休息过两天，他们自己也觉得非常疲倦，应该休息休息、放松放松。但是，自从克伦狄克发现金矿后，有那么多人涌到了北方，而没有跟他们同来的他们的情人、妻子和亲属也一样多，所以，他们的邮件堆积得像阿尔卑斯山一样高，等着邮政雪橇去送。再说，还有政府的公文，也要送。于是，人们决定淘汰那些已经没用的狗，由从哈得逊湾新买的狗代替。没用的狗，当然就被卖掉了，因为人对狗再有感情，也比不上人对美元的感情。

这样过了三天。在这三天中，巴克和它的伙伴们才真正感到自己多么疲倦、多么虚弱。第四天早晨，来了两个美国人，像施舍一样用少得可怜的钱就把巴克和它的伙伴们以及它们身上的挽具统统买了下来。这两个美国人互相称呼"哈尔"和"查理"。查理是个中年男人，有点黑人血统，一双沮丧的眼睛老是泪汪汪的，弯曲的胡子却神气活现地翘着，遮掩着胡子下面耷拉着的厚嘴唇。哈尔是个年轻人，大约十九岁或者二十岁，腰带上挂满了子弹，还有一把巨大的哥特式左轮枪和一把猎人用的腰刀。他的这根腰带是他身上最引人注目的东西，证明他是个乳臭未干的浑小子——确实，一个地地道道的浑小子。这两个人的样子显然和这个地方很不相称，但他们为什么偏要跑到北方来冒险？这真是一件不可思议的怪事。

巴克听到他们在谈价钱，还看到这两个人把钱交给那个政府官员，所以它知道，就像彼尔和弗朗哥一样，那个苏格兰混血男人和那些赶橇人也要从它的生活中消失了。它和它的伙伴们被带到了新主人的营地里。它看到那里真是一副破破烂烂、凌乱不堪的样子，帐篷只搭了一半，碟子全没有洗过，一切都杂乱无章。它还看到一个女人。那两个男人叫她"梅塞蒂"。她是查理的妻子、哈尔的姐姐——真是一个美妙的家庭聚会！

巴克迷惑不解地看着他们收拾帐篷，把行李装上雪橇。他们看上去忙忙碌碌，其实笨手笨脚。帐篷乱七八糟地卷在一起，比人家卷的要大三倍。碟子没有洗过，就打进了行李。梅塞蒂还时不时妨碍两个男人干活，不停地唠叨，讲空话，发指示。他们把装衣服的口袋放到雪橇前面，她偏要放在后面。于是他们就把口袋放到后面，上面还放好了两捆行李。这时她又突然想起要找什么东西，而东西就在那个装衣服的口袋里。于是，他们再把行李卸下来……

附近帐篷里的三个男人走出来，站在一边看着他们，相互眨眼睛，做鬼脸。

"你们装得太多啦，"其中一个说，"我不是要指手划脚，但要是换了我，我就不会带那个帐篷。"

"哎呀呀！"梅塞蒂甩着双手，做出优美的惊恐状，大声说，"没有帐篷，叫我怎么办哪？"

"现在是春天，天气不会再冷了。"那人说。

但是，她态度坚决地摇摇头。查理和哈尔又把最后一些零零碎碎的东西放在已经堆得像山一样高的行李顶上。

"这还走得动吗？"另一个人问。

"为什么走不动？"查理反问得更干脆。

"嗬，那好，那好，"那人无可奈何地说，"我只是有点好奇，那上面好像太重了。"

查理不再理他，只顾着拉绳子捆行李，但一点也没有拉紧。

"这些狗拖着这么个玩意儿，准能跑上一整天。"有人反话正说。

"当然。"哈尔颇有礼貌、但冷冰冰地回答。

说着，他一手扶住橇杆，一手挥了挥赶橇的鞭子。

"驾！"他吆喝起来，"驾！开路！"

狗拉紧胸前的挽绳，奋力拉了好几分钟，雪橇一动不动。随后，狗站着不动了。它们拉不动这雪橇。

"这些偷懒的畜生，我要给它们一点厉害看看！"哈尔喊着，高高举起了鞭子。

但是，被梅塞蒂制止了。她一把抓住鞭子，并把它夺了过去，一面喊着："天哪，哈尔，你不能这样！多么可怜的小东西啊！你一定要答应我，以后绝不打它们，要不我就不走了！"

"你对狗真仁慈啊！"她的弟弟嘲笑她，"我希望你不要来管我。它们都是些懒虫，我告诉你，不打它们，它们什么事也不会干。它们就是这样。你问问别人，问问那些人吧。"

梅塞蒂用询问的眼光望望那些人，漂亮的脸蛋上露出对痛苦景象感到不胜厌恶的神情。

"我对你说吧，"其中一个人说，"它们太虚弱了，需要休息。就是这样。"

"休息个屁!"哈尔说,没长胡须的嘴唇微微颤抖。

"天哪!"梅塞蒂听到这句粗话,痛苦而悲伤地喊起来。

但是,她是个有家庭意识的人,马上又站到了弟弟一边。

"别理睬他。"她口气刻薄地说,"你赶的是我们自己的狗,你爱怎样就怎样。"

哈尔的鞭子重重地打到狗身上。它们全力向前,拉紧胸前的挽绳,脚深深地陷进了已踩紧的雪地里,低压了身体,使出全身力气,但雪橇就像抛了锚似的,一动不动。它们努力了两次之后,站停了,大口大口喘着气。鞭子声啪啪直响,最后又被梅塞蒂制止了。

她走到巴克面前,蹲下身子,眼睛里含着泪水,伸出双臂抱住巴克的脖子。

"你啊,可怜的东西,"她充满感情地说,"你为什么不用力拉呢?——这样你就不会被鞭打了。"

巴克并不喜欢她,但它因为遭受了太多的苦难,所以还是接受了她的爱抚。再说,听她说话,在它看来也是这一天苦难工作中的一部分。

那些旁观者中有一个人一直在用牙齿咬着发热的嘴唇,现在终于开口了:

"我说,你们能不能动身,我一点也不在乎,但为了狗的缘故,我不得不告诉你们,下来帮它们一把,推一下雪橇。下面的滑板冰住了。你抓住橇杆,左右晃一晃,滑板下面的冰就碎了。"

狗作了第三次努力。这次因为听了那人的劝告,哈尔先摇松了冻结在雪地里的滑板,超载的、庞大笨重的雪橇猛地朝前移动了一下。接着,在雨点般的鞭打下,巴克和它的伙伴们奋力拉着雪橇往前走。

走出一百码远,道路转弯了,而且是倾斜地通向大街。要使这样一辆头重脚轻的雪橇平稳驶过这段路,非得有经验的人来驾驭,但哈尔却不是这样的人。在他们摇摇晃晃地拐弯时,雪橇翻了,没有捆紧的行李有一半倾倒了出来。狗却没有停下。减轻了重量的雪橇侧翻着,拖在它们后面。它们因为受到虐待和看到这样乱装行李而发怒了。巴克奔跑起来。它奔在前面,所有的狗跟着它。

"停下!停下!"哈尔大声喊叫。

它们理都不理他。哈尔已经摔在地上,脚却挂在雪橇上。侧翻的雪橇压在他身上,狗依然沿着大街飞奔,把雪橇上的行李撒得满街都是。斯凯格村顿时热闹起来。

好心的村民把狗拉住,又把撒开的行李收拾起来,还对那三个人提出了忠告。他们说,真要想去陶森,行李就得减少一半,狗要增加一倍。哈尔和他的姐夫、姐姐硬着头皮听他们讲,一面收拾帐篷,清点东西。当清点到罐头食品时,村民们都笑了。带着罐头食品在雪地里长途旅行,在他们看来简直荒唐之极。

"这是带着毯子住旅馆。"有人一面帮他们清点,一面笑着对他们说,"带一半就已经太多了,扔掉一些吧。那顶帐篷还不扔掉?还有那些碟子——谁来帮你们洗?我的天哪,你们以为是坐头等客车吗?"

没办法,多余的东西必须扔掉。那些装衣服的口袋被扔在地上,别的东西也一件一件被扔掉了。这时,梅塞蒂哭了。她为每一件被扔掉的东西而哭泣,为所有被扔掉的东西而哭泣。她双手抱着膝盖,伤心地前后摇晃着身体。她发誓说,绝不再走了,就是有十个查理来劝他,她也不走了。她责怪每个人,责怪每件东西,最后又不得不擦着眼泪开始扔东西,甚至把必不可少的衣服之类的东西也扔掉了。扔完了自己的东西,她又任性得像一阵旋风似的把两个男人的东西噼里啪啦地扔得一地。

这样清理之后，行李减少了一半，但还是多得可怕。到了黄昏时分，查理和哈尔出去买了六只外国狗。这六只狗，加上原来的六只，还有早先在林克河买的两只爱斯基摩狗蒂克和柯纳，这一队狗的总数已增加到十四只。

那些外国狗虽说来到美洲大陆后受过训练，但还是不太中用。它们是三只短毛猎犬、一只纽芬兰狗和两只混血的杂种狗。这六只新来的狗好像什么都不懂，巴克和它的伙伴们很鄙视它们。巴克虽然很快教会了它们如何站队，但就是教不会它们如何拉雪橇。它们在队列中横七竖八地乱走。两只杂种狗不用说了，就是其余四只狗也都被这陌生、野蛮的环境弄得萎靡不振了。至于两只杂种狗，简直连一点活气也没有，即使打断它们的骨头，也不会使它们振作起来。

新来的狗毫无用处，对它们根本不可指望，而二千五百英里连续不断的路程，要由原来的狗来承当，前途是很不乐观的。但是，那两个男人却很高兴，还很得意。经过这里到陶森去或者从陶森返回这里的雪橇，他们看到有许多，其中没有一辆是由十四只狗拉的，而他们有一辆由十四只狗拉的雪橇，多么体面，多么神气！其实，在北极旅行，是千万不能用十四只狗拉一辆雪橇的，因为一辆雪橇带不了那么多食物，可供十四只狗吃。但是，查理和哈尔根本不懂。他们是用铅笔来规划旅程的：每只狗拖多少、有多少只狗、需要几天时间，等等。梅塞蒂站在他们背后看着，还煞有介事地点点头，好像说：这事情很简单！

第二天上午，到了很晚，巴克才带领着长长的狗队，拖着一辆雪橇，出现在街上。队伍里毫无生气，巴克和它的伙伴们全都一声不响。它们正感到死一般的困乏无力。巴克曾两次往返于索尔瓦特湖和陶森之间,这旅程的艰难,它是知道的,现在又要去面对这样的旅程,它不由得胆寒。它无心工作,它的伙伴们也无心工作。它们虽不像那些外国狗一样垂头丧气、惊慌不安,但对这样的主人都深感忧虑。

巴克总觉得那两男一女是靠不住的。他们什么都不懂,什么都不会,而没过几天,巴克又知道,他们连学也学不会。他们毫无主见,做什么事都松松垮垮、毫无头绪。他们忙了好几个小时,直到半夜才搭好一顶歪歪斜斜的帐篷,而第二天收拾帐篷并把它装上雪橇,又忙到将近中午,最后还装得乱七八糟,到了路上不得不一次次停下来重装。所以,有好几天,他们连十英里也没有走到。还有几天,根本就无法动身。他们没有一天走完预计中的一半路程,而他们预计在路上吃一天的食物,每天照例吃完。

这样,食物势必会不够,而他们还时常过量地喂狗。食物一天天减少,挨饿的日子一天天临近。那些外国狗没有受过少吃多做的训练,还拼命想吃。哈尔看到几只爱斯基摩狗拉雪橇时无精打采,以为是食物定量太少,于是就把每天的定量增加了一倍。最糟糕的是梅塞蒂,她那双漂亮的眼睛里含着泪水,喉咙里呜咽着,总要哈尔再给狗多吃一点。哈尔若不同意,她就偷偷从口袋里拿出鱼干来悄悄地喂狗。其实,巴克和那些爱斯基摩狗需要的不是食物,而是休息。它们虽然走得很慢,但拖在它们身后的那些沉重的行李还是严重消耗了它们的体力。

终于,挨饿的日子来临了。一天,哈尔醒来,发现喂狗的食物只剩一半,而他们的路程才走了四分之一。更为严重的是,此时他们所在的地方,无论是用人情还是用金钱都无法搞到食物。于是,他决定减少狗的食物定量,增加每天的行程。他的姐姐和姐夫都很赞成。但是,他们失败了。这不仅因为他们的行李太重,还因为他们太无知。给狗少吃一点，这很简单，但要它们走得快一点，这是不可能的。再说，他们自己又拖拖拉拉，每天很晚才启程，赶路的时间也无法延长。他们不但不懂怎样使唤狗，连怎样使唤自己也不懂。

第一个倒下的是杜布。这个可怜的笨小偷，它虽然常常偷吃其他狗的食物而受惩罚，但却是个忠心耿耿的劳动者。它的肩膀受了伤，没有治疗，也没有休息，伤势一天天恶化。于是，哈尔就用他那把巨大的哥特式左轮手枪把它打死了。北极有句俗话说：用爱斯基摩狗的口粮喂外国狗，准饿死。所以，巴克手下的六只外国狗是非死不可的，因为它们只能吃到爱斯基摩狗的一半口粮。那只纽芬兰狗先死，接着是三只短毛猎犬。两只杂种狗虽然多拖了几天，最后也死了。

与此同时，那三个南方人的愉快性情和温雅风度也统统消失了。北极旅行已不再有诱人的魅力和浪漫的气息。他们面对的是一个无论对他们的男性气概还是女性气质来说都是过于残酷的现实。梅塞蒂不再为狗哭泣，而是忙于为自己哭泣，忙于跟她的丈夫和弟弟争吵。他们唯一不知疲倦的事情就是争吵。艰难的旅程使他们情绪烦躁。这种烦躁情绪又不断增长、恶化、爆发。要知道，令人惊叹的韧性只有在身处困境而依然和颜悦色的人身上才有，而在这两男一女身上是不会有的。他们丝毫没有这样的韧性。他们的性格是脆弱的，他们的心情是怨恨的。他们的肌肉痛了、骨头痛了，心也就痛了。他们变得尖利刻薄，说起话来粗鲁无礼，整天骂骂咧咧。

不管什么时候，只要梅塞蒂一不留神，查理和哈尔就会吵起来。这两个人都认为自己做了过多的工作，而且一有机会就毫无保留地发泄不满。梅塞蒂时而站在丈夫一边，时而又站在弟弟一边。结果，就成了一场美妙的、没完没了的家庭争吵。开始总是一点小纠纷,如到哪儿去取柴火之类的事情(而且只涉及查理和哈尔两人),但是,接着,就会牵扯到家里的其他人,如父亲、母亲、舅舅、侄子,甚至相隔十万八千里的人,或者早就死了的人,也会牵扯进来。哈尔对艺术的看法,或者他舅舅写的社会问题剧,会和劈柴生火的事情牵扯在一起,简直令人莫名其妙,但他们就是喜欢把争吵引到不相干的事情上去。譬如,查理有政治偏见、查理的妹妹喜欢搬弄是非,这和在约肯河上生火毫不相干,就连梅塞蒂自己也知道,但她偏要借此发泄一通,附带还要扯到丈夫家里其他一些令人不快的癖好。而此时,火还是没有生起来,帐篷只搭了一半,狗也没有喂。

梅塞蒂还有一种特殊的不满——女性的不满。她长得漂亮,向来习惯别人向她献殷勤。现在,她的丈夫和弟弟对她什么都好,唯独没有殷勤。于是,她就任性,这也是她的习惯。但是,他们竟然抱怨她任性,简直想剥夺她的女性基本权利。于是,她就搞得他们天天不得安宁。她不再关心狗,因为她太痛苦、太疲倦了。她一路上始终坚持坐在雪橇上,不肯下地行走。她自认为很苗条,但她的体重也有一百二十磅——这根稻草实在太重了,最后当然压断了那些又饿又累的拖橇狗的脊梁骨。狗不断在挽绳中倒下,雪橇不得不停下来,但她置之不理,坚持坐在雪橇上。查理和哈尔恳求她、哀求她,要她下来走。她开始哭天哭地,对天诉说,他们简直惨无人道。

有一次,他们把她硬拉下来,但仅这一次,后来再也不敢拉她了。因为她从雪橇上一下来,就像宠坏的孩子一样装跛脚,一拐一拐走了没几步,就坐在路上不走了。他们自顾自走,她就是坐着不动。他们走了三英里后,不得不从雪橇上搬下行李,让那些狗拖着空雪橇回到她那儿,再把她硬拉上了雪橇。

他们自己也因为过度疲劳而对狗漠然处之。哈尔有个理论，说一个人必须吃苦受磨炼，但他的理论只适用于别人。他拿这个理论去说服他的姐姐和姐夫。他们不听，他就用棍子在狗身上实践他的理论。到了法夫芬格河，喂狗的食物没有了。有个掉光了牙齿的老村妇，拿着几磅冻得硬邦邦的马皮，愿意换哈尔腰带上那把腰刀和那把哥特式左轮手枪。这些马皮是六个月前从饿死的马身上剥下来的，冻得像镀锌铁皮一样，用来喂狗，简直糟糕透了。狗只能把它硬吞进肚里，而到了肚里，也只是融化成一根根细细的小皮条和一大团短毛，既无营养又不消化，非常难受。

就这样，巴克步履艰难地走在这队狗的前面，就像做着一场噩梦。它拖得动时拖一下，拖不动时就倒下，躺在地上，等到鞭子或者棍子抽打在身上，再挣扎着站起来。它原本光洁的皮毛，现在已毫无光泽和弹性。全身的毛披挂着，稀疏而肮脏，上面还凝结着被哈尔的棍子打出来的斑斑血迹。它的肌肉已消瘦得像打了结的琴弦，丰厚的爪垫早已干瘪，而肋骨却在褶皱的皮肤下一根根分明可见。它的惨状看了令人心碎，但它自己的心是不会碎的。这一点，曾由那个穿红色汗衫的男人证实过。

和巴克一样，它的伙伴们也都成了会走路的骷髅。这七只狗，包括巴克在内，早已对鞭子和棍子的抽打失去了知觉——就如它们的视觉和听觉已变得迟钝，它们对挨打的痛苦也变得麻木。它们只剩下半条命，甚至只有四分之一条命，只是一些微微闪着生命之火的、装着几根骨头的皮袋而已。只要雪橇一停，它们就像死狗一样躺在路上，这时生命的火花渐渐暗淡，似乎马上就要熄灭，而当棍子或鞭子打在它们身上时，生命的火花又稍稍闪烁一下，于是它们又挣扎着站起来，跟跟跄跄地上路。

就在这样的一天，善良温顺的比利倒下后再也站不起来了。哈尔的左轮枪已经做交易换掉了，他于是拿起一把斧头，对着比利的头猛劈下去。随后，他割下尸体上的挽具，把尸体拖到一边。这情景，巴克看着，它的伙伴们也看着，而且都知道，不用多久，它们自己也会这样。第二天，柯纳死了。现在，只剩下五只狗："恶棍"乔，它疲乏得连恶意也没有了。受了伤又跛了腿的派克，它神智糊涂得连装病也装不像了。"独眼"索尔-赖克斯，它对工作依然忠心耿耿，但总是力不从心，哀伤不已。新手蒂克，它从未走过这样的长途，所以笨手笨脚，挨打的次数也最多。还有就是巴克，它依然是领头狗，但它已不再管束部下，也不想管束它们了，因为它自己在一半时间里也处于虚脱状态，只是凭着眼前的幻影和脚下的感觉在稀里糊涂地走着。

这本是舒适的早春时节，但这三个人和五只狗却毫无感觉。每天，太阳早早升起，迟迟落下。清晨三点，天已破晓，直到晚上九点，暮色才姗姗来迟。漫长的白天，太阳光始终在闪耀。死寂的冬天已经让位给活跃的春天，万物苏醒，每个角落里都有生命在发出充满生之欢乐的声音。这声音来自那些小动物，它们在漫长而冰封的冬天一直像死了一样毫无声息，现在四处活跃。松树渗出了树脂。柳树和白杨树长出了嫩芽。灌木和藤蔓已经变绿。夜里，有昆虫在鸣唱。白天，爬行动物姿势各异地慢慢爬到太阳底下。鹧鸪和啄木鸟在树林里飞来飞去，时而发出笃笃的声响。松鼠在吱吱叫。鸣禽在歌唱。大雁从南方匆匆赶来，在空中排成行，雁叫声随风回荡。

清澈的溪流从小山坡上流下，隐秘的山泉在叮咚作响。约肯河里的冰封也在融化，冰层碎裂，时而发出噼啪的声响。河水在下面顶撞，阳光在上面照耀，冰层上的裂痕越来越长，越来越大，最后变成一块块随流而下的浮冰。然而，就在这万物苏醒之时，在这河冰的爆裂声中，在这明亮的太阳光下和轻轻吹拂的微风里，这两男一女和一群狗却步履艰难地走着，仿佛在走向死亡。

狗在倒下，梅塞蒂在雪橇上哭泣，哈尔在胡乱咒骂，查理在悄悄流泪——就这样，他们摇摇晃晃地走进了位于瓦特河口上的约翰·桑顿的营地。他们一停下，狗就躺倒在地上，像被打死了一样一动不动。梅塞蒂擦着眼泪，呆望着约翰·桑顿。查理全身麻木，费了很大劲才慢慢地、痛苦地在一块木头上坐下。哈尔在和约翰·桑顿说话。约翰·桑顿正在把一根树枝削成斧头柄。他一边削一边听着，时而点点头或者哼一声，只是当哈尔直接问他问题时，他才开口说几句。他很了解这种人，知道就是给了他们忠告，他们也不会听。

"前面就有人说，河上的冰融化了，路不通了，叫我们最好不要走。"哈尔听到桑顿警告他不要到快融化的冰上去冒险时，他说，"他们说我们到不了瓦特河，可我们现在就站在这里。"最后一句话里还带有一种胜利者的嘲讽。

"他们说的没错，"约翰·桑顿回答说，"河上的冰随时会裂开。傻瓜有时也有傻福气，所以才能到达这儿。我对你直说了吧，换了我，就是为了全阿拉斯加的金子，我也不会用我这把骨头到河上去冒险。"

"那是，因为你不是傻瓜。"哈尔说，"我们可不管。我们这就去陶森。"说完，他抖了抖手里的鞭子，"起来！起来！巴克！嗨！出发了！"

桑顿继续削他的斧头柄。他知道，只有傻瓜才想说服傻瓜不干傻事，而世上多一两个傻瓜或者少一两个傻瓜，都跟他无关。

只是，那些狗不肯听从命令。它们早就到了非用鞭子来赶不可的地步。鞭子啪啪地响了，四处飞舞，发布着无情的命令。约翰·

桑顿咬咬嘴唇。索尔-赖克斯第一个爬起来,接着是乔,但它一边爬一边痛苦地哀号。派克挣扎着想爬起来,但努力了两次才撑起半个身体,正在做第三次努力。此时,巴克仍然一动没动,直挺挺地躺着。鞭子连续不断地抽在它身上,它既不哀号也不挣扎。桑顿几次想说话,但都忍住了。听着哈尔的鞭打声,他眼睛有点潮湿,站起身,来回走动着。

这是巴克第一次违抗命令,而正因为是第一次,哈尔特别恼火,大发雷霆。鞭子换成了那根常用的棍子,而且像雨点一样打了下去。巴克仍然一动不动。其实,它和它的伙伴们一样,勉强是爬得起来的,但它和它们不一样,决心不再爬起来。它有一种模糊的大难临头的感觉。这种感觉,当它把雪橇拖上河岸时就已出现在它心中,后来一直没有消失。它已走了一整天,在这一整天中,它一直感觉到自己脚下的冰层那么薄,那么容易破碎,所以它知道灾难近在眼前,就在前面的冰层上,而现在,它的主人正想把它赶到那里去。它一动也不动。它已遭受了那么大的痛苦,已走了那么难走的路,挨打对它来说已算不了什么大的伤害。棍子继续落在它身上,生命的火花在体内摇晃、颤动,眼看就要熄灭了。它有一种陌生的麻木感,仿佛觉得自己是在一个很远的地方挨打,一点也不觉得痛。由于最后的痛感也从它身上消失,它只是隐隐约约听到棍子和身体接触的声音,而这个身体也不再是它的身体,好像离它很远、很远。

这时,随着一声喊叫,一声像猛兽一样的吼叫,约翰·桑顿突然冲到手握棍子的哈尔面前。哈尔就像看到一棵大树在眼前倾倒,连连后退。梅塞蒂吓得尖叫起来。查理则呆呆地看着,只是擦了擦水汪汪的眼睛——他麻木得已无法站立。

约翰·桑顿猛冲到巴克身边,怒视着哈尔,一时连话也说不出来。

终于，他哽咽地说出了声："你……如果再打……我就杀了你。"

"这是我的狗！"哈尔擦擦溅在他嘴角上的血，恼怒地说，"你给我滚开，否则我就揍你！我们要去陶森！"

桑顿站在哈尔和巴克中间，毫无离开的意思。哈尔抽出了一把长长的腰刀。梅塞蒂本来就尖叫不断，此时更是歇斯底里了，又是哭喊，又是狂笑。桑顿举起手里的斧头柄，一下击中哈尔的手腕。腰刀啪的落在地上。哈尔伸手去捡，桑顿的斧头柄再次击中他的手腕。接着，桑顿弯腰捡起那把刀，嚓嚓两下，砍断了巴克身上的挽绳。

哈尔心惊胆战，害怕了。再说，他的双手也忙于扶住他的姐姐，随后又不得不用手臂抱住她。至于巴克，此刻仍然躺在地上，好像气息奄奄，快要死了。这只狗没什么用了。所以，几分钟后，那三个人撇下巴克，让其他狗拖着雪橇下了河岸，到了河道上。他们一走，巴克就抬起头来，望着他们。只见派克在领头，索尔-赖克斯在驾辕，中间是乔和蒂克——它们全都一拐一拐地跛着腿，梅塞蒂像骑马一样骑在高高的行李堆上，哈尔在雪橇前端驾驶雪橇，查理跌跌撞撞地跟在后面。

就在巴克这样望着他们时，桑顿在它身边蹲下，用粗糙而亲切的手在它身上摸着，检查它有没有骨头被打断。而当他最后发现巴克的骨头并没有断，只是表皮受了伤而且饿得太瘦时，那辆雪橇已经驶出了四分之一英里。巴克和桑顿仍能远远地看到那辆雪橇在河道上慢慢地移动。突然，他们看到雪橇的尾部陷进一道冰缝，前端猛地翘起，哈尔被抛到空中，紧接着，就传来梅塞蒂的一声尖叫。他们看到查理转身想往回走，但就在这时，一大片冰层裂开，狗和人顿时都不见了,只见河道上有一个像打哈欠似的大窟窿。河道已不能通行了。

约翰·桑顿看了看巴克。巴克也看了看他。

"你真鬼啊!"他说。巴克舔了舔他的手。

六

约翰·桑顿在去年十二月里冻坏了脚,他的伙伴们给他安排周全后,让他独自留在营地里。他们全到肯特河上游去砍树造木筏,打算夏天走水路去陶森。桑顿在救巴克时,脚还有点跛,但天气一直很暖和,冻坏的脚不久便好了。巴克在整个春天一直卧在河岸上,心情舒畅地看着滔滔不绝的河水,懒洋洋地听着鸟儿和流水的合唱。慢慢地,它恢复了往日的体力。

行走了三千英里之后有一阵休息,当然再好不过了。但是,说实话,随着巴克养好伤,身上长出新肉并恢复了体力,它也变得懒惰了。他们——桑顿和巴克,还有斯凯伊特和尼格——其实什么事也没有,就等着木筏来接他们到陶森去。斯凯伊特是一只小个子的爱尔兰母猎犬,它一开始就喜欢上了巴克。那时巴克还不能动弹,可怜巴巴的,当然也就接受了它的情意。斯凯伊特是那种具有护士品质的母狗,它会像母猫舔小猫一样把巴克的伤口舔得干干净净,而且是有规律地在每天早晨巴克吃完早饭后就开始执行这项它自己承担的任务。后来,巴克渐渐对它的这种照料变得有所盼望了,就像它盼望约翰·桑顿的照料一样。尼格虽没有这样无微不至,但也同样亲切友好。它是一只身材高大的黑狗,是警犬和猎犬的混血儿,但它目光温和,心地也很善良。

使巴克感到惊异的是,这两只狗对它一点也不妒忌。它们似乎从约翰·桑顿身上获得了那种仁慈宽厚的性格。随着巴克身体一天天好起来，它们就来邀请它一起玩各种的游戏。这些游戏很有趣，有时连桑顿也会情不自禁地加入，和它们一起玩。就这样，巴克愉快地度过恢复期，开始了新的生活。爱，真诚而热烈的爱，第一次来到它心中。过去，在充满阳光的圣克拉拉山谷里的米勒法官家里，它从未有过这样的爱。它和法官的儿子们一起打猎和游玩，他们之间是伙伴关系。它和法官的孙子们在一起时，它是有责任心的保护者，他们是被保护者。至于它和法官本人，那也是一种严肃而高尚的朋友关系。但是，当它遇到约翰·桑顿后，它心中便产生了那种炽热而强烈的爱，那种充满敬意的、忘我的爱。

  这个人救过它的命，这它不会忘记，但更重要的是，这个人是理想中的主人。别人照料狗不是出于责任感，就是出于职业需要，桑顿照料狗却像照料自己的孩子，是出于他对狗的真心喜欢。他不仅照料它们，还从来不会忘记和狗亲热地打招呼，或者说几句逗它们高兴的话。他常和它们一起坐着谈话（他把这种谈话叫作"闲扯"），而且和它们一样觉得这种谈话是一件乐事。他有个习惯，喜欢用双手捧住巴克的头，和它头顶着头前后摇晃，一面粗鲁地咒骂它——在巴克听来，他的咒骂就是亲昵和爱抚。巴克不知道有什么事比这种有力的拥抱和粗鲁的咒骂更使它高兴了，还有那种摇晃，更使它心醉神迷，仿佛把它的心从身体里摇了出来。而每当桑顿松手后，它总会跳到一边，嘴微微地张着，两眼充满不可压抑的热情，喉咙里发出难言的呵呵声，而且久久地站在那里。这时，桑顿会既惊讶又感慨地大声说："天哪！除了不会说话，你这家伙什么都懂！"

  巴克有一种表示爱的独特方式，看上去好像是要伤害人。它会咬住桑顿的手，一直咬到桑顿的手上出现深深的牙齿印，而桑顿呢，就像巴克懂得他的咒骂是爱的语言，他也知道巴克的这种假咬是爱的表示。

不过，在大多数情况下，巴克是以一种崇敬的方式来表示爱心的。每次被桑顿抚摸之后，或者听桑顿对他说了一番话之后，它总是欣喜万分，但它并不主动寻求这种爱抚。它不像斯凯伊特那样，老是把鼻子伸到桑顿手下面一拱一拱，一直要到桑顿抚摸它为止。它也不像尼格那样，老是轻轻地走到桑顿跟前，把自己的头搁在他的膝上。它满足于默默的爱。它会长时间卧在桑顿脚前，热切地、惊异地看着他的脸，注视着、揣摩着他脸上最细微的感情变化和肌肉活动。有时，它会卧在桑顿的侧面或者背后，远远望着他的身影和举动，而经常会发生的是，正当巴克这样凝神注视桑顿时，桑顿会突然转过脸来，也对它默默凝视起来。这时他们俩的心随着目光射向对方，他们俩的生命也就这样联系在了一起。

巴克自从被救后，很长一段时间里一直和桑顿寸步不离。无论是桑顿从营地里出来，还是从外面回来，巴克总是紧随其后。它来到北方后，由于几易其主，已产生了一种恐惧感，总觉得没有一个主人会成为永久的主人。它害怕桑顿也会像彼尔、弗朗哥和那个苏格兰混血男人一样，从它的生活中消失。这种恐惧感，就是在夜里，在睡梦中，也常常使它心神不宁。这时，它会抛开睡意，冒着寒风悄悄走到帐篷边，站在那里谛听桑顿的鼾声。

然而，尽管它这样爱桑顿——这是受到文明生活影响的结果——北方世界在它心中唤起的原始野性，却依然活着，而且还很活跃。它虽然具有忠诚、仗义和一切从文明生活中获得的品质，但仍保留着它的野性和狡黠。它与其说是一只来自温暖的南方、带着文明的世代烙印的狗，不如说是一只来自北方荒野的野性动物，只是貌似温驯地蹲在约翰·桑顿的篝火边。出于对桑顿的敬爱，它固然不会偷吃这个人的东西，但要是到了其他营地，不管是谁的东西,它都会毫不犹豫地偷吃,而且是神不知鬼不觉地偷吃,绝对不会被发觉。

它的脸上和身上虽布满伤痕,但它仍和以往一样凶猛好斗,而且比以往更加灵活,更加狡猾。斯凯伊特和尼格很文雅——再说,它们是约翰·桑顿的狗,所以它从不和它们争斗,但对其他的狗,就不一样了。附近不管什么血统的狗,不管多么高大、多么勇敢的狗,都很快对它俯首称臣。否则,它们就会发现自己总是不得安宁,总是处在一个可怕的敌人的威胁之下。巴克是残酷无情的。它懂得牙齿和棍棒的法律,所以它从不放过任何有利机会,因为它知道在敌人面前的退却,就意味着向死亡的进发。它从斯比兹那儿、从凶神恶煞般的警犬那儿得到过教训,知道这里没有中立。它必须征服,否则就是被征服。仁慈是弱者对弱者的表现。在原始的荒野生活中,根本不会有仁慈。谁仁慈,谁就会被认为胆怯,而胆怯就意味着死亡。杀,或者被杀。吃,或者被吃。这就是荒野的法则。它服从这一法则,服从这一来自史前蛮荒时代的生存法则。

它已超越了它的年龄和经历。在它身上,远古和现代被连接在一起,而在他身后,永恒的大自然正以高昂的节奏轰鸣着,就如支配潮汐和季节一样,支配着它。它蹲在约翰·桑顿的篝火边,看似一只高大壮硕、皮毛丰满的狗,但在它身后,却不仅晃动着狗的影子,还晃动着半狗半狼的影子,甚至野狼的影子。当它吃肉时,这些影子和它一起品尝肉味。当它喝水时,这些影子和它一起解渴。它们和它一起在风里嗅着、听着,为它传递来自森林的野性的呼唤,并控制着它的情绪和举动。当它躺下时,它们和它一起睡觉,一起做梦,并在梦中面对着它,成为他梦中的偶像。

这些影子如此专横地支配着它,致使它一天天地疏远人类和人类世界。它常常听到从密林深处传来一种呼声,而每次听到这种呼声,它总有一种神秘之感、一种欣喜之感和一种迷恋之感。这时,它总会情不自禁地从篝火边转过身,冲进黑暗,朝着森林飞奔,然后又在森林里不停地奔跑,不知奔向何处,也不知为什么。其实,它也不想知道自己要奔向何处,到底为了什么。它只知道从密林深处传来的呼声是它不可抗拒的。然而,每次当它踏着松软的原始土地站在浓密的树荫下时,每次都因为它对约翰·桑顿的爱而使它回到了篝火边。

唯有桑顿一人牵绊着它。除了桑顿,整个人类对它来说似乎并不存在。有时,过路的行人称赞它或者抚摸它,它一概漠然置之,而当有人对它表示过分亲昵时,它甚至会走开。桑顿的伙伴彼得和汉斯撑着等候已久的木筏回来时,它也没有理睬他们,直到它知道他们是桑顿的朋友后,才以一种冷漠的态度勉强接受了他们的好意。彼得和汉斯像桑顿一样身材高大,熟悉野外生活。他们思想单纯,但目光敏锐。不久——也就是木筏还没有进入陶森锯木场旁边的河湾时——他们便知道了巴克的性格,也就不再用对待斯凯伊特和尼格的那种亲昵态度对待它了。

然而,巴克对桑顿的爱却越来越强烈。在所有人中间,只有桑顿一人能在夏天的旅行中把行李放到它背上。凡是桑顿要它做的事,不管多么艰难,它无不服从。一天(这时他们已卖掉木筏,买了粮食,并离开陶森在去往塔那纳河上游的路上)他们在一块悬崖上,那悬崖陡峭笔直,有三百英尺高,崖底下满是巨大的岩石。桑顿坐在悬崖边,巴克正紧挨着他的肩膀蹲着。桑顿突然闪过一个念头,便把汉斯和彼得叫过来,说要证实一下他心中的想法。他挥挥手,指着悬崖下面,喊了一声:"跳下去,巴克!"但是,话音未落,他已经和巴克在悬崖边上抱成了一团,因为巴克真的准备往下跳。汉斯和彼得赶紧把他们拉到安全的地方。

"真没想到。"事后他们开始谈话时,彼得说。

桑顿摇摇头。"不,这很好,也很可怕。你不知道,有时真叫我害怕。"

"有它在你身边,连我也不敢谋害你了。"彼得开玩笑地对桑顿说,并向巴克点了点头。

"嗯!嗯!"汉斯接着说,"我也不敢,不敢!"

这一年还没有过去,彼得的话就在沙克乐城里得到了证实。有个脾气粗暴、性格凶狠的人——此人叫伯登——在酒吧里和一个刚来的人吵了起来。桑顿出于好意,上前去劝阻他们。此时,巴克按它的习惯正蹲在一个角落里,头枕在前腿上,眼睛注视着主人的一举一动。突然,伯登肩膀一耸,顺手就给了桑顿一拳。桑顿一个踉跄,一把抓住柜台上的栏杆,才没有摔倒。

只听见一声咆哮——不是一般的吠叫,也不是一般的吼叫——当时在场的人都惊呆了。巴克腾空跃起,直接扑向伯登的咽喉。伯登本能地伸手抵挡,才没被巴克咬住,否则就没命了。但是,巴克已把他扑倒在地,而且在他的手臂上乱咬。接着,它又把锋利的牙齿伸向他的手臂下的咽喉。这回,伯登没能完全抵挡住,脖子被咬得鲜血直流。人们蜂拥而上,把巴克赶开。而当医生赶来为伯登止血时,巴克还在人群边上转来转去,愤怒地咆哮着,竭力想冲进去。人们不得不用一排木棍才把它挡住。后来,在场的人开了一个"现场会议",认为这只狗有充分理由发怒,决定不追究它的"责任"。巴克被放了,也因此而出了名。从那天起,它的名字在全阿拉斯加的各个营地里都有人知晓。

后来,在这一年秋天,巴克又一次救了约翰·桑顿,而且是在完全不同的场合。当时,他们驾着一只狭长的小船想通过福特密尔溪谷的一段河道。那里的水流湍急,汉斯和彼得走在堤岸上,用一根绳子牵住船,从一棵树拴到另一棵树,以免船被水冲下去。桑顿在船上用一根木杆撑着船,并大声指挥着岸上的人。巴克也在岸上,忧心忡忡地一边走,一边看着船,两眼一刻也不离开它的主人。

到了一个特别险峻的地方,那里有一块光秃秃的岩石凸露在水中央。汉斯松开绳子,等桑顿把船撑出河中央的激流,绕过那块礁石后,再拉紧绳子,把船往上游拉。但是,当船刚绕过那块岩石时,却有一股激流把它像水车一样直往下冲。汉斯赶紧拉住绳子,想把船止住,但用力过猛,船侧翻了,船底朝上,撞到了堤岸上。桑顿在船侧翻的一刻就掉进了水里,随着水流被冲到一个水势特别凶险的地方。那里水深浪急,没有人能活着从那里游出来。

就在桑顿落水的同一刻,巴克一头跳进了水里。它游了三百码,在一个急速的漩涡中追上了桑顿。桑顿一把抓住它的尾巴后,它就竭尽全力向岸边游。但是,他们的速度很慢,而往下直冲的水流速度却快得惊人,而且这股水流越往下越湍急,前面还有一块像一把巨大的梳子一样突出在水面上的岩石,水流撞击岩石,溅起无数浪花和水雾,隆隆作响,令人绝望。再往前,是一个深潭,水流注入深潭时更是急速而汹涌,任何东西都无法逃脱。桑顿知道这下完了,要上岸是不可能的。他被水流带着猛地擦过一块岩石,撞到第二块岩石上,接着又被一股强力直打到第三块岩石上。这时,他放开巴克,伸出双臂攀住岩石顶部,在一片激流狂澜的咆哮声里大声喊:"走吧,巴克!快走!"

巴克也无法控制住自己的身体,被水流卷裹着直往下冲。它拼命挣扎,但无论如何也无法往回游。它第二次听到了桑顿的命令。这时,它从水里探出半个身体,高高地仰了仰头,仿佛为了最后看一眼。随后,它顺从地扭过身体,向河岸方向尽力游去。就在他耗尽力气,眼看就要被水流带走时,汉斯和彼得奋力把他拖上了岸。

他们知道,一个人在急速的水流里用手攀着一块石头,是坚持不了多久的,于是就赶紧往上游跑,跑到那块岩石的上方。在那里,他们把刚才用来拖船的绳子系在巴克的脖子和肩膀上,只要不至于把它勒死,也顾不上许多了,随后就把它送进了河中央的激流中。巴克勇猛地向前游,但是游歪了,偏离了河中央的激流,而当它发现时,已经太晚了,它和桑顿正处在平行位置上。虽然离桑顿只有几步之遥,它却无奈地被水冲向了下游。

汉斯赶紧拉住绳子,就像刚才拉住船一样拉住巴克。巴克正被水往下冲,身上的绳子被一拉紧,就被拉到了水下,而绳子还在继续拉——就这样,它在水下被绳子拉着,一直到身体撞到河岸,最后被拉了上来。它已经被淹得昏死过去,汉斯扑到它身上向它嘴里吹气,彼得按它的肚子,把里面的水挤出来。它醒了,摇摇晃晃地站起来,又倒了下去。这时,传来桑顿微弱的呼喊声。汉斯和彼得一声不响,但他们知道,桑顿的处境已极其危险。巴克听到主人的声音,仿佛被电击似的跳了起来,冲在汉斯和彼得前面,沿着河岸朝刚才下水的地方飞奔。

绳子又一次系上,它又被送进水里,又一次奋力游了出去。这次是笔直地到了激流的中央。它已经算错了一次,绝不能再错第二次了。汉斯均匀而不间断地放着绳子,彼得留神着绳堆,不让它缠住。巴克不停地游,一直游到桑顿的正上方。接着,它一扭身,像一列特别快车一样冲向桑顿。桑顿见巴克像一颗飞驶的炮弹,带着水流的巨大冲力向他游来,便伸出双臂,一把抱住它毛茸茸的脖子。汉斯拼命往树干上绕绳子,巴克和桑顿一起被拖到水下。一阵眩晕,呼吸被窒息。他们在水下翻滚,时而你在上,时而我在上。河底高低不平,时而撞到岩石,时而撞到沉木——就这样,他们终于被拉上了河岸。

汉斯和彼得马上把桑顿横扑在一根粗木头上,腹部顶着木头,再用力压他的身体,把腹中的水挤出来。桑顿醒了,睁开眼睛,第一眼就想看到巴克。此时,巴克躺在地上,软绵绵的,已经奄奄一息。尼格正俯在它身上哀号,斯凯伊特在舔着它的湿漉漉的脸和紧闭的双眼。桑顿不顾伤痛,一拐一拐走到巴克身边,小心翻动它的身体,仔细查看。他发现有三根肋骨断了。

"事情已经这样,"他说,"我们只能在这里宿营了。"

于是,他们就地宿营,一直到巴克的肋骨愈合,才继续赶路。

这年冬天,巴克在陶森又立了一功。这一功也许不像前几次那样充满英雄气概,但它的名字却就此被刻在了阿拉斯加的那根高高的图腾柱上,受人崇拜。这一功也使桑顿他们特别高兴,因为他们就此解决了资金问题,可以到东部去了——那里还没有一个开矿人去过,他们一直想率先进入那个人迹未至的地方。

事情是埃多拉多酒馆里的一次谈话引起的。那天,一群人聚在酒馆里夸夸其谈,吹嘘自己的狗。巴克因为名气大,就成了他们的攻击目标,以至于桑顿不得不为它辩护。这样过了半个多小时,有个人宣称,他的狗能拖五百磅重的雪橇。第二个人夸口说,他的狗能拖六百磅。第三个人不服气,说他的能拖七百磅。

"嘘!嘘!"约翰·桑顿说,"巴克能拖一千磅。"

"是拖动一下,还是拖着走一百码?"有个叫马泰森的波纳扎金矿大王问。这个人就是吹牛说他的狗能拖七百磅的家伙。

"拖动,而且走一百码。"约翰·桑顿随即回答说。

"好——"马泰森故意拖长了声音说,要使所有的人都听到,"我说它不能,所以我和你打赌。一千美元,钱在这儿!"他掏出一只像波罗尼香肠似的装着金砂的口袋,扔在桌上。

没有人说话。桑顿也一时语塞,他知道自己夸了口,现在人家要他证实了,不免有点尴尬。他只觉得一股热血冲到脸上,心想:这回要自作自受了。他其实并不知道巴克能不能拖一千磅。几乎是半吨了!这重量使他有点犹豫了。他只是相信巴克很有力气,相信它能拖动这个重量,从没想到会像今天这样,十多个人盯着他,等着他回答。再说,他哪有一千美元?汉斯和彼得也没有。

"我的雪橇就停在外面,上面装着二十袋五十磅的面粉。"马泰森无情地紧逼,"怎么样?一点也不麻烦。"

桑顿没有回答。他不知道怎么回答。他像丧失了思考能力似的,看着人们,从这张脸看到那张脸,好像在寻找什么可以使他恢复思考的东西。他看到吉姆·奥勃冷的脸,这个人是马斯特顿的金矿大王,他过去的老伙伴。这张脸使他恢复了思考,而且使他做出了一个他自己也不知道怎么会做出的决定。

"你能借给我一千美元吗?"他问奥勃冷,声音低得像自言自语。

"当然可以。"奥勃冷回答,并把一个胀鼓鼓的口袋扔在马泰森的口袋旁边。"不过,约翰,我不太相信你的狗会赢。"

埃多拉多酒馆里所有的人都跑到门口去了,准备看一场赌博。桌子全空了,连附近的店主和猎场看守人也跑来看,而且相互还打起赌来。有好几百个人,穿着皮衣,戴着手套,围着那辆雪橇。马泰森的雪橇上装着一千磅面粉,停在那里已有两个小时,橇底下的滑板已经在严寒(零下六十度)中和地面上的冰雪冻在一起了。有人加了两倍的赌注说,巴克绝对拖不动那辆雪橇。接着,关于"拖动"一词,又引起了一场争论。奥勃冷认为,桑顿有权先摇松滑板,然后由巴克"拖动"雪橇。马泰森则坚持说,"拖动"的意思包括拖动滑板。刚才看到打赌经过的人,大多同意他的意见。于是,打赌说巴克必输的人把赌注从两倍加到了三倍。

没有人和他们赌。谁也不相信巴克会有如此能耐。桑顿打赌是一时冲动,心里本来就没底,现在看着眼前的雪橇,看着蹲在雪橇前的十只拖橇狗,他心慌意乱了。马泰森却洋洋得意。

"三赔一!"他大声说,"桑顿,再加一千美元,你看怎么样?"

桑顿忧虑重重,脸色阴沉,但他的好斗性被马泰森挑动起来——好斗性会使人不顾死活地盲目争斗。他把汉斯和彼得叫到跟前。他们也没什么钱,和他的合在一起,也只有两百美元。他们也够背运的,这点钱就是他们的所有财产。但是,他们毫不犹豫地押了上去。马泰森摆阔,拿出六百美元来抵他们的两百美元。

十只拖橇狗被牵走了,巴克带着自己的挽具被套上了那辆雪橇。它仿佛感受到了周围兴奋激动的情绪,决心要一显身手。它的庄严神情引来了一阵低低的赞美声。它的身体状况非常理想,全身没有一块赘肉,一百五十磅的体重,每一磅都是结实的、精力充沛的。它的皮毛像绸缎一样闪亮。长长的颈毛披到肩上,就是在它心平气和时也微微耸起,现在更是随着它的每一个动作而抖动起来,仿佛每一根毛都有用不完的力气。它的前胸又宽又大,前腿粗壮有力,身体的各个部分都极其匀称,全身的肌肉块块都滚圆结实。有人摸了摸它的肌肉,说长得就像铁一样硬。于是,有些打赌说它必输的人,把赌注从三倍降到了两倍。

"好啊,先生!好啊,先生!"有个暴发户,一个叫斯考特·班奇的金矿大佬,从人群中挤出来,结结巴巴地说,"我出八百美元,买你的狗,就现在,不管赌输赌赢,八百美元。"

桑顿摇摇头,走到巴克身边。

"你要离它远点。"马泰森抗议说,"要让它自己来,前面要留点空地。"

人群安静下来。"两赔一"的喊声也不再有人理睬。每个人都在想，巴克虽是一只了不起的狗，但二十袋五十磅重的面粉实在太重了，它不可能拖动，不可能让他们赢钱。

桑顿在巴克身边跪下一条腿。他捧住巴克的头，把自己的脸贴在它的脸颊上。他没有像往常一样逗乐地摇它，也没有亲昵地骂它，而是在它耳边轻声嘀咕。"你是爱我的，巴克，你是爱我的。"他嘀咕着。巴克压制不住内心的激动，叫了一声。

所有的人都惊异地看着他们，觉得事情好像越来越神秘了，看上去像是在变魔术。桑顿站了起来，这时巴克突然咬住他戴着手套的一只手，一直咬到牙齿深深地陷进去，随后才慢慢地、好像是勉强地松开。这是它给桑顿的回答，不是语言，而是爱。桑顿稳步退了回来。

"开始吧，巴克。"他说。

巴克猛地拉紧挽绳，接着轻轻一松——这是它的习惯动作。

"哦！"桑顿情不自禁喊出了声。在一片紧张的静默中，声音特别响亮。

巴克向右一晃，又猛地拉紧挽绳。接着，它用一百五十磅的体重奋力向前一挺，堆满货物的雪橇动了一动，只听见滑板下发出一阵格格声。

"嗬！"桑顿命令它继续。

巴克再次使出绝招，这回是向左。格格声变成了噼啪声。雪橇扭动一下，滑板向左滑出了几英寸，从冰里被拉了出来。人们屏住呼吸，紧张得简直忘记了呼吸。

"好，驾！"

桑顿的命令像子弹一样射出。巴克向前一冲，再次绷紧挽绳。这时，它的整个身体也都已绷紧，肌肉在绸缎般的皮毛下一块块鼓起，像一个个小动物似的，颤动着。它低垂着头，巨大的前胸紧挨着地面，四脚像游泳似的前后划动，脚趾在坚硬的冰上扣出了两道平行的凹槽。雪橇抖了一下，开始动了。它的一只脚一滑，马上有人大声叹息。雪橇摇摇晃晃，又动了一下，好像是一冲一冲地被拉动了。实际上，从滑板从冰里拉出后，雪橇始终没有停下，只是移动得很慢……半英寸……一英寸……两英寸……现在，雪橇显然有了动力，不再一冲一冲了。巴克已经控制住雪橇，正使它平稳地移动。

所有的人都喘了一口气，重新开始呼吸，忘记了自己曾停止过呼吸。桑顿跟在雪橇后面，发出短促而欣喜的声音，鼓励着巴克。距离是预先量好的。当巴克一步一步朝着一百码的终点——一堆木柴——靠近时，欢呼声响了起来，而当它越过那堆木柴时，欢呼声顿时变成一片喊叫声，帽子和手套飞向空中。所有的旁观者——不管是谁，都相互握起手来，不可抑制地大声喊叫，仿佛在过狂欢节。

然而，桑顿此时正跪在巴克旁边。他的头顶着巴克的头，不停地摇晃着它。那些狂欢的人听到他好像在咒骂巴克，久久地、热情地、温柔地、抚爱地咒骂着它。

"好啊，先生！好啊，先生！"那个名叫斯考特·班奇的金矿大佬又结结巴巴地说，"我出一千美元，买你的狗，先生，一千美元——一千两百美元，先生。"

桑顿站起身来。他的眼睛湿润了，接着泪水就从他的脸颊上淌了下来。

"先生，"他对那个名叫斯考特·班奇的金矿大佬说，"不，先生，你已经有资格下地狱了，先生。我只能这么说，先生。"

巴克咬住了桑顿的手。桑顿前后摇晃着它。那些旁观者似乎也被这一幕感动了，纷纷往后退，最后围成一圈，静静地站在那里看着他们。

七

在五分钟里，巴克就为约翰·桑顿赢得了一千六百美元。这笔钱不仅使它的主人还清了债，还可供他和他的伙伴们到东部去寻找一座传说中的金库。这座金库的历史，就像这个地方的历史一样古老。许多人曾寻找过它，但没有一个人找到过。还有不少人一去而不复返了。这座金库充满悲剧色彩，笼罩在神秘的烟雾中。没有人知道，最初得知这座金库的人是谁。就是在最古老的传说中，也没有提到这个人，只是说，那里有一个古代废弃的小屋。有些人曾在临死前透露说，那个小屋就是地下金库的标记，还拿出一些形状古怪、在北方很罕见的金块来为此作证。

然而，他们全都死了。活着的人呢，没有一个到过那里。于是，约翰·桑顿、彼得和汉斯三人就带着巴克和另外五只狗，踏上前途莫测的旅程，直奔东部，去寻找那个和他们一样的人和狗都不曾找到过的地方。他们沿着约肯河向上游走了七十英里，再向左转入斯旦瓦河流域，经过玛约和麦奎斯，一直走到斯旦瓦河的源头——在那里，斯旦瓦河只是一条从大陆中央的高山峻岭间流淌下来的小溪。

桑顿是个天不怕、地不怕的人，当然也不怕荒野。他只要带上一把盐、一支枪，就能深入荒野，在那里随处宿营，随意去留。一路上，他像印第安人一样打猎谋生。就是没有猎犬，他也能像印第安人一样凭自己的感觉找到猎物。所以，在进入东部的漫长旅途中，因为雪橇上装满了必不可少的弹药和工具，他们的食谱上只有一种东西——血淋淋的肉，而在他们的时间表上，旅行的终止时间是无限的未来。

对巴克来说，像这样打猎、捕鱼，从一个陌生的地方到另一个陌生的地方，实在是一件极大的乐事。他们时常会一连几个星期一天接着一天赶路，然后一连几个星期在某个地方扎营休息。这时，狗可以到处闲逛，人在冰冻的泥沙地上挖洞生火，借着火的热气，洗刷数不尽的脏盘子。他们有时会挨饿，有时会大吃一顿，这全由打猎时的运气和打到的猎物多少而定。到了夏天，狗和人都要背上东西，坐在木筏上渡过山间碧绿的湖泊，或者坐在独木舟上，在一些无名的河流里顺水而下或逆水而上。

夏去秋来，他们就这样穿行在荒野中。这是荒无人烟之地，连地图上也是找不到的，而关于那个小屋的传说，如果不仅仅是传说的话，这儿应该有人来过，就像他们现在一样。他们在夏天夹着雪的暴风雨中穿过分界岭，登上位于林区和积雪带之间的荒山，并在午夜的太阳光下冷得瑟瑟发抖。接着，他们进入蚊蝇成群的山谷，并在冰川的阴影下采摘花果。这里的花果和长在南方的花果一样美丽而硕大。到了秋天，他们进入一个湖泊地带。这里荒凉而寂静，过去曾有野鸟栖息，如今已毫无生息，只有寒风在吹拂，冰块在阴暗处冻结，湖水在冲刷已经寸草不长的湖岸。

又过了一个冬天，他们仍在循着那些早已死去的人遗留下来的模糊踪痕四处寻找。有一次，他们在森林中发现有一条用火烧出来的小路，一条古老的小路，看样子那个隐秘的小屋就在眼前了。但是，那条小路既没有起点，也没有终点，那么神秘莫测。至于这条路究竟是谁开的，为什么要开，那就更像谜一样无人知晓。又有一次，他们偶尔发现一个草棚的遗骸，桑顿还在破烂不堪的毛毯里找到了一支长筒火绳枪。他知道，这支枪是早期拓荒时代的哈德森公司制造的，当时可以换一张和它一样长的海狸皮。但是，除此之外，就一无所知了——是什么人在遥远的年代到这儿搭了这么个草棚？为什么要把枪放在毛毯里？没有任何迹象给人以哪怕一点点暗示。

又一个春天来了，他们的寻宝历险终于有了结果。但是，找到的不是那个隐秘的小屋，而是藏在大山谷里的一个浅金矿——那里，黄金暴露在地表上，就像涂在锅底上的一层黄油。他们停了下来。他们只要干一天活，就能挖到价值几千美元的金砂和金岩块。他们天天干活。挖到的金砂和金岩块装在鹿皮袋里，每袋五十磅，像劈柴一样堆在枞树棚外面。他们就像童话里的巨人一样，天天挖山不止，而随着时间如做梦似的飞逝，他们的财富也如做梦似的聚积。

狗除了有时要帮约翰·桑顿把猎物从外面拖回来，没别的事可做，所以巴克时常会一连几个小时蹲坐在篝火边，脑子里昏昏沉沉，而乘它空闲，那个短腿多毛人的幻影也就更频繁地来拜访它。火光令人眩晕，巴克时常会跟随那个多毛人的幻影，飘浮到它记忆深处的另一个世界里去。

在那个世界里，似乎危机四伏。有时，多毛人在火边睡觉，头搁在膝上，双手还紧抱着头，巴克守着他，常看到他会在睡梦中突然醒来，惊恐地朝黑暗里张望，还不停地朝篝火堆里扔树枝。有时，他们会一起在海滩上行走，这时多毛人一边拾贝壳来吃，一边东张西望，好像防备着看不见的危险，只要稍有动静，拔腿就跑。有时，他们会在树林里悄无声息地匍匐爬行，多毛人在前，巴克在后，紧随着多毛人的脚后跟，这时他们都万分警觉，多毛人的听觉和视觉虽和巴克一样灵敏，但巴克还是竖起耳朵，转动着耳朵，鼻孔一翕一翕。有时，多毛人会纵身一跃，跳上一棵大树，在树上急速行走,像在平地上一样。他还能用手臂挂在树枝上,从这根树枝攀到那根树枝。有时,树枝间隔十多英尺,他只要用力一荡,就跃了过去,从来不曾摔下来。是的,他在树上就像在地上一样习以为常。巴克记得,有好几夜,他就栖在树上——挂在树枝上睡着了,而它呢,在树下守望着,一直到天亮。

和多毛人的幻影相随而来的,是密林深处的呼叫声。这声音总使它骚动不安,使它产生一种古怪的欲望、一种模糊而甜蜜的欣喜感,和一种不可名状的对野性的向往和冲动。有时,它会追逐着呼叫声进入密林深处,在那里寻找着,好像在寻找一件它丢失的东西。这时,它的情绪会很激动,会低沉而凄厉地吠叫。它还会把鼻子伸进冰凉的地衣里,或者伸到长长的野草下面的黑土,兴奋地嗅着大地的气息。有时,它会蹲在长满菌类的大树干后面,静静地蹲着,一蹲就是几个小时,就像伏击者一样,睁大眼睛,竖起耳朵,观察着四周的动静,聆听着四周的声响。它这样潜伏着,也许是为了发现那呼叫声到底谁发出的。但是,它并不知道自己为什么要发现那个呼叫者。它只知道自己不可能不这样做,所以也就不想知道这到底是为什么了。

这种隐秘的冲动是无法抗拒的。有时,它白天在营地里懒洋洋地打瞌睡,但突然间,它会猛地抬起头,竖起双耳凝神聆听,接着一跃而起,冲出营地,穿过林间的小路和布满黑色枯叶的开阔地,一连狂奔几个小时。它喜欢沿着干涸的河道行走。它喜欢在树林里悄悄靠近鸟雀,窥视它们的行踪。它常常会整天卧伏在草丛里,注视着咕咕叫的鹧鸪摇摇摆摆地走来走去。它最喜欢的是在夏夜幽暗的微光中一边奔跑一边聆听树林里的低沉而催眠的窸窣声,就像人读书一样,从这声音里领悟到某种神秘的含义——这声音,无论在它清醒时,还是在它熟睡时,始终在呼唤着它。

一天夜里，它突然从睡梦中惊跳起来，两眼闪闪发光，鼻子一翕一翕地嗅着什么，厚厚的颈毛像涨潮时的波浪一样层层鼓起。从密林深处传来了呼声（或者说，是一种音调，因为那呼声包括多种音调），比以往任何时候更加清晰——是一种拖着长音的哀嚎声，和爱斯基摩狗的嚎声有点相像，但并不一样。凭着早先的经验，它马上听出这种音调的长嚎声和它曾听到过那种嚎叫声发自同一种动物。它随即冲出沉睡的营地，默默地朝树林奔去。当它接近那长嚎声发出的地方时，它放慢了脚步，并留意着那里的每一个动静。最后，它来到了树丛中的一块空地边上。就在那里，它看见一只又瘦又长的狼，正蹲着，在仰天长嚎。

　　它悄无声息地看着，但那只狼却似乎觉察到了它的到来，立即停止了长嚎。于是，它缩起身体，挺直尾巴，几乎像爬行一样小心翼翼地走进了那块空地。它的每一个动作都表现出惊异而好奇的心情，但它这种慢慢逼近的姿势，又是猛兽发现猎物时特有的动作。所以，那只狼一看见它就跑了。它追上去，勇猛地蹦跳着，奋力追赶那只狼。在一条干涸的河床里，在一片灌木丛旁边，它把它逼入了一个死角。这时，就像爱斯基摩狗发急时一样，那只狼猛地转过身来，后腿弯曲，身体后倾，耸起颈毛，格格地磨牙，呼呼地吼叫，以此示威。

　　巴克没有进攻，只是绕着它转，同时做出表示友好的姿势。那只狼一阵疑虑，一阵害怕。巴克的身体比它大两倍，它的头才到巴克的肩部。所以，乘巴克一不留神，它就忽地一蹿，又逃了。巴克再追上去，一次次把它逼住，它一次次逃跑。但是，它也许不太饿，所以很容易被巴克追上。它没命地跑，直到巴克追到它身边，头挨着它的腰，它才停住，绝望地转过身来，但当巴克一停下，它又转身逃跑了。

不过，巴克的努力终于得到了报偿。那只狼发现巴克确实无意伤害它，便停了下来，还用鼻子嗅了嗅巴克的鼻子。这样，它们似乎违背了野兽的本性，竟然友好地、尽管神情紧张但还是害羞似的玩耍了一阵。这之后，那只狼好像放松了许多，转身准备离开，还示意巴克和它一起走。于是，它们肩并肩，在昏暗的夜色中沿着河床一直走到上游的峡谷中，接着又爬上了河流尽头的荒凉的分水岭。

走下分水岭的斜坡，它们到了一片布满树林和溪流的平原上。穿过树林，它们继续往前走。时间一小时一小时过去，最后太阳升了起来，天气渐渐变得温和。巴克心里充满了狂喜。它知道，它终于回应了呼唤之声，现在正和它的林中兄弟一起肩并肩地走向那发出呼唤之声的地方。此时，往日的回忆在它心中涌起，使它无比兴奋。它仿佛觉得，眼前的一切好像曾在哪里见到过。是的，那是在记忆中的另一个朦胧世界里见到的，但现在，它眼前的一切却是真实的——它正在旷野中自由奔跑，脚下是原始的土地，头上是广阔的天空。

它们在一条小河边停下来喝水。这时，巴克想起了约翰·桑顿。他蹲了下来。那只狼准备出发了，继续朝着发出呼唤之声的方向前进。它嗅嗅巴克的鼻子，还做了个姿势，仿佛在鼓励它。然而，巴克站起来之后，却转过身慢慢地走上了回头路。它的野性兄弟随它走了半个多小时，一路上还低声呜咽着。终于，它蹲下了，仰起头，一声声地哀嚎。巴克独自走了，越走越远，而随着它越走越远，它身后的哀嚎声也越来越轻，越来越轻，最后消失了。

当巴克奔进营地时，约翰·桑顿正在吃晚饭。巴克一头扑过去，把他撞翻在地，又爬到他身上，舔他的脸，咬他的手——就如桑顿常说的"瞎胡闹"，而接着，桑顿又把巴克前后摇着，亲昵地咒骂它。

此后的两天两夜，巴克没有走出营地一步，一直紧跟着约翰·桑顿。他去干活，它也跟着。他吃饭时，它在旁边守着。晚上，它看着他钻进毯子。第二天早上，它又看着他从毯子里钻出来。但是，两天后，密林深处的呼唤声又响了起来，而且比以往更加急切。巴克又骚动不安了。它回想起它的野性兄弟，回想起分水岭那边仿佛微笑着的原野，还有那天它和它的野性兄弟肩并肩在林中奔跑的情景，也仿佛历历在目。它再次跑进树林，但它的野性兄弟不在那里。它侧耳倾听，也没有听到那忧伤的长嗥声。

它开始在野外露宿，经常几天不回营地。有一次，它竟然翻过河流尽头的分水岭，再次到了那片布满树林和溪流的平原上。它在那里徘徊了一个星期，寻找着它的野性兄弟的踪迹。它急速奔跑，不知倦意。一路上，它捕食为生。它在一条不知何处入海的大河里捕捉大马哈鱼，而在河边，它甚至杀死一只大黑熊。那只黑熊在捕鱼时被蚊子蜇瞎了眼睛，但它还是和它恶斗一场后才把它杀死。这场恶斗激发了它内心深处所有野性。两天后，当它回到黑熊的尸体旁时，发现有一群獾正在争食腐肉，它不仅轻而易举就把它们统统赶走，还把两只逃得慢的活活咬死。

嗜血的渴望在它心中与日俱增。它已成了一只专事杀戮的食肉猛兽。在这弱肉强食的残酷环境中，它完全能凭着自己的力量、勇气和捕杀而生存。它为此感到自豪，而这种自豪感就如传染病一样蔓延到它的全身。它的一举一动，它的每一块肌肉里，都浸透着这种自豪感，而且明白无误地表达出来，就像用语言表达一样。它的皮毛变得比以往任何时候更加光亮，除了嘴上和眼皮上有一些黄色的细毛，以及胸脯上有一道白色条纹，看上去简直就是一只硕大无比的野狼。它继承了它父亲圣巴纳特犬的超级体格和体重，同时又继承了它母亲牧羊犬的灵巧体态。它的嘴尖而长,和狼一模一样,而且比所有的狼都要大。它的头比狼稍宽一点,但仍是一颗狼的头,一颗大型狼头。

它的狡猾是野狼的狡猾,它的智力是牧羊犬和圣巴纳特犬的智力,再加上它从世上最残酷的生存环境中所获得的经验和耐力,所有这些都使它变得像生活在荒野中的野兽一样凶猛而狡猾,甚至比野兽还要可怕。它是食肉动物,真正的食肉动物,而且生命力正旺盛,浑身充满了活力。当约翰·桑顿抚摸它的颈部时,那里的每一根毛都会随着手的移动发出嗞嗞声,每一个毛孔里都会释放出磁力。它的头部和躯干、神经和肌肉浑然一体,长得那么匀称,那么和谐,那么矫健。无论看到、听到或碰到什么事,若需要行动,它都能以闪电般的速度做出反应。无论是反击,还是进攻,它的速度都快得惊人,甚至比爱斯基摩狗还要快。稍有一点动静或声响,别的狗还没察觉,它就已经开始行动。它仿佛是在同一时间里感受、判断和行动的——其实,这三者是有间歇的,但间歇时间极其短促,所以,仿佛是同时发生的。它的肌肉饱含活力,就像发条一样富有弹性。在它身上,生命力像潮水一样涌流、翻腾,而当其汹涌澎湃时,更是喷发而出,大有吞没世界之势。

"从没见过这样的狗。"有一天,约翰·桑顿看着巴克健步走出营地,对他的同伴说。

"一定是上帝造它时模子破了。"彼得说。

"嘀!我也这么想。"汉斯点点头说。

他们看着它健步走出营地,但他们万万不会想到,当它一走进密林深处,马上就变成另一副模样了。它不再健步而行,而完全像一只野兽一样悄无声息、探头探脑地潜行,就像一个影子在树荫下晃动。它知道怎样躲在遮蔽物后面像蛇一样匍匐而行,然后像蛇一样突然袭击猎物。它拖出窝里的松鸡,扑杀睡着的野兔。它腾空跃起,咬住来不及上树的松鼠。就是深藏在水里的鱼,也难逃它的捕杀,而在激流中筑坝的水獭,同样逃不出它的爪牙。不过,这并非出于任性,不是为杀戮而杀戮,而是觅食——它喜欢吃自己捕杀的猎物。有时,它还会戏弄猎物。它会偷偷逼近一只松鼠,眼看就能抓住它了,却突然大叫一声,吓得松鼠蹿到树上,吱吱乱叫。

秋天来临时,这里出现了大群驼鹿。它们慢慢地朝地势较低、气温较高的山谷迁徙,准备在那里过冬。巴克已捕杀过一只离群的幼鹿,但它不满足,热切地希望猎杀成年驼鹿。于是,它来到了河流尽头的分水岭上。在分水岭那边布满树林和溪流的平原上,有二十只驼鹿正朝这里走来,为首的是一只身材高大的雄鹿,正摇晃着它的掌形大角——上面有十四个小角,顶部有七英尺宽。它的眼睛很小,但正射出愤怒和仇恨的目光。一看见巴克,它就怒吼起来。

有一支箭深深插在雄鹿腹部上方的肋骨间,仅箭尾留在外面——这就是它如此暴怒的原因。巴克受原始祖先遗传给它的本能驱使,想把雄鹿从鹿群中分离出来。但是,这并非易事。它必须冲着雄鹿吠叫和跳跃,同时又必须避开巨大的鹿角和可怕的前蹄,如若被这两件东西中的哪一件碰一下,它将粉身碎骨。它必须用锋利的牙齿威吓雄鹿,使它不敢转身,逼迫它从鹿群中冲出来。而当雄鹿冲过来时,它又必须假装退却,而且要装得好像无路可退,以此引诱雄鹿再次向它冲来。但是,即使这样,即使它把那只雄鹿从鹿群中分离了出来,仍会受到两三只年轻雄鹿的背后袭击,而此时,那只受伤的雄鹿就会乘机逃回鹿群。

食肉动物天生具有耐心,这种耐心就像生命本身一样坚韧而执着。网里的蜘蛛、盘曲的蛇、潜伏的豹,都能静静地、一动不动地长时间守候,而当猎物就在眼前时,这种耐心更是食肉动物的求生之本。巴克也具有这种耐心。它时而从侧面冲向鹿群,时而在前面挡住它们的去路,时而恫吓年轻的雄鹿,时而骚扰带着幼鹿的母鹿,使那只受伤的雄鹿顾此失彼,疲于奔命,绝望而发疯似的来回奔跑。它就这样,一直坚持了大半天。它以一当十,像旋风似的把鹿群卷裹在恐惧中,一次又一次把刚刚逃回鹿群的雄鹿分离出来,耐心地等待着这群鹿失去耐心,而这群受攻击的动物,它们的耐心显然比不过它这只正在攻击的动物。

随着时间一分一秒过去,随着太阳渐渐沉入西北方的地平线(黑暗在降临,这里的秋夜将长达六小时),那些年轻的雄鹿渐渐地不太愿意再跑过来解救它们的一次次身陷困境的首领了。冬天即将来临,它们急于迁移到地势较低的平原上去,而眼前这个挡路的家伙不知疲倦,是永远甩不掉的。再说,它也并不是索要全体鹿群或者所有幼鹿的性命,而只是想索取一只鹿的性命。这只鹿,再怎样也比不上全体鹿群重要。于是,它们准备付买路钱了。

暮色降临时,那只年老的雄鹿终于站着不动了。它望着它的家人——它心爱的母鹿、它抚育的幼鹿和它管教的年轻雄鹿——在昏暗的微光里,蹒跚而慌张地走远了。它垂下了头。它不能跟上去,因为它鼻子底下的这个无情的、张牙舞爪的魔鬼绝不允许它走。这只雄鹿的体重比半吨还要多三百磅,在它漫长的一生中经历过无数次血战和恶斗,而现在,它要死在一个还没有它膝盖高的家伙嘴里了。

从这时起,整整一夜,以及第二天整整一天,巴克一直缠着它的猎物。它不让它有片刻喘息时间,不让它吃到一棵草,或者桦树或柳树上的一根嫩枝。它不让受伤的雄鹿有任何机会到溪流边去喝一口水,消解一下火烧般的干渴。雄鹿烦躁得绝望了,好几次猛冲狂奔起来。这时,巴克并不阻拦它,而是步子轻快地尾随着它,仿佛在欣赏自己的战利品。而当雄鹿拼命想吃东西或喝水时，它马上发起进攻。

雄鹿的头在树枝般的鹿角下越垂越低了，蹒跚的脚步越来越沉重。它不得不长时间站在那儿，鼻子磕在地上，双耳无力而沮丧地耷拉着，而巴克就利用这段时间喝水，或者休息。然而，就在这时，就在它吐着鲜红的舌头，喘着气，两眼紧盯着那只巨大的雄鹿时，它突然感觉到这一带好像发生了什么事，好像在某个地方发生了一场从未有过的骚乱。就在这只雄鹿逃到这个地方时，好像有另一种动物也进入了这个地方。这里的树林、河流，甚至空气，都仿佛在它眼前晃动起来。它好像接收到了某种信息，不是来自视觉，也不是来自嗅觉，而是来自某种比视觉和嗅觉更敏锐的直觉。它并没有看见什么，也没有听见什么，但就是觉得好像出了什么事，有一些异样的东西在这一带活动。于是，它决定结束眼前的事，再去查看一下究竟发生了什么事。

这样，在第四天黄昏时分，它把那只巨大的雄鹿拖倒在地。它守在猎物旁，又过了一天一夜，翻来覆去地吃，翻来覆去地睡。当它吃够睡足后，便把头转向营地，转向了约翰·桑顿。它急切地奔跑，一个小时接着一个小时，娴熟地穿过一条条蜿蜒的小路，走过一个个陌生的地方，丝毫没有偏离方向，径直地返回营地——它的方向感，使有指南针的人类也为之惭愧。

然而，它越往前走，越强烈地感觉到一种异样的变化。有一种外来的动物，一种这里不曾有过的动物，闯入了这个地方。再往前走，这一事实就不需要敏锐而神秘的直觉来告诉它了。鸟在谈论这一事实，松鼠在诉说这一事实，甚至每一阵微风都在传递这一事实。它好几次停下脚步，深深地呼吸清晨的空气，但空气里也仿佛有什么东西在催促它，使它更加急切地快步奔跑。它强烈地预感到这里发生了不幸的事情，而且事情还没有过去。所以，当它最后越过分水岭、对准营地的方向进入山谷时，它一边跑，一边开始警觉地观察。

走过三英里，它到了一条新开的路上。一到这条路上，它就紧张得颈毛耸起，身体微微颤抖。这条路直接通向营地，通向约翰·桑顿。它飞速朝营地跑去，动作敏捷而隐秘。它的每一根神经都已绷紧，任何迹象都逃不出它的注意力，而所有迹象都在向它诉说一个故事，一个尚不知结局的故事。它的鼻子告诉它，它脚下的地面上还留有一种动物的气味，这种动物刚从这里经过。它发现树林里一片死寂，鸟都飞散了，连松鼠也躲了起来。它看不到活的东西。它看到一棵灰沉沉的枯树上有个灰沉沉的东西，好像一只小动物爬在那里，但仔细一看，只是一个树瘤。

它像一道影子一样从枯树旁一晃而过。忽然，像有一种强力猛地牵动它的鼻子，它扭头朝一边跑去。它循着气味冲进灌木丛里，只见尼格侧卧在地上，已经死了，看样子是临死前爬到这里来的。一支箭射穿了它的腹部，箭头和箭尾都露在外面。

再朝前几百码，它看见桑顿在陶森买的那只驾辕的大狗倒在路中央，快死了，还在痛苦地挣扎，但它没有停下，从那只垂死的狗身边绕了过去。从营地里传来混杂而模糊的声响，时高时低，好像有人在唱着一首单调的歌。它匍匐潜行，悄悄走到空地边上，看见汉斯正扑倒在那里，脸朝下，背上像豪猪一样被射满了箭。它随即朝枞树棚远远一望，颈上和肩上的毛顿时耸起，一股怒火呼的冲了上来。它不可自制地、不顾一切地大声咆哮。这是它一生中最后一次感情冲动，也是它最后一次违背狡黠的本性而失去理智，因为它对约翰·桑顿的伟大的爱，使它把一切都置之度外了。

此时，伊哈特人正围着枞树棚的残骸在跳舞。突然，他们听见一声令人恐惧的吼叫,只见一只他们从未见过的动物朝他们猛扑过来。这是巴克,它像一阵狂风,发疯似的扑向那些土人。它开始了无情的杀戮。它扑倒站在最前面的一个人(这是伊哈特人的首领),撕开他的喉咙,让他的血像喷泉一样从裂开的喉管里涌出来。它无意享受这牺牲品,随即又一扑,撕开了第二个人的喉咙。没人挡得住它。它冲到他们中间,扑杀了一个又一个,久久地沉溺在这恐怖的复仇行动中,而土人们向它射出的箭全都无效。事实上,由于它的速度快得惊人,土人们自己又挤在一起,他们朝它射箭反而成了自相残杀。它腾空跃起,有个年轻猎手朝它投掷长矛,猛地击中另一个猎手的胸膛,矛头从后背穿了出来。伊哈特人乱作一团,惊恐万状地大声喊着"魔鬼来了",朝树林里溃逃。

巴克真的成了魔鬼。它愤怒地追赶,一直追到树林里,像捕杀猎物一样捕杀了一个又一个。这一天,伊哈特人真是大难临头。他们四处逃窜,直到一个星期后,一些侥幸残剩的土人才汇聚到一个小山谷里,清点他们的死亡人数。巴克追杀得筋疲力尽之后,回到了荒凉凄惨的营地里。它发现彼得躺在毯子里,死了,好像是刚惊醒时被杀的。地上留有痕迹,表明桑顿曾和土人搏斗过。巴克嗅着足迹,一步步来到一个深水池旁边。这儿躺着斯凯伊特,它的头和前腿都浸在水里,临死前还是那样忠诚。水池里充满了采金时排出的岩石灰,池水混浊不清,沉下去的东西一点也看不出。但是,巴克知道,就在这水里,沉着约翰·桑顿,因为它嗅着他的足迹到了这水池边,就再也嗅不出他的足迹了。

这一天,巴克不是静静地蹲在水池边,就是环绕着营地徘徊。死就是活的终结,就是生命的出走,而且永不返回,这它知道。它也知道,约翰·桑顿死了。它感到无比空虚。这空虚就像饥饿,使它感到难受,但和饥饿不同,再怎么吃也无法填补。它注视着伊哈特人的尸体，仿佛陷入了沉思。这时，它忘记了空虚和痛苦，突然感到无比自豪，一种它从未有过的自豪。它杀了人，杀了所有猎物中最了不起的猎物，而且是在牙齿和棍棒的法律面前杀的。它惊异地嗅嗅尸体。他们那么容易杀死，比杀死一只爱斯基摩狗还容易。如果他们没有箭，没有长矛和棍子，他们根本不是它的对手。从今以后，它再也不怕他们了，除非他们手里拿着箭、长矛和棍子。

　　黑夜来临，一轮满月升过树梢，高高地悬挂在空中，大地沐浴着月光，仿佛是昏暗的白天。随着黑夜来临，一直蹲在水池边上默哀的巴克，被树林里的一种生命的骚动惊醒了。这声音不是伊哈特人发出的。它站起身，听着、嗅着。从遥远的地方，传来一声模糊而高亢的叫声，接着又传来一阵同样高亢的和声。渐渐地，叫声变得越来越近，越来越清晰。它曾听到过这种叫声。它知道这种叫声和它在记忆中的另一个世界里听到的叫声是一样的。它走到空地中央，侧耳倾听。就是这叫声，这带着不同音调的呼唤之声，在一阵阵传来，比以往任何时候更响亮，更不可抗拒，更使它心驰神往，而此时，它也比以往任何时候更容易听从这呼唤之声。约翰·桑顿死了。最后一根绳索已被割断。人类和人类事务已不再束缚它了。

　　一群狼，就像猎杀它们的伊哈特人一样，在猎杀迁徙中的驼鹿。它们穿过布满树林和溪流的平原，进入了巴克所在的山谷。它们像一股银色的潮流涌进月光下的空地。空地中央，像一座雕像一样，稳稳地站着巴克——它正等着它们。它站在那里，那样高大，那样庄重。它们一看，一时都惊呆了。隔了好久，它们中胆子最大的一只向它扑了过去。它像闪电一样一晃一甩，那只狼的脖子就被咬断了。它还是那样稳稳地站着，那只被咬断脖子的狼在它身后痛苦地打滚。又有三只狼一只接一只扑过去，但马上被一只接一只甩了回来，而且浑身是血，不是喉咙被撕开，就是肩胛骨被咬断。

于是，整个狼群一起冲了上去。它们渴望厮杀，争抢着、拥挤着、嚎叫着，熙熙攘攘。对此，巴克的机智和敏捷使它毫不惧怕。它后腿支地，猛地站立起来，纵身一跃，从空中扑向狼群。接着，它在狼群里左冲右突，迅猛地撕咬和扑杀。它以一当十，不仅使正面进攻的狼纷纷倒地，就是在它两侧的狼也不敢靠近它。不过，为了免遭背后袭击，它还是主动退却了。它沿着水池跑进干涸的河床，狼群在后面穷追不舍。它一直跑到一堵石头堤岸前才停下，因为它看到堤岸上有一个缺口（这是桑顿他们挖掘金矿后留下的）。这个缺口正好成为它的阵地。它站在缺口里，面朝外，就只需对付正面的来敌而不必担心背后或侧面的袭击了。

它奋力搏杀，半小时后，进攻的狼群不得不停止了进攻。所有的狼，都伸着舌头大口喘气，白色的狼牙在月光下显得更加惨白。它们有的躺着，翘起头，耸着耳朵。有的站着，呆呆地望着巴克。还有几只狼，干渴难忍，跑到水池边喝水去了。这时，有一只瘦长的灰狼慢慢地、小心翼翼地走向巴克，边走边做出友好的姿态。巴克认出来了，这只狼就是那天和它一起奔跑了一天一夜的野性兄弟。它朝巴克轻声叫了一声，巴克报以同样的叫声。接着，它们便鼻子对鼻子，相互嗅起来。

这时，一只瘦瘦的、满身是伤痕的老狼走了过来。巴克咧咧嘴，好像要吼叫，但它却没有拒绝那只老狼，也和它鼻子对鼻子嗅了起来。其后，那只老狼蹲下了。它仰起头，对着天上的月亮，发出了一声长长的嚎叫。所有的狼都蹲下了，都长嚎起来。现在，巴克终于完全听清楚了，这就是它常听到的呼唤之声。它也蹲下了，也仰望着夜空，发出了一声长嚎。它走出那个缺口后，狼群围了上来，友好地、粗野地嗅它。那只领头的老狼呼叫着召集狼群，随后就朝树林奔去。所有的狼都紧随其后，奔跑着、呼叫着。巴克和它们一起奔跑,和它的野性兄弟肩并肩,奔跑着、呼叫着。

巴克的故事也许到此就结束了。不过,几年以后,伊哈特人发现这一带的狼好像变了种。他们看到有些狼的头上和嘴上有棕色斑点,胸脯中央还有一条白色花纹。更值得注意的是,伊哈特人还说,这里有一只魔犬,常带着一群狼打家劫舍。说来可怕,在伊哈特人的故事里,这只魔犬比他们还狡猾。它不仅会在严寒的冬天从他们的帐篷里偷走东西,从他们的陷阱里偷走猎物,还会杀死他们的狗。他们中最能干的猎手对它也毫无办法。

不仅如此,伊哈特人的故事中还讲到,他们的猎手出去打猎,有些猎手去了再也没有回来。有些猎手后来被族人找到,但都死了,而且死得很惨,喉咙都被撕开,尸体旁的雪地上有脚印,像是狼留下的,但比狼的脚印要大得多。伊哈特人每年秋天都要追捕驼鹿,但他们说,他们不敢走进一个山谷,因为在那个山谷里死过许多人,那里有鬼魂出没——当故事讲到这里时,坐在篝火边的一些伊哈特女人还伤心地啜泣起来。

然而,伊哈特人不知道,每年夏天,总有一个来访者走进那个山谷。那是一只巨大的、皮毛绚丽的狼,和其他所有的狼既像又不像。它孤独地穿过茂密的树林,走进一块被树木围着的空地。那里有一堆腐烂了的鹿皮袋,在阳光照射下,里面会隐约发出黄色的反光,而当野草长高后,尘土覆盖在上面,黄色的反光就消失了。那个来访者在这里一声不响地蹲着,好像在沉思默想。最后,它长嚎一声,离开了。

但是,它并不总是孤独的。在漫长的冬夜里,它总是带着一群狼在惨淡的月光和闪烁的北极光下奔跑,在白雪皑皑的山谷里追逐猎物。它高大的身躯在狼群里特别显眼,它巨大的嗓门里发出阵阵吼声,仿佛唱着世界年轻时代的狼群之歌。

白　牙

White Fang
1906

目　　录

第一章　野性 ················ 91
第二章　野性之子 ············ 118
第三章　野性之神 ············ 155
第四章　超级之神 ············ 197
第五章　驯化 ················ 246

第一章 野　　性

一

　　黑黢黢的树林肃立在冰河两岸,刚刮过的一阵大风扫去了树枝上的残雪。现在,它们光秃秃地枯立在沉沉暮霭中。无边的荒野,死一般沉寂,除了寒冷和荒凉,这里似乎毫无生命迹象,甚至都没有动静。这一切不仅令人哀伤,还有比哀伤更可怕的涵义。这里的寒冷不仅是寒冷,而是远超冰雪之冷的酷寒。这是大自然永恒的一面,专横而诡异,仿佛在嘲笑所有生命,嘲笑一切有生之物的努力求生。这是真正的"荒野",荒芜而野蛮的"北国荒野"。

　　然而,这里仍有不屈的生命在活动,仿佛要和荒野抗争。一队狼狗正沿着一条冰冻的河道艰难跋涉。那些狼狗的厚厚的皮毛上,覆盖着一层白霜。它们呼出的气,一到空中就从一团团白雾变成一粒粒白色晶体,接着便撒落到它们身上。它们被套上了皮轭和皮带,正拖着一辆雪橇。那辆雪橇用坚实的桦树皮做成,前端微微翘起,下面没有滑板,直接在起伏不平的雪面上滑行,而在雪橇上面,有一只用绳子牢牢捆着的长方形木箱子——还有几条毯子、一把斧头、一只咖啡壶和一口平底锅,但最显眼的是那只长方形木箱子,它占了大部分地方。

　　在那些狗的前面,有个穿着大而宽的雪地鞋的男人正费力地在引路。在雪橇的后面，同样费力地跟着第二个男人，而在雪橇上的那只木箱子里，躺着第三个男人——他已完成自己的苦役，已被荒野征服而永远停止了挣扎，正一动不动地躺在那里。荒野是不喜欢运动之物的。运动之物即有生之物，而有生之物的存在，是对荒野的冒犯。所以，荒野总是阻止和摧毁一切运动之物——水结成了冰，不再流向海洋。树木被榨尽汁液，不再生长，变成了一堆干枯的木柴，而一切之中最凶恶、最可怕的是，荒野对人的蹂躏、折磨和征服——因为人是世上最不安宁的动物，因为人想反叛这一永恒的法则——"一切运动终将停止"。

不过，那两个一前一后费力走着的男人还没有死，还有勇气活下去。他们身上严严实实地裹着毛皮和鞣皮。他们的睫毛上、脸颊上和嘴唇上结了一层冰，仿佛戴着一副恐怖的面具，看上去几乎没有人样，就如来自阴曹地府的妖魔鬼怪。但是，在这副面具下，却是实实在在的人，是闯入这片寒冷、沉寂、嘲弄一切生命的荒野的人，是两个没有名气却有勇气的探险者，是敢于和这个像宇宙空间一样浩渺、一样陌生、一样死寂的世界相抗争的人。

为了节省体力，他们一声不响地走着。周围一片寂静。寂静就如一团凝固物，把他们紧紧裹住，使他们感到压力重重，昏昏沉沉，就如在深水里的潜水员。或者说，这一片寂静就如一部榨汁机，像榨葡萄一样榨掉了他们身上所有的热情、骄傲、虚妄和自尊，迫使他们退缩到自己的心灵深处，从而发现自己是那么渺小，那么微不足道，就如一粒灰尘，只是凭着一点小诡计和小聪明漂浮在浩瀚无边的自然空间。

一小时过去了，接着又过了一小时。短暂而没有太阳的白天行将结束，天色开始黯淡。这时，从远处隐隐传来一声嚎叫，打破了四周的寂静。这叫声由低到高，升到最高时还带着一种颤音，随后慢慢降低，变成一种模糊的回声而渐渐消失——这是饥饿而凄切的哀嚎，听上去就像一个人极度绝望的哭喊。那个走在前面的人回头张望，后面那个人正朝着他看，他们目光相遇，隔着那只长方形木箱子相互点了点头。

第二声嚎叫响起，尖利的叫声像针一样刺破沉寂的空气。那两个人听出了叫声从哪里传来。就在他们身后——他们刚刚走过的那片雪地。这时，又传来第三声，也是在他们身后，只是比第二声偏左一点。

"彼尔，它们在跟踪我们。"前面的人声音沙哑地说。

显然，他说话很吃力。

"是啊，猎物很少。"后面的人说，"这几天我连一只兔子也没看见。"

这之后，他们不说话了，只是竖耳听着身后可怕的嚎叫声。

天黑时，他们赶着那些狼狗在河边的一个枞树林里宿营。他们把那只棺材放在刚生起的火堆一边，既当桌子，又当凳子。那些狼狗在火堆的另一边，相互咆哮着，没有一只敢离开火光跑到黑暗中去。

"亨利，我觉得它们就在附近。"彼尔说。

亨利蹲在火堆边，点点头，把一块冰放进咖啡壶。直到开始吃东西时，他才坐在那只棺材上说：

"这些狗都知道哪里最安全。它们很聪明，知道吃总比被吃好。"

彼尔摇摇头。"我看不一定。"

亨利有点吃惊地看着他。"我第一次听你说狗不一定聪明。"

"亨利，"彼尔嚼着豆子，慢吞吞地说，"你有没有注意到，刚才我喂它们时，它们很吵闹？"

"是比平时吵闹。"亨利承认。

"亨利,我们有几只狗?"

"六只。"

"可是,亨利……"为了加重语气,彼尔故意停顿了一下,"是的,我们有六只狗。刚才我从袋子里拿出六条鱼,每只狗一条。但是,不知道为什么,鱼就是少了一条。"

"你一定是数错了。"

"没有。我们的狗是六只,"彼尔还是慢吞吞地说,"我拿出了六条鱼,但独耳①却没有吃到,我只好再拿了一条给它。"

"可我们只有六只狗啊!"

"亨利,"彼尔接着说,"我是说,吃鱼的不全是狗。还有第七只。"

亨利愣了愣,隔着火堆数了数狗。

"是六只啊!"他说。

"但是,我看到了第七只。"彼尔冷冷地说,"我看到它跑到雪地里去了。"

"我的天哪!我说你有完没完?"亨利说,还恶狠狠地看了彼尔一眼。

"你这是什么意思?"彼尔问。

"我是说,我们运送的这只箱子把你吓坏了。你又见鬼了!"

"我也这么想过。"彼尔郑重其事地说,"所以,我看见它跑到雪地里去时,特意去看了雪地上的脚印,还数了数狗,是六只。那脚印现在还在雪地上,你要看吗?我指给你看。"

亨利不说话了,低头吃东西。吃完后,他喝了杯咖啡,用手背

---

① 独耳:狗名。

抹抹嘴说：

"那么，你是说……"

从黑暗处传来一声凄厉的、哀哭似的长嚎，打断了他的话。他仔细听了听，朝声音传来的方向扬了扬手，接着说：

"它，混在它们中间？"

彼尔点点头。"我想是的。你也看到了，狗好像受惊了。"

这时，从四面八方传出一声又一声长嚎，好像是刚才那一声长嚎的回响。寂静的荒野顿时变得像精神病院。那些狗吓得挤在一起，还朝火堆边靠，靠得太近，连身上的毛也快要烧焦了。彼尔朝火堆里扔了些树枝，然后点燃烟斗。

"我看你有点泄气了。"他对彼尔说。

"亨利……"彼尔想了想说，"我觉得还是这家伙他妈的有福气。"

他倒竖大拇指，指了指他们屁股下面坐着的那口棺材，接着说：

"亨利，你和我如果死了，有几块石头盖住尸体，不让这些狗分吃了，我看就不错了。"

"是啊，我们怎么能和他比。有钱人才料理后事，像这样长途运送棺材，很费钱的，你和我哪里负担得起。"

"亨利，我真想不明白，像他这样一个不愁穿、不愁吃，还挺有出息的小伙子，为什么要跑到这荒野里来找死——我真想不明白。"

"是啊，他要是待在家乡，本可以活到七老八十的。"亨利感慨地说。

彼尔刚要接着说，突然停住了，用手朝暗处指了指。像墙壁一样围住他们暗处，什么也看不见，只见有一对发亮的眼睛，就像两团火在燃烧。亨利接着看到第二对、第三对……哦，四周全是一对对发亮的眼睛,简直把他们包围了,而且不断移动着,时隐时现。

那些狗越来越骚动不安,有的甚至吓得蹿到火堆这边,趴在亨利和彼尔的脚边瑟瑟发抖。有一只狗被挤得跌进了火堆里,惨叫一声跳出来,浑身散发着皮毛烧焦的臭味。狗一阵骚动,那些发亮的眼睛似乎也一阵骚动,还稍稍后退了一点。后来,狗安静了,那些眼睛也静止不动了。

"亨利,真他妈的倒霉,我们没多少子弹了。"

这时彼尔已抽完烟,正帮着亨利把毛皮和毯子铺在枞树枝上,那是他们之前在雪地上铺好的床。亨利叹了一口气,开始解鹿皮鞋上的鞋带。

"还有几颗子弹?"亨利问。

"三颗。"彼尔回答说,"要是有三百颗,我就可以教训教训它们了。他妈的!"

他愤怒地朝那些发亮的眼睛挥挥拳头。接着,他脱下鹿皮鞋,放在火边烤着。

"我真盼着这股寒潮早点过去。"他接着说,"已经两个礼拜了,零下五十度。这次真不该来,亨利,我看事情不太好。不知道为什么,我总觉得有些不对劲儿。要我说我现在想什么,我就想快点赶到麦卡利堡,坐在火炉边上打打牌——我就这么想。"

亨利嗯了一声,爬上床。但是,他刚要睡着,彼尔又大声问他:

"喂,亨利,你说,那家伙混进来骗鱼吃,这些狗为什么就不咬它?这太奇怪了。"

"彼尔,你想得太多了。"亨利迷迷糊糊地回答说,"以前你不是这样的。闭上嘴,睡觉!到明天早上,什么事都没了。你又胃酸了,就这毛病。"

两人在一个被窝里并排躺着。不久,两人都睡着了,发出沉重的呼吸声。火堆快要熄灭了,四周那些发亮的眼睛在慢慢靠近。狗惊恐地挤在一起,每当有一对眼睛靠近,就发出一阵可怕的叫声。有一次,狗叫得特别响,彼尔醒了。他轻手轻脚爬出被窝,朝火堆里扔了些树枝。火旺起来了,那些眼睛往后退了一点。他不经意地朝那几只挤在一起的狗看了看,接着揉揉眼睛,再看了看,爬回到被窝里。

"喂,亨利,亨利!"他轻声叫着。

亨利被叫醒了。"哎哟,出什么事了?"

"没什么。"彼尔回答说,"只是,我刚才数了数狗,又变成七只了。"

听他这么说,亨利只是长长地嗯了一声,接着就是长长的鼾声——又睡着了。

第二天一早,亨利先醒来,把彼尔也叫醒。已经六点,但离天亮还有三个小时[1]。亨利借着一点火光,几乎是摸黑做早饭。彼尔卷好毛皮和毯子,放到雪橇上。

"喂,亨利,"他突然问,"我们有几只狗?"

"六只。"

"错了。"彼尔得意地说。

"怎么?又变成七只了?"

"不,只有五只,少了一只。"

"妈的!"亨利骂了一声,扔下炊具,去数了数。

"真的,彼尔,小胖[2]不见了!"

"哪儿去了?怎么连脚印也没有?"

---

[1] 北极的冬天,白昼特别短,上午九点天才亮,下午三点,天就开始黑了。
[2] 小胖:狗名。

"当然不会有。"亨利气愤地说,"它们把它吃了,活活吃了!我敢说,它们一边吃,一边听它叫!妈的!"

"小胖本来就是只笨狗。"彼尔说。

"可是,"亨利沉思起来,"再笨的狗也不会笨到连自己的性命也看不住啊。再说,"他朝其他几只狗看了一眼——它们都是小胖的伙伴——接着说:"这几只狗,好像也不会做这种事。"

"是啊,这几只狗胆子都很小,用棍子赶也赶不走的。"彼尔说,"那只好说,小胖是个倒霉蛋。"

这最后一句是这只狗的悼词——不过,在北国荒野,不要说狗,就是人,最后也往往只有这么一句悼词。

二

吃过早饭,两人把几件行李捆扎在雪橇上,就从那堆还烧得很旺的篝火边转过身,再次进入了黑暗。凄厉的狗叫声随即在黑暗和寒冷中响起,此起彼伏,仿佛在呼喊和哀诉。两人不再说话。到了九点,天才亮。中午时,南面的天空微微有点泛红,仍没有阳光,因为地球的肚皮挡住了低低升起的太阳。即便是那片淡淡的红光,也很快消失了。白天的余晖维持到下午三点便开始黯淡。接着,北极的夜幕再次笼罩在这静寂荒凉的大地上。

黑夜降临,左边、右边和后边都传来狼嚎声,而且更近了——近得使那些习惯在荒野中奔跑的拖橇狗也惊恐万分,慌乱得失去了控制。

他们费了很大的劲才把狗重新控制住。这之后,彼尔说:

"要是这些狼不盯着我们,到别处找东西吃,那就好了。"

"是啊,这真叫人心烦。"亨利说。

两人又不说话了，直到他们停下来宿营。

亨利俯身往火上的锅子里加冰块，准备煮豆子，突然听到啪的一声响，又听到彼尔骂了一句，狗一阵乱叫。他直起身，只见一个模糊的影子穿过雪地，消失在夜色里。他看到彼尔站在狗中间，既有点丧气，又有点得意，一手拿着一根粗棍子，一手拿着一条只剩一半的鲑鱼干。

"吃掉了一半，但我还是给了它一下，你听见它尖叫了吗？"

"什么东西？"

"看不清，很像狗，四条腿，一张嘴，一身毛。"

"一定是驯狼①，我想。"

"真他妈的驯狼。不管它是不是狼，反正你喂狗时，它就来偷吃。"

吃过晚饭，两人坐在那只长方形的箱子上抽烟时，发现周围那一圈发亮的眼睛比昨天围得更近了。

"要是它们遇到一群驼鹿或者别的什么东西就好了。它们就不会再盯着我们了。"彼尔说。

亨利哼了一声，表示这不可能。他们默默无语地坐了一刻钟。亨利注视着火堆，彼尔注视着火光外面的那一圈像星火一样闪闪发亮的眼睛。

"要是我们到了麦卡利堡就好了。"

"好啦！别啰里啰唆了！"亨利一下子不耐烦了，"你又胃酸了，就这毛病。你吃点苏打吧，好叫人安静一点。"

早上，亨利被彼尔的咒骂声惊醒了，撑起身一看，只见火堆里

---

① 驯狼：北极地区的一种被印第安人驯服的狼，通常当作狗使用，有时会逃跑，重返荒野，但已有狗性，不会伤害狗，但会和狗抢食（若是纯粹的野狼，不会和狗抢食，但会把狗当作食物）。

已添了树枝,他的伙伴正站在火边的狗群里挥着双臂大声骂娘,好像脸都气歪了。

"嘿!什么事?"

"青蛙①没了。"

"你说什么?!"

"你听到了。"

亨利跳出毯子,走到狗群旁边,仔细数了数,就和他的伙伴一起骂起来,咒骂那个掠走他们第二只狗的"强盗王八蛋"。

"青蛙可是这些狗里最强壮的啊。"

"再说,它也不笨啊。"

两天时间,两篇悼词。

他们闷闷不乐地吃过早饭,把剩下的四只狗套上了雪橇。这一天,和前两天没什么两样,两个人默默无语地在冰天雪地里艰难行进,只有身后传来的那些追踪者的嚎叫声,时不时地打破死一样的寂静。黑夜再次来临,追踪者仍在身后,嚎叫声近在咫尺。狗惶恐不安,几次弄乱挽绳,两个人垂头丧气。

"哼!你们这些笨蛋,只配这样!"宿营时,彼尔做完他的事,笔直地站在那里,颇为得意地对狗说着话。

亨利扔下炊具,走过去看。原来,彼尔不但用皮带把狗都拴了起来,而且还像印第安人那样,在每一只狗的脖子上都系了一根四五尺长的树枝:一头系在狗的脖子上,另一头系在木桩上。这样,狗咬不到自己脖子上的皮带,也咬不到树枝另一头的皮带。

亨利点点头,表示赞许。

"对,只有这个办法才能对付这个独耳,它咬皮带比刀割还快一

---

① 青蛙:狗名。

倍。现在没问题了,明天早上它们一定都在这里。"

"那当然,"彼尔说,"要是再丢一只,我宁愿不喝咖啡就出发。"

睡觉时,亨利指指那一圈围住他们的发亮的眼睛说:"它们竟然以为我们不会用枪打它们。要是给它们两枪,它们就会客气些,不会一天比一天逼近了。你睁大眼睛,避开火光——看!看见那一只了吗?"

两人就像消遣似的,久久地看着火光周围那些朦朦胧胧的影子。他们只要盯着一对在黑暗中发亮的眼睛看,渐渐地就能看出一只野兽的轮廓,甚至能看出它的动作。

这时,狗群的骚动分散了他们的注意力。独耳在愤怒地狂叫,想冲到黑暗里去,但被系在脖子上的树枝拖住了,所以挣扎着,不时扭过头去,发疯似的咬那根树枝。

"彼尔,你看!"亨利轻声说:

一只像狗一样的野兽出现在火光边上,正偷偷摸摸走过来,动作既谨慎又大胆,既提防着人,又注意着狗。独耳又拖着那根树枝,发出一阵狂叫声。

"这独耳真是个笨蛋,连害怕也不知道。"

"是只母狼,"亨利又轻声说,"这下你知道了,小胖和青蛙为什么会失踪。但是,它只是诱饵,把狗引出去后,其他的狼就一拥而上,把狗吃得精光。"

火堆里噼啪一声响,一根树枝爆裂了。那只野兽一听见声音,马上跳回到黑暗中去了。

"亨利,我想……"

"想什么?"

"昨天我用木棍打的就是这家伙。"

"那还用说,肯定是它。"

"我还要说,"彼尔继续说,"我们生火宿营,这家伙怎么会对这一套这么熟悉。"

"它是一只比聪明狼还要聪明的狼,"亨利回答说,"它看着我们宿营,看多了,就知道混到狗群中偷吃狗食了。"

"这我也知道。"彼尔想了想说,"老威廉的一只狗,跟着狼跑了。后来我在小斯狄克的放鹿场上,一枪把它打死了。老威廉还哭得像个孩子,说他三年没见到它了,可见它一直和狼混在一起。"

"要是落到我手里,哼!"彼尔咬咬牙说,"我一定要叫这个狗不狗狼不狼的家伙变成狗食。我们的狗就不会丢了。"

"可是你只有三颗子弹。"亨利不以为然地说。

"我等有了把握,再开枪。"

早上,亨利在彼尔的鼾声中拨旺火堆,做好了早饭。

然后,他才叫醒彼尔,对他说:"你睡得这么熟,刚才我没叫醒你。"

彼尔还没睡醒,昏昏沉沉地开始吃早饭。他见自己的杯子是空的,伸手去拿咖啡壶,但咖啡壶却在亨利身边。

"喂,亨利,"他有点不高兴地说,"你没忘记什么吧?"

亨利看了看四周,摇摇头。彼尔举起空杯子给亨利看。

"噢,没有给你准备好咖啡!"亨利不好意思地说。

"咖啡没了?"

"不。"

"怕我胃口不好?"

"不。"

彼尔恼怒了,脸色发红:

"你解释解释。"

"飞腿①没了。"

彼尔没有跳起来,而是带着无可奈何的表情扭过头去,把狗数了数。

"怎么回事?"他冷冷地问。

"不知道。也许是独耳咬断了它的皮带,它自己是肯定咬不断的。"亨利耸耸肩回答。

"混蛋!"彼尔又想发火,但马上忍住了,"它咬不到自己的皮带,就咬飞腿的。"他慢慢地、恶狠狠地说。

"好了,不管怎样,飞腿不再痛苦。我想,这会儿它正在二十只狼的肚子里安息,正在被消化掉。"这是亨利为那只刚刚死去的狗所念的悼词。"喝点咖啡吧,彼尔。"

彼尔摇摇头。

"喝吧。"亨利举起咖啡壶,准备往杯子里倒。

彼尔把杯子拿开。"我不喝,喝了就是混蛋。我说过,再丢一只狗,我就不喝咖啡。"

"咖啡很好,还是喝吧。"

但是,彼尔执意不喝,一边吃早饭,一边叽里咕噜地咒骂独耳,用咒骂代替了咖啡。

"今天晚上,我要把它们拴得相互碰不到。"出发时,他说。

他们刚走出一百多码,走在前面的亨利就好像踩到了什么东西,弯腰捡了起来。天还很黑,他看不清,但一摸就知道了,随即把那东西抛向身后。那东西落在雪橇上又弹起来,最后落到跟在雪橇后面的彼尔脚前。

"你看这是什么!"亨利大声说。

---

① 飞腿:狗名。

彼尔一看，不由得一惊。那是飞腿留下的唯一的遗物——系在它脖子上的一段树枝。

"天哪，它们把它吃得一点不剩，"彼尔说，"连皮带也吃了，你看这树枝上干干净净，什么也没有。亨利，它们真的饿疯了，说不定就在今天，它们会把我们全吃了。"

亨利哈哈一笑。"像这样被一群狼追着，我不曾遇到过，但比这更加可怕的事情，我遇到得多了，彼尔，让这些该死的畜生来试试吧。"

"我不知道，我不知道。"彼尔担忧地嘀咕着。

"等我们到了麦卡利，你就知道了。"

"我不觉得那儿有什么特别。"彼尔坚持说。

"你生病了。一定生病了。"亨利下结论说，"你需要奎宁①。到了麦卡利，我马上就给你吃奎宁。"

彼尔哼了一声，不以为然。接着，就一声不响了。那天和前几天一样，九点钟天才亮。到了十二点，南面的地平线上也不见太阳升起，只有一抹红光。这之后就是冰冷、阴郁的下午。过了三个小时，又会进入黑夜。

在太阳仿佛要升起而最终还是没有升起时，彼尔从雪橇里抽出他的来复枪，说：

"亨利，你继续往前走，我要看看它们到底是些什么东西。"

"你还是跟在雪橇后面算了。"亨利反对说，"你只有三颗子弹，说不定会出事。"

"现在谁在叽叽咕咕？"彼尔得胜似的问。

亨利不再说了，自顾自朝前走。他时不时回头，焦虑地张望身

---

① 奎宁：也称金鸡纳霜，从金鸡纳树皮中提取出来的一种生物碱，是最早发现的抗疟疾病药。

后那片灰蒙蒙的荒原。他的伙伴已走得无影无踪。一小时后,彼尔抄近路回来,对他说:

"它们像散兵一样跟在我们后面,一边跟踪,一边捕食。你看,它们非要吃掉我们不可,只是在等待时机。它们实在饿得不行,就到附近找点吃的,然后再来跟踪我们。"

"你是说,它们一定会吃掉我们?"亨利问。

但是,彼尔没有回答,只顾自己说话。"我看见几只狼,精瘦精瘦的。看样子,除了吃掉青蛙、小胖和飞腿,它们有好几个星期没找到东西吃了。这么一大群狼,这几条狗根本填不饱它们的肚子。它们真的很瘦很瘦。我告诉你,小心点,它们肯定饿疯了,什么都干得出来。"

几分钟后,走在雪橇后面的亨利轻轻吹了一声口哨。这是暗号。彼尔一听到口哨声,就拉住狗,把雪橇停了下来。他回头一看,只见一只毛茸茸的动物在他们刚转过的拐弯处悄无声息地跑着。它边跑,边用鼻子嗅着地面,脚步轻快而灵敏。他们停下,它也停下,抬起头注视着他们,鼻孔一吸一吸,从空气中嗅着他们的体味。

"就是这只母狼。"彼尔对自己说。

狗在雪地里卧了下来。彼尔从狗身边走过,走到雪橇后面和亨利一起仔细观察这个奇怪的家伙。就是这家伙,这几天一直尾随着他们,并使他们失去了三只狗。

这家伙也在观察他们,而且每观察一阵,就朝前走几步。这样几经观察,它就到了离他们只有几百码的地方。最后,它在一片枞树林边停下,昂起头,用眼睛和鼻子远远地看着和嗅着那两个正在观察它的人。它的眼神很奇怪,像狗一样机敏,但不像狗那样温和,而是因为饥饿和渴望猎食,显得那样冷酷,就像它的牙齿一样毫无温情。

它的样子和狼没什么区别,尽管瘦骨嶙峋,但仍可看出,它是一只身材高大的狼。

"它站着足有两英尺半高,"亨利琢磨着说,"五英尺长,我敢说。"

"可它的毛色太怪了。"彼尔有些疑惑不解,"我从没见过红毛的狼,更没见过这种肉桂色的。"

其实,那只狼并不是肉桂色的,而和纯正的狼一样,是灰色的,只是它的一身灰毛时而会发出一种深红色的反光——时有时无,一会儿看是灰色,一会儿看似乎还有点红色,隐隐约约,令人难以捉摸。

"要是它摇摇尾巴,"彼尔说,"我肯定会把它当作一只爱斯基摩狗,真的!看上去太像了。"

说着,他还对那只狼大声喊叫:"喂!过来,你这只爱斯基摩狗!不管你叫什么,过来!"

"它才不怕你呢!"亨利笑着说。

彼尔又大声叫,还挥挥手,想吓唬它,但那只狼毫不害怕。他们发现,它唯一的变化是更加警觉了。它仍用冷酷的、机敏的目光注视着他们,仿佛在想:他们是食物,而它快要饿死了,要不要不顾一切扑上去吃掉他们。

"嘿,亨利,"彼尔好像突然想起什么事,凑到亨利耳边低声说,"我们有三颗子弹,用一颗子弹解决了这家伙,怎么样?这家伙吃了我们三只狗,总得跟它算账。"

亨利点点头。于是,彼尔小心翼翼地从雪橇的绳索里抽出枪,慢慢抬起,准备瞄准。但是,紧接着,他把枪放下了。因为那只母狼纵身一跳,蹿入了雪道旁的枞树林。

两人面面相觑。接着，亨利明白了，长长地吹了一声口哨。

"我本该想到，"彼尔放好枪后自责说，"一只会混在狗群里骗东西吃的狼，一定也知道枪是什么。不过，亨利，我会干掉它的。它很狡猾，会躲过明枪，那我就给它来个伏击。我非干掉它不可，否则我就不叫彼尔了。"

"彼尔，你要干掉它可以，但千万不要跑得太远。"亨利告诫说，"要是它们一起扑过来，你只有三颗子弹，砰砰砰，完了，而这些畜生一个个饿得要死，我看你会被它们干掉的。"

这天黄昏，他们没等天黑就停下宿营了。显然，只有三只狗拖橇，不可能像六只狗那么快，也不能持久，所以天还没黑，它们就疲惫不堪，拖不动了。彼尔小心地把三只狗拴好，使它们保持一定距离，相互咬不到。

但是，这样一来，那些狼就更加肆无忌惮了。彼尔和亨利不止一次被狗叫声从梦中惊醒。那些狼逼得那么近，三只狗都害怕得像发了疯。没办法，只有不断朝火堆里添树枝，使火烧得旺一点，火光亮一点，那些家伙才不敢靠近。

"我听水手讲过鲨鱼追船的事，"彼尔添过一次树枝后，一边钻回被窝，一边说，"这些狼就是陆地上的鲨鱼，可它们比海里的鲨鱼狡猾多了，不会死追着你，结果反害了自己。它们要拖死我们，亨利，我看你已经半死了。"

"我看是你已经半死了。"亨利不服气地反驳说，"一个人说泄气话，就死了一半，所以我说，是你已经半死了。"

"有人比你我强得多，也被它们吃掉了。"彼尔说。

"闭嘴，你胡说八道些什么！真是烦死人了！"

亨利生气地翻过身去。彼尔竟然没有发火，这使亨利感到很惊讶，因为按彼尔的脾气，不管谁顶撞了他，他都会发火。亨利久久没有入睡，想了很长时间，直到睡意蒙眬、眼皮重得撑不起来时，他还在想："是的，彼尔泄气了，明天我要给他鼓鼓劲。"

三

这一夜竟然没事，狗被吃的悲剧没有重演。他们打足精神，一早就上了路，行进在昏暗、寒冷、寂静的荒野里。彼尔好像忘记了前一夜的不祥之兆，心情很好，甚至还逗起狗来。但是，到了中午，在一段高低不平的路上，他们的雪橇翻了。

真是倒霉！侧翻的雪橇还被夹在一根树干和一块岩石中间，狗没法把它拖出来。他们只好卸下狗，自己想办法把雪橇弄出来。正当两人弯着腰想把雪橇扶正时，亨利一转头，看见独耳走开了。

"嘿，独耳，回来！"他站直身，喊了一声。

但是，独耳奔跑起来，雪地上留下了一连串脚印。在雪地的那一边，那只母狼正等着它。它离母狼越来越近，忽然小心起来，放慢了脚步，显得很警觉，又有点犹豫。接着，它停住不动了。它注视着母狼，谨慎、犹豫又带着渴慕，而母狼似乎在对它微笑，露出了牙齿。这与其说是威胁，不如说是献媚，像是在调情。母狼还走近了几步，站住了。独耳凑近它，但仍保持着警惕，昂着头，耳朵高高地竖起。

它想嗅嗅母狼的鼻子。母狼做出一副扭扭捏捏的样子往后退。独耳朝前走一步，母狼往后退一步，一步一步把它引出了它的人类伙伴的保护圈。一度，独耳似乎还有一点戒心。它回头看看那辆侧翻的雪橇，看看两个和它一起拖雪橇的伙伴，还有那两个正大声呼喊着它的人。

然而，不管它有什么想法，都因为母狼的诱惑而被置之脑后了。母狼走上前来,和它嗅了嗅鼻子。接着,故伎重演,羞涩地后退。

这时,彼尔想起了枪,但枪在翻倒的雪橇下面,而等亨利帮他扶正雪橇时,独耳和母狼不仅靠在了一起,而且已经在射程之外,再开枪等于浪费子弹。

等独耳意识到自己中了美人计时,一切都太晚了。彼尔和亨利远远地看着,独耳突然想转身逃跑,但有十几只精瘦的灰狼从雪地里蹿出,挡住了它的退路。此时,母狼的羞涩和扭捏顿时变成凶残和狰狞,它咆哮着,朝独耳扑来。独耳一闪身,躲开了母狼的猛扑,转身想逃回雪橇所在的地方。但是,退路已被切断。于是,它跑向侧面,想绕开那些断它后路的灰狼,但那些狼跟着它转向,从侧面拦截它,而且有更多的狼加入了拦截行动。那只母狼本来离它只有一步之遥,现在就在它身后紧追不舍。

"你要去哪儿?"亨利一把抓住彼尔的胳膊。

"这样不行!我不能眼睁睁看着它们再吃掉一只狗!"彼尔甩开亨利的手。

他拿起枪,一头钻进了路边的矮树林。亨利明白彼尔的意思:独耳现在正远远地绕着雪橇在奔跑,前方就是矮树林,他要在那儿伏击狼群——现在是白天,或许开一枪就能吓住狼群,救独耳一命。

"小心啊!彼尔!"亨利大声喊,"不要冒险!"

他一屁股坐在雪橇上,无能为力地望着彼尔的身影消失在矮树林里。接着,当他看到独耳的身影在矮树林和枞树林之间时隐时现时,便意识到它的处境极其危险。独耳正拼命地想逃脱险境。但是,它跑在外圈,狼群跑在内圈,显然会在矮树林里把它截住,也就是说,它要想穿过矮树林绕回到雪橇边,希望极其渺茫。

三条不同的线路很快将汇聚到一个点上。亨利知道,就在矮树林里的某块雪地上,也许就在那一片矮树的后面,独耳、狼群,还有彼尔,将会碰在一起。但是,他没想到,事情竟会来得如此之快。一声枪响,接着又是两声枪响——他知道,彼尔的子弹没了。随即,听到一声狼嚎,他知道有一只狼被打中了。但是,当他听到一声咆哮和一阵吠叫时,他知道,那是独耳的惨叫,一切都完了。狗叫声停止了。狼嚎声也消失了。死一般的寂静重新笼罩了这片荒凉的土地。

亨利在雪橇上坐了很久。他没有到矮树林里去看个究竟。他心里非常清楚,那里发生了什么事情,就如他亲眼所见。他一度惊恐地跳起来,从雪橇里抽出斧头,但更多的是坐在那里沉思默想。剩下的两只狗伏在他脚边,瑟瑟发抖。

最后,他慢慢地、沮丧地站起身来,仿佛一点力气也没有了。他把两只狗套上雪橇,并把一根缰绳套在自己肩膀上,像人力车夫一样,和两只狗一起拖着雪橇。他没走多远,天就暗了下来。他连忙宿营,还特意多砍了一些生火用的树枝。喂过狗、做好晚饭吃过后,他紧挨着火堆铺好了床。

但是,他没法在这床上安睡。眼睛还没闭上,围上来的狼群就使他惶惶不安。他不必想象,用眼睛就能看清楚,它们正围在他和火堆四周,有的蹲着,有的卧着,有的匍匐着爬来爬去,有的甚至在打瞌睡。他还看清楚了,有一只像狗一样的狼,蜷着身体在雪地里睡觉,而他却不能像它那样安睡。

他把火堆烧得很旺,因为他知道,这是隔在他的肉体和那些饿狼之间的唯一阻挡物。两只狗紧挨在他两边,吠叫着、哀号着,恨不得往他身上钻,只要有狼稍稍靠近一点,就没命似的狂叫。狗一叫,狼群的包围圈就会缩小一点。一英寸一英寸,这里一只,那里一只，紧贴着地面慢慢地爬过来，一直爬到只要一跃就能扑到他身上的地方。这时，他就从火堆里抓起一根一头还在烧着的树枝朝它们扔过去，引起一阵惊慌的撤退。如果树枝正好击中一只胆子特别大、靠得特别近的狼，还会听到一声愤怒的尖叫。

第二天早上，亨利疲惫不堪。由于一夜没睡，他头晕目眩。他在黑暗中做了早饭。随后，天渐渐亮起来。九点时，狼群后退了，他开始动手做他在这睡不着的一夜里想好要做的事。他砍倒几棵小树，用树枝在一棵大树上搭了一个高高的架子，然后用缰绳当吊索，让两只狗帮忙，和他一起把雪橇上的那口棺材吊了上去。

"小伙子，它们吃了彼尔，说不定还会吃了我，但肯定吃不到你了。"他对躺在树枝坟墓里的死者说。

他继续赶路。两只狗拖着卸去重负的雪橇，一路前行。它们也知道，只有到了麦卡利，才会平安无事，因为那些瘦得肋骨突出的饿狼，一只只吐着鲜红的舌头，就在雪道的两侧和它们一路平行。亨利很纳闷，这两只瘦得皮包骨头、青筋暴露的狗，居然没有栽倒在雪道上，还能拖着雪橇奔跑。

中午，阳光从南边的地平线上升起，淡淡的金黄色边缘长长地伸向东西两边①。亨利知道，这标志着白天将要变长，太阳就要露脸了。但是，他还是不敢走到天黑。天边的那抹阳光刚刚消失，他就宿营了。灰蒙蒙的黄昏将延续几个小时，他尽可能多地砍树枝，以备生火之用。

恐惧和黑夜同时降临。这不仅因为那些饿狼的胆子变大了，还因为睡眠不足使他身心疲惫，胆子变小了。他不敢躺下，只能裹着毯子蹲在火堆边，双膝夹住斧头，挤在两只紧挨着他的狗中间，打

---

① 北极地区的冬天没有太阳，所谓白天，只是南边的天空亮一亮，然后又进入黑夜（到了春天，太阳会出现，但从东南边升起一点点，很快就朝西南边落下了）。

打瞌睡。一次，他醒来时，看见狼群中最大的一只灰狼就在他前面不足十二英尺的地方。他盯着它看。它也盯着他看，其间还像狗一样伸了伸懒腰，打了个呵欠，好像看着一堆美食，正打起精神，准备把它吃掉。

这种准备进食的表情，在整个狼群中都可看到。他一眼就看到了二十只狼，不是饥肠辘辘地看着他，就是故作镇静地卧在雪地上。这使他想起了孩子们围在桌边等待开饭的情景。而他，就是桌上的饭菜！只是，他不知道这顿饭何时开始，怎样开始。

他朝火堆里添了点树枝，不由得产生了一种从未有过的心情，开始注意到自己的身体。他动了动手臂，感觉到肌肉的活动，接着又平生第一次细看自己的手指。借着火光，他看着自己的手，一次次把手指卷曲，然后慢慢松开，有时一指，有时五指，有时完全松开，有时迅速握紧。他还细看自己的指甲，用指甲掐指甲，时而轻，时而重，感受着指甲下的神经在不同的刺激下产生的不同反应。这使他深感惊异，使他突然觉得自己的肉体原来如此精巧，如此美妙，真应该倍加珍惜。然而，当他抬起头一眼看到那些虎视眈眈的饿狼时，严酷的现实使他不得不承认：他的肉体不管多么美妙，多么充满活力，只是供这群野兽充饥的食物而已——他将被锋利的狼牙撕得粉碎，就像驼鹿和野兔一样，被这群野兽吞食、消化，为它们提供它们所需的营养。

就在他这样似梦非梦地胡思乱想时，他发现那只毛色发红的母狼就在他面前。它离他不到两英尺远，蹲在雪地里机敏地注视着他。他脚边的两只狗对着它吠叫，但它毫不在乎。它只是注视着他这个人。他也对它注视了一会儿。它丝毫没有威胁他的意思。它只是用那种特别机敏的神情望着他，但他知道，这种特别机敏的神情来自特别强烈的饥饿。他是食物。它一看见他，就深深地引发了食欲。它两颚张开,流着口水,满怀期待地舔了舔嘴唇。

一阵恐惧使他浑身颤抖。他急忙去拿一根正在烧着的树枝砸它,但手刚伸到那里,手指还没有抓住树枝的一头,只见它纵身一跳,躲开了。他由此看到,它很熟悉人,知道人会用东西砸它。它跳开时还叫了一声,露出了白晃晃的牙齿,连牙龈也露了出来,原来的那种机敏的神情消失得无影无踪,取而代之的是食肉猛兽的狰狞面目——这使他不由得又颤抖了一下。他低头看看自己握着树枝的手,看看那五个正紧握住树枝的灵巧的手指——它们在粗糙不平的树枝上弯曲着,有一个手指由于离树枝烧着的一头最近,还敏锐地感觉到烫,本能地缩了一下——就是这些灵巧的手指,他想,就要被那只母狼的白晃晃的牙齿嚼成碎块。他的肉体危在旦夕,而此时,他比以往任何时候更珍爱自己的肉体。

整整一夜,他就靠不断投掷烧着的树枝,来吓退饥饿的狼群。当他疲倦得快要睡着时,两只狗的一阵狂叫又把他惊醒。终于到了早晨。但是,即便是明亮的白天,这一次竟然也没能驱散狼群。他只能等着它们自己走开。它们依然团团围住火堆,简直像占领者一样傲慢。这使他因为看到天亮而产生的一点勇气也失掉了。

他不顾一切地想启程上路。但是,他一走到火光的外围,一只胆子最大的狼就朝他扑过来,吓得他连连后退。锋利的狼牙离他的大腿只有六英寸,差一点被咬到,而其他的狼此时也都拥了过来。他赶紧朝它们投掷烧着的树枝,才迫使它们退回原处。

尽管是白天,他也不敢离开火堆,去砍些树枝来添火。在离他二十步远的地方,有一棵枯死的大枞树耸立着,但他用了半天时间,才把火堆移到那棵枯树下面。在此过程中,他一只手里始终拿着一根烧着的树枝,随时准备投向狼群。当他站在枯树下时,他又朝四周看了看,看看哪个方向还有树,这样他就能朝那个方向移动,砍到更多树枝。

这天夜里和昨夜一样恐怖,只是他越来越抵挡不住困乏和瞌睡。狗的惊叫声也失去了作用。实际上,它们一直在叫,他已经听得麻木了——即使它们突然惊叫起来,他也不再注意。他迷迷糊糊,猛地惊醒,只见那只母狼又在他眼前,不足一英尺。他不假思索,拿起一根燃着的树枝——这么近,也用不着投了——径直朝它张开的嘴里捅了进去。它惨叫一声,跳开了。他闻到皮肉烧焦的气味,有点得意,同时看到它在二十英尺外甩着脑袋,狂怒地咆哮。

为了不让自己睡着,他在右手上绑了一根细细的松树枝,并把前端点燃。只要他闭上眼睛,没几分钟,松树枝就会像焚香一样烧到他的手指,把他烫醒。这样,他坚持了好几个小时。每次被烫醒,他就把烧着的树枝投向眼前的狼群,然后往火堆里添一些树枝,再在自己手上绑一根松树枝。这很有用,他一直没有睡着。但是,有一次,松树枝没有绑紧,等他闭上眼睛后,从他手上掉到了地上。

他睡着了,梦见自己到了麦卡利堡。那里温暖而舒适,他和经纪人一起打着纸牌。但是,他又仿佛觉得整座城堡都被狼群包围了,每扇门外都有狼在嚎叫。他和经纪人时不时放下牌,侧耳倾听,然后哈哈一笑,一点也不担心狼群会冲进来。这梦真是很神奇!后来,不知怎么一来,门砰的一声响,竟然被冲开了,狼群咆哮着涌入,直朝他们扑来。咆哮声震耳欲聋,但他只觉得它们很讨厌,好像它们只是打扰了他的美梦——那美好的梦境不见了,耳边只有一阵阵令人心烦的咆哮声。

这时,他被吵醒了。啊,那咆哮声实实在在地就在他耳边响着!在一片狼嗥声中,他发现狼群已冲到他身边,而且把他团团围住了,正准备朝他扑来。有一只狼的牙齿甚至已经碰到了他的手臂。他本能地跳进火堆,同时感觉到自己的小腿一阵剧痛,好像被狼牙咬了一口。接着,开始了一场火战。厚厚的皮手套暂时保护了他的手——他用双手铲起通红的炭火,撒向四周,把火堆变成了一座活火山。

这样当然不能坚持多久,他的脸上烫起了泡,眉毛和睫毛都被烧掉,站在炭火中的双脚痛得难以忍受。于是,他双手各持一根烧着的树枝,从火堆里跳了出来。狼群被暂时击退。火堆四周,撒落在雪地里的炭火嗤嗤作响。时而有一只撤退的狼踩到炭火,一声尖叫,蹦跳起来。

他把两根烧着的树枝投向离他最近的狼,然后脱下冒烟的手套,狠狠地扔在雪地上,并不停地跺着脚,使滚烫的双脚冷却下来。他的两只狗都不见了。他心里非常清楚,它们终于成了已经持续好几天的狼宴上的一道菜。这宴席在几天前就开始了,第一道菜是小胖,而最后一道菜,也许就是几天后的他。

"你们还吃不到我!"他挥着拳头,声音嘶哑地对着饥饿的狼群喊叫。听见他的声音,四周的狼骚动起来,发出一阵阵嚎叫。那只母狼穿过雪地走到他附近,用那种饥饿的、机敏的目光望着他。

这时,他突然想到一个办法,并动手做起来。他把火堆摆成一个大大的火圈,自己就坐在火圈中间的雪地上,屁股下垫着睡觉用的毯子,以防那里的雪会很快融化。当他这样躲在火圈中时,所有的狼都走到了火圈边上,好奇地想看个究竟。它们原先是不敢靠近火的,现在却围在火边,像狗一样眨眼、打呵欠,精瘦的身体不习惯火的烘烤,时不时地伸伸懒腰。这时,那只母狼蹲了下来,仰起头,把鼻子对着一颗星星,发出一声长嚎。所有的狼都跟着它蹲下,都把鼻子指向夜空,饥饿而凄惨地长嚎。

黎明来了,接着又是白天。火不太旺了,树枝也将用完,需要再添一点,他便试图跨出火圈。狼群随即朝他涌来,他用烧着的树枝把它们赶开,但它们马上又聚拢过来。他一次次努力,一次次失败。最后,他放弃努力跨回火圈时,一只狼从他身后扑来。他跌进了火圈,那只狼四脚落在火中,一声惊叫跳了回去,还在雪地上拼命跺着四脚。

他坐到毯子上,蜷缩着身子,耷拉着双肩,头低垂在膝盖上。他已经绝望了,不再努力,只是偶尔抬起头,看看那一圈越来越暗的火——那里已出现缺口,成了几段弧线,而且缺口在不断扩大,弧线在不断缩短。

"我知道,你们想吃我,那就吃吧。"他喃喃而语,"我不管了,我只想睡觉。"

但是,他很快醒来,看见那只母狼就站在他面前的火圈缺口处,正盯着他看。

他又睡着了。一会儿——尽管他觉得好像睡了几个小时——他又迷迷糊糊醒来。出现了奇迹——真是神奇的变化!他惊讶得彻底醒了。一开始,他简直不敢相信会有这种事,后来才真的发现,那些狼全都走了,只留下雪地上凌乱的脚印,表明它们曾走到他身边。沉重的睡意再次袭来,他再次垂下了头。但是,就在此时,他突然一惊,又醒了。

远处传来人的喊叫声、雪橇的震动声和挽具的吱吱声,还有拖橇狗发出的呜呜声。四辆雪橇从河床那边驰来,到了树林里——他宿营的那个地方。六个人站在那即将完全熄灭的火圈中间,站在他身边。他们摇他,对他大声喊叫,想把他弄醒。但是,他像醉鬼似的直愣愣地看着他们,嘴里含含糊糊地说着他们听不懂的话:

"红母狼……喂食时……混到狗一起……吃了狗食……后来……吃了狗……再后来……吃彼尔……"

"阿尔弗雷德少爷呢?"那几个人中的领头人按住他的肩膀猛烈地摇他,一边对着他的耳朵大声问。

他缓缓地摇摇头:"不……红母狼……没吃他……他睡在……树上……上次……宿营的地方……"

"死了?"

"不……躺在……箱子里……"说着,他不耐烦地扭扭肩膀,挣脱问话人按在他肩上的手,"哎……你别烦我……我太累了……晚安……"

他的眼睛眨了几下,又闭上了。随后,他的头往下一垂,下巴垂到了胸口上。他们把他放平在毯子上,寒冷的空气中随即响起了他的呼噜声。

不过,除了他的呼噜声,还有另一种声音,那就是从不远处传来的狼嚎声。饥饿的狼群没有吃到他,正在追逐另一个猎物。

第二章 野性之子

一

　　是那只老练而狡猾的母狼，最先听到有人和狗来了。所以，它最先从亨利身边、从即将熄灭的火圈旁边逃离了。狼群开始还不愿意放弃就在嘴边的猎物，还想确认一下那越来越近的声音。但是，不一会儿，它们也追寻着母狼的足迹逃离了。

　　跑在狼群最前面的是一只大灰狼——狼群中罕见的头狼。它带着狼群跟随在母狼后面，有些年轻大胆的狼想跑到它前面，它就用吼叫斥责它们，或者用牙齿教训它们。现在，它看见母狼正在雪地上小步慢跑，就加快步伐追了上去。

　　母狼见大灰狼追到它身边，就放慢速度，和大灰狼齐头并进。它偶尔会一跃超过大灰狼，但大灰狼不会吼叫，更不会露出牙齿。相反，它只是想靠近母狼，似乎对它非常好感，甚至想讨它欢心。只是，每当它靠得太近时，母狼就会吼叫，甚至露出牙齿。这时，它会躲开，像一个害羞的乡下少年，不自然地、怪模怪样地跳几下。

　　母狼的态度使大灰狼颇为恼火，而使母狼恼火的却不仅仅是大灰狼。还有一只毛色灰白、消瘦而且伤痕累累的老狼跑在它的另一边——也许因为只有一只左眼，它总是跑在母狼的右边。这只老狼也特别喜欢靠近母狼，时不时歪过头来，用满是疤痕的脸颊擦一下它的肩膀或者脖子。和对待左边的挑逗者一样，母狼对来自右边的挑逗也照例报之以龇牙咧嘴，而当挑逗同时来自两边并粗暴地把它挤来挤去时，它就摇晃着头左右乱咬，把两个挑逗者赶开，同时保持速度，一路跑在狼群前面。这时，两个跑在它两边的挑逗者会隔着它相互威胁、相互吼叫、相互露出牙齿。它们恼火得几乎要打起来，但在饥饿的威胁下，即便是求偶和争夺配偶，也不那么重要了。

老狼每次躲开母狼的牙齿时，总会撞到它右边的一只三岁大的小狼，因为它右边的眼睛是瞎的。这只小狼已长得足够大，而且在这饥饿和瘦弱的狼群中可说具有不一般的勇气和毅力。它时常会越位，跑在老狼旁边和它齐头并进，直到老狼一声怒吼，咬它一口，它才稍稍放慢脚步，让自己的头退回到老狼的肩膀处。不过，它有时也会再放慢一点脚步，有意落在老狼后面，然后突然加速，插到老狼和母狼中间，致使老狼和母狼同时发火。这时，只要母狼恶狠狠地叫一声，老狼就会更加恶狠狠地咬它。有时，它们会一起咬。有时，跑在母狼左边的那只大灰狼也会加入进来咬它几口。

同时面对三副野蛮的牙齿，小狼不得不退缩，而当它停下脚步、挺直前腿、身体后倾、耸起背毛、张开嘴巴表示抗议时，跑在后面的狼发火了，纷纷上来咬他。真是自作自受。因为饥饿，狼群脾气暴躁。然而，这只小狼特别没有记性，不一会儿又会重复一次，结果又是遭到一番羞辱，狼狈不堪。

如果有足够的食物，狼群都吃饱了，它们的求偶和由此而引起的争斗就会加剧，直至狼群土崩瓦解。然而，现在这群狼的处境极为艰难，长期的饥饿使它们身体瘦弱，奔跑的速度也大为减慢。跑在前面的是它们中较为强壮的，老弱病残都远远地落在后面，看上去不像是凶猛的野兽，而像是从坟墓里爬出来的干尸。不过，除了步履不太敏捷，它们并不显得特别疲惫。它们的肌肉仍然很坚韧，仍有足够的能量，仍可以强有力地伸缩。

那天，它们一整夜都在奔跑，跑了许多英里。第二天，它们仍在奔跑，在一个冰冻、死寂的世界里奔跑，那里没有其他生物，只有它们，在无边无际的寂静中奔跑，仿佛只有它们是有生命的，而且必须猎杀和吞食其他生物来维持它们的生命。

它们翻过低矮的丘陵，穿过平坦的原野，越过一条条冰封的小溪，总算有了结果。它们嗅出了一群驼鹿的足迹。接着，它们发现了一只巨大的雄驼鹿。这是生物，也是它们的食物。况且，这种生物不会用神秘的火或者火药来保护自己。它们知道雄驼鹿扁平的蹄和掌形的角有多厉害，但此时它们已失去了往日的谨慎和耐心。它们马上一拥而上，迫不及待地开始了捕杀。那只雄驼鹿被它们团团围住。尽管它用蹄猛踢、用角猛撞，尽管它们中有的被它踢得头破血流，有的被它撞得肚皮开裂，有的甚至被它一脚踩进了厚厚的雪地里，但它的命运已经注定，它是非死不可的。那只母狼一口咬住它的喉咙，把它拖倒在地，而就在它倒地的瞬间，所有的狼都扑了上去，尽管此时它还在拼命挣扎，它的四蹄还是很致命的。就这样，它挣扎着，它们从它身上撕下一块块肉，开始吃起来。

一顿丰盛的大餐。雄驼鹿有八百多磅重——四十几只狼，平均每只可分到二十磅，足够吃饱！但是，它们吃了这顿，不知下顿在哪里，所以全都没命地吃，胃口之大，简直难以想象。就这样，那只几小时前还生气勃勃的雄驼鹿，不一会儿就被它们吃得只剩下几根散乱在雪地上的骨头了。

这之后，它们睡了很长时间。睡醒后，肚子还是饱饱的，年轻的公狼开始相互争斗，直到狼群分裂，土崩瓦解。现在，饥饿已成过去，它们找到了这食物丰富的地方。不过，虽然它们还是成群结队去捕猎，却恢复了应有的谨慎，只拦截小群的驼鹿，而且只捕杀其中怀孕的母鹿，或者年老的、受伤的雄鹿。

就在这食物丰富的地方，终于有一天，狼群分裂了，一分为二，各奔前程。那只母狼和那只曾跑在它左边的年轻头狼，还有曾跑在它右边的那只独眼老狼，一起带着半群狼，沿着麦肯齐河，向东进入了湖区。但是，这半群狼的数量却每天在减少。有些公狼和母狼，成双成对离群而去；有些单身公狼，被情敌用锋利的牙齿赶出了狼群。最后，只剩下四只狼还在一起，就是那只母狼、那只年轻的头狼、那只独眼老狼，还有那只年仅三岁但色胆包天的小狼。

这时，母狼的脾气变得极其暴躁，那三个求偶者都被它咬得遍体鳞伤，而它们从不以牙还牙，甚至从不自卫，从不躲避。它们不仅会转过身来听凭它乱咬，还会对它摇尾乞怜，直到它平息怒气。不过，它们对母狼如此温顺，彼此却是满怀仇恨的情敌。有一次，那只三岁的小狼竟然从独眼老狼看不见的一边扑过去，咬破了它的耳朵。独眼老狼虽然毛色苍白，而且只能看见一边，但凭着多年的经验和智慧——它的独眼和满脸伤痕就是明证——它足以对付这个胆大妄为的毛小子。它身经百战，眼下该怎么做是不用它多想的。

打斗开始很公正，但结束得很不公正。本来，它和那只三岁小狼可能一时还难决胜负。但是，没想到，那只年轻的头狼半路杀了出来，和它一起对付那只狂妄的三岁小狼，而且要置它于死地。三岁小狼遭到昔日同伴无情的两面夹击。它们曾一起捕猎、一起挨饿，但这一切都被它们置之脑后了。那是过去的事，现在是争夺配偶——这比捕猎更重要、更迫切、更无情。

这时，引起这场恶斗的母狼就蹲在一边，得意洋洋地，甚至兴高采烈地看着它们大打出手。这是属于它的一天——难得的一天——三只公狼，耸起背毛，爪子对爪子，牙齿对牙齿，相互撕咬得皮开肉绽。这一切，都是为了它！

三岁小狼生平第一次冒险为情而战，就断送了性命。两个情敌站在它的尸体两边，一起看着母狼。蹲在雪地里的母狼，对它们两个都微微而笑。那只独眼老狼毕竟是老手，不仅是战场老手，也是情场老手——当它看见对手低头想舔舐一下伤口时，不失时机地扑了过去，一口咬住它不小心暴露的颈部。锋利的狼牙深深咬入颈部，咬断了大血管。接着，它还用力一甩，咽喉被撕裂了。随后，它跳到了一边。

年轻的头狼发出一声声惨叫，非常可怕。随即，惨叫声变成了好像咳嗽似的咯咯声，因为血涌上来，堵住了喉咙。它咯咯地咳着，满脖子是血。但是，它仍扑向老狼，拼命和它搏斗。无奈，它的腿越来越无力了，大白天它也觉得眼前越来越昏暗了，它的动作越来越疲软，进攻越来越缓慢。

与此同时，蹲在一边的母狼一直微笑着。这场搏斗使它由衷地感到喜悦。这是一场野性的浪漫剧，一场自然界的爱情悲剧，失恋者必死。然而，这只是对失恋者来说才是悲剧，对得恋者来说，却不是悲剧，而是一生最大的成就。

年轻的头狼已经一动不动地躺在雪地上了。独眼老狼转过身，朝母狼走去。这时，它的神情既是得意洋洋的，又是犹犹豫豫的。因为它不知道母狼会不会拒绝它。但使它不胜惊喜的是，母狼没有恼火地朝它龇牙咧嘴。不仅如此，母狼还前所未有地、温情地和它鼻子对鼻子地嗅了嗅。接着，又像幼犬似的欢跳、奔跑，亲热地和它玩耍。它是一只饱经风霜的老狼，此时竟然也像幼犬似的欢跳、奔跑，但动作总有点笨拙。

那个被杀的情敌和那场血淋淋的决斗就留在雪地上，被它忘了——仅有一次，它停下来，舔了舔带血的伤口，半蹲半伏地做出准备跳跃的姿势，前爪刨了刨雪地，背毛不知不觉地耸起，还微微抽动嘴唇，轻轻叫了一声。但是，紧接着，它就把一切都忘了，专心致志地追逐着一边和它调情、一边含羞地朝树林跑去的母狼。

这之后，它们便开始并肩奔跑，就像一对志同道合的密友。日子一天天过去，它们厮守在一起，一起捕猎，一起用餐，几乎形影不离。过了一段时间，母狼变得有点焦躁不安了。它仿佛想寻找什么东西似的，总是东嗅嗅、西嗅嗅。那些倒卧的树木上的树洞，似乎对它特别有吸引力。它还长时间地在河岸上或者山坡上嗅着，寻找那里被积雪覆盖的裂缝或者岩洞。独眼老狼对此毫无兴趣，但它耐着性子跟在母狼身后，而在有些地方，母狼会久久地嗅着不愿离去，这时它就躺下，等到母狼嗅够了，再随它一起离开。

它们并不定居在某个地方，而是一路穿行在荒野上，并再次回到了麦肯齐河边。随后，它们放慢了速度，沿河而上。为了猎食，它们时常会沿着一条支流离开麦肯齐河，但不管离开多远，它们总会返回到麦肯齐河边。有时，它们也会遇到其他一些狼，通常也是成双成对的，但双方都没有太多好感，既不会因为相遇而高兴，更没有成群结队的意愿。有几次，它们还遇到一些单身的狼——当然都是公狼。那些公狼无一不想和它们做伴，但无一被它们接受。当它们并肩而立、耸起背毛、露出牙齿时，那些热切的单身汉只好夹起尾巴走了，继续去过它们孤独的流浪生活。

在一个明月之夜，当经过一片寂静的树林时，独眼老狼突然停了下来。它昂起头，竖着尾，张大鼻孔在空气里嗅着什么。它还像狗一样，把一只前脚提了起来，但它仍没有弄明白那空气里的气味究竟是什么，仍在不停地嗅着空气。此时，母狼漫不经心地嗅了嗅，就似乎全明白了。它继续小跑起来，以此使独眼老狼放心，没什么大事。独眼老狼虽然跟着母狼跑了起来，但依然疑虑重重，偶尔还忍不住地停下来，想仔细嗅一嗅，那到底是什么。

母狼悄无声息地跑到树林中间的一片空地边，静静地站在那儿。过了一会儿，独眼老狼匍匐着身体，浑身的每一根毛都充满了疑虑，万分紧张地爬了过来。它们并肩站在那儿，看着，听着，嗅着。

它们转动耳朵，听到狗的喧闹声和打斗声、男人粗哑的喊叫声、女人刺耳的斥骂声，偶尔还听到一个孩子尖锐而伤心的哭叫声。它们瞪着眼睛，除了看到一个巨大的兽皮帐篷，只见一堆篝火和在篝火前晃来晃去的影子，还有慢慢消散在夜空中的烟雾。但是，它们张着鼻孔，嗅出了从印第安人营地里散发出来的种种气味。这些气味就如一个故事，而对于这个故事，独眼老狼固然不甚了了，母狼却熟知其中的每一个细节。

所以，母狼不寻常地兴奋起来，嗅了又嗅，越嗅越兴奋，而独眼老狼却只是满腹狐疑——甚至，它显露出它的疑虑，挪动着身体想一走了之。这时，母狼转过头来，用嘴碰碰它的脖子，要它安静。接着，母狼又转过头去，继续看着那个营地，脸上还显露出一种新的神情——不是饥饿的神情，而是希冀的神情。它的身体微微颤抖。它情不自禁地朝前走，想走到那篝火旁边去一边和那些狗打闹，一边躲闪着那些人的脚，免得被踩到。

独眼老狼在它的旁边不耐烦地走动着，而此时，母狼突然显得不安起来，因为它再次意识到自己迫切需要的是什么。于是，它调转头，朝树林跑去。独眼老狼松了口气，比它还起劲地跑在前面，直朝树林深处跑去。

在月光下，它们像影子一样悄无声息地跑着。到了一处河道上，它们不约而同地把鼻子伸向了雪地上的一串脚印。那些脚印是不久前刚留下的。独眼老狼小心翼翼地跑在前面，它的同伴紧随其后。它们宽大的脚掌在厚厚的、像天鹅绒一样的积雪上同样留下了一连串脚印。四周白茫茫一片，但独眼老狼却发现有一个模糊的白色斑点在远处移动。它们的奔跑速度本可以快得惊人，但现在它们跑得并不快，所以那个模糊的白色斑点一直远远地在它们前面跳跃着。

它们沿着一条狭窄的小路奔跑。那条小路伸入一片低矮的云杉林。从云杉林里穿出，它们便到了一片被月光照亮的空地上。在那里，独眼老狼一眼就看到了那个在它前面跳跃着的白色斑点，于是一阵猛跑，追了上去。接着，它只要纵身一跃，就可以一口咬住那个白色斑点了。但是，就在这时，那个白色斑点——不用说，那是一只惊慌失措的雪兔——突然高高地蹿了起来，还拼命扭动着身体，好像在跳一种古怪的空中舞蹈①。

独眼老狼从未见过这情景，不由得一惊，猛地往后一退，身体顿时失去平衡，翻倒在雪地上。惊恐地发出一阵咆哮。这时，母狼沉着地从它身边冲了上去。它平衡好身体，然后一跃，扑向那只高高蹿起的雪兔。但是，它跳得不够高，没有扑到那个空中目标，金属般的牙齿狠狠一咬，只咬到一口空气。接着，它再次跃起，但仍然扑了个空。这时，它的同伴已从雪地上爬了起来，正看着它的表演。

看到母狼一次次没有扑到雪兔，独眼老狼表现出不屑的神色，于是使出全身力气，高高地从雪地上跃起。它一口咬住雪兔，并把它拉回地面。但是，就在这时，只听见啪的一声响，它惊恐地看见自己身边的一棵小云杉树的树枝也整个儿被它拉向了地面，弯曲

---

① 这只雪兔踩到了人类设下的陷阱，被一根压弯的云杉树枝挑了起来。

着,就悬在它头顶上。它从未遇到过这种事,赶紧松口,跳到一边,以躲避可能有的危险。它龇牙咧嘴,恼怒地吼叫着,全身的毛都因恐惧而耸了起来。而此时,那棵小云杉树又直立了,那只雪兔再次蹦到空中,又跳起了空中舞蹈。

母狼见此很生气,在独眼老狼的肩膀上咬了一口,以示对它的指责,而独眼老狼呢,既受了惊吓,更不明白母狼为何要咬它一口,于是便本能地予以还击,转身就是一口,咬破了母狼的嘴唇。母狼没想到独眼老狼竟然会还手,便怒不可遏地大叫一声,朝它扑过去。这时,独眼老狼意识到了自己的错误,想平息母狼的怒气。但是,母狼不依不饶,就是要惩罚它,弄得它没办法,只好歪着脑袋,打着转,听凭母狼咬它的脖子。

与此同时,那只悬在空中的雪兔仍在它们头顶上扭动着。母狼在雪地上蹲了下来,这时对于独眼老狼来说,可怕的是母狼,而不再是那棵小云杉树,所以它再次跃起,去咬那只雪兔。它一口咬住雪兔落下后,那棵小云杉树仍像先前一样弯向地面。它也像先前一样,害怕得缩起身体,身上的每根毛都耸了起来,但这次它没有松口,紧紧咬住雪兔不放。可是,弯下的小云杉树却没有打到它身上,只是在它头顶上弯曲着。它稍稍拖动一下雪兔,弯曲的树枝也跟着一起被拖动。它从牙齿缝里发出一声恐惧的嚎叫,赶紧停下,弯曲的树枝也停下不动了。于是它知道,只要不动,就不会有危险。但是,嘴里的雪兔正发出暖烘烘的血腥味,不动就吃不到这顿美餐。

最后,还是它的同伴把它从这种左右为难的窘境中解脱了出来。母狼走上前来,一口咬住它嘴里的雪兔,那弯曲的树枝照例恐怖地晃动了一下。但是,母狼并不害怕,若无其事地把雪兔的脑袋咬了下来。只见弯曲的树枝突然弹了回去,此后就再也不弯下来了，像原本那样很自然地站立在那里。于是，母狼和独眼老狼分享了那棵神秘的小云杉树为它们捕获的猎物。

在其他河道和小路旁，也有悬挂在树枝上的雪兔，而所有这些地方，几乎都能被这对狼夫妇找到。而且，总是母狼带路，独眼老狼紧随其后，学着如何偷盗人类捕获的猎物——这在此后的日子里肯定对它大有好处。

二

两天来，母狼和独眼老狼一直在印第安人营地附近转悠。独眼老狼闷闷不乐、忧心忡忡，而母狼却被那营地吸引住了，就是不愿离去。直到一天早晨，随着一声枪响，有一颗子弹击中离独眼老狼的脑袋只有几英寸的树干，这才使它们停止转悠。不过，即使这样，它们也只是随意地慢跑了一阵，很快就和那危险之地相距数英里之遥了。

它们跑了两天，并没有跑得很远。母狼先前就在寻找某个地方，现在变得更加急于想找到这个地方。它的身体正变得越来越沉重，奔跑的速度也慢了下来。有一次，它们发现一只兔子。要是在平时，母狼很容易将其捕获，但现在，它不得不放弃追赶，躺下来喘气。独眼老狼走到它身边，用嘴碰了碰它的脖子，但它却恶狠狠地张嘴就咬，吓得独眼老狼连连后退，慌慌张张地躲避它的牙齿。它的脾气显然比以前更加烦躁，而独眼老狼呢，也显然比以前更能忍耐，更加小心了。

后来，在一条小溪流上游，母狼终于找到了它要找的地方。那条小溪流的水在夏天会流入麦肯齐河，但此时还全都冻结在岩石之间，就如一条白色固体僵卧在那里。母狼吃力地小跑着，它的伙伴远远地跑在前面。忽然，它发现有一个高高凸起的堤岸，便转身朝那边跑去。那堤岸受初春的雨雪和往日的融冰侵蚀，根基已经开裂，而在裂开的缝隙中，有一个很深的洞穴。

母狼在洞穴的入口处停了下来，仔细查看洞穴周围的堤岸，又沿着堤岸的底部一直跑到堤岸尽头——那里，堤岸和一座小山连接在一起。然后，它回到洞穴口，并从狭窄的入口处钻了进去。进洞后，它不得不匍匐潜行，但走过大约三英尺之后，洞穴便一下子变得高而宽了，仿佛像一个圆形的小房间，直径有六英尺。房顶就在它头上，正好够它站直。洞穴里很干燥，正合它心意。这时，独眼老狼已从前面折回，正站在洞穴口朝里张望。它看见母狼不厌其烦地检查着洞穴。接着，它看见母狼低着头嗅着脚前的地面，一边嗅一边还不停地转动身体，绕着鼻子下的地面转了几个圈。随后，伴着一声像呼噜似的低嚎，母狼蜷缩后腿，伸开前腿，头朝洞口，卧了下来。见此情景，独眼老狼机警地竖起了尖尖的耳朵，仿佛觉得母狼的举动有点可笑。而母狼呢，卧下后便朝洞外看。它看到洞口有积雪的反光，看到独眼在那里友好地摇摆着它那条像毛刷一样的尾巴。于是，它做了个蜷伏动作，耳朵放松地耷拉下来，搭在脑袋上。同时，它张开嘴巴，让舌头软软地垂在嘴边，以此表示它既安全又舒适。老狼觉得饿了。尽管它在洞口只是睡觉，但它睡得并不安稳。它时不时醒来，竖起耳朵朝四处张望。在它周围，四月的阳光正强烈地照耀在积雪上。它打盹时，耳朵依然听着冰层下轻微的流水声。有时，它会突然惊醒，专心致志地聆听。太阳回来了，渐渐苏醒的北国大地正呼唤着阳光。生命被重新激活，空气里弥漫着春天的气息。小动物开始在积雪下蠕动。树液开始在树干里上升，不久便会有嫩芽在春寒中毅然长出。

它用担忧的目光朝它的伴侣张望，但母狼却丝毫没有想从洞穴中出来的意思。它朝四周望望，看见有六七只雷鸟拍着翅膀在它眼前飞过。它站起来，再次回头朝它的伴侣张望，然后又卧下，打起盹来。一阵微弱而刺耳的声音，使它不知不觉地骚动起来。它一次又一次地在睡意蒙眬中用爪子去抓自己的鼻子，而且很快就醒了。有一只蚊子，在它鼻尖上方嗡嗡地飞来飞去。这是一只越冬蚊子，整个冬天一直被冻僵在一根枯树枝上，现在被太阳一照，它从冰冻中解脱了。对于这样的呼唤，独眼老狼再也难以抵抗。再说，它觉得饿极了。

它朝它的同伴爬过去，想催促它爬起来，但母狼只是对它嚎叫。于是，它只好独自走到了阳光下。它发现脚下积雪已变得松软，走在上面还有点滑。所以，它走到了一条冻结的溪流上，因为那里有树木遮蔽着，积雪还没有融化。它走了八个小时，直到天色变暗后才回来，而且比它离开时更饿了。它发现过猎物，但它抓不住。有几只雪兔像往常一样在山坡上一跳一跳地掠过，它却追不上，因为踩在硬壳一样的融雪上，它跑不快，一不小心还摔了一跤。

洞里传出一种微弱而陌生的声音，使它万分惊诧与疑惑，不由得在洞口止住了脚步。这声音肯定不是它的同伴发出的，但听上去似乎又很熟悉。它伏下身体，肚子贴着地面小心翼翼地爬进洞里，但随即就听到母狼的一阵叫声，警告它不要靠近。它服从了母狼的警告，没有靠近母狼，但母狼的叫声并没有使它慌张。因为它饶有兴味地听到了另一种声音，一种微弱的、断断续续的咿呀声。

它的伴侣暴躁地警告它，要它离开。于是，它蜷缩着身体，睡在洞穴的入口处。第二天一早，当微弱的晨光透入这个洞穴时，它再次想听听那模糊而似曾相识的声音究竟来自何处。这次，它的伴侣发出的警告声中有一种新的音调，听上去只是有点警惕，而不是命令它走开。于是，它恭恭敬敬地和母狼保持一段距离。不过，它还是看得很清楚，在母狼的身边偎依着五个陌生的小生命，正无力地、哀哀地叫着，看上去那么虚弱，那么无助，稍有一点光亮，它们就不敢睁开眼睛。这使它很惊讶。虽然它已经活得很长久而且很成功，虽然它遇到这样的事情并非第一次，但每次遇到这样的事情，它都觉得无比新奇。

它的伴侣不安地看着它，每一刻都发出低声的吼叫。有时，当母狼觉得它过于靠近时，低沉的吼叫声就会变成刺耳的咆哮声。因为就母狼来说，它虽不曾有过产子的经历，也没有见过其他母狼产子，但凭着母狼的天性，它本能地意识到公狼很可能会咬死无助的新生小狼。所以，母狼的内心深处显然有一种强烈的恐惧，迫使它竭力阻止独眼老狼靠近小狼，不让它查看这些小狼到底是不是它的后代。

然而，并没有什么危险。独眼老狼是受了一种强烈愿望的驱使，那是从一代又一代公狼那里遗传下来的本能。那是存在于它内心深处的，它对此既不怀疑，也不迷惘，只是服从而已。所以，紧接着，它就离开母狼和小狼，外出觅食去了。这是为了生存必须做的事情，也是天底下再自然不过的事情。

在离洞穴五六英里的地方，那条溪流分出几条支流，成直角流入群山之间。在这儿，沿着左边那条支流，独眼老狼看到一串明显的足迹。它嗅了嗅足迹，发现那足迹是刚刚留下的，于是便迅速蹲下，朝足迹消失的方向望了望。接着，它就转身，朝右边那条支流走去。那足迹比它自己的足迹大许多，它知道沿着这条路走是找不到什么猎物的。

沿着右边那条支流走了半英里，它灵敏的耳朵捕捉到有牙齿咬东西的声音。它悄然潜行，发现一只豪猪正直立着身体在啃吃一棵树的树皮。它小心翼翼地靠近,但不抱什么希望。因为它在北方从未遇到过这种动物,一生中从未吃过这种肉。但是,它早就知道,总有一天会遇到这种东西,所以它继续慢慢地靠近。结果会怎样谁也说不准,因为要对付活的东西,事情往往是难以预料的。

那只豪猪蜷缩身体,滚成一个球,球上面布满了尖刺。独眼老狼年轻时曾接近过类似这样有刺的球,看上去一动不动,但刚把鼻子凑上去,那个球突然伸出尾巴,啪的打在它脸上。它赶紧逃离,但一根刺已经扎在它鼻子上,使它疼痛难忍,直到几个星期后才渐渐好起来。所以,它现在蹲伏在那里,离那只豪猪有一英尺远,以免它的尾巴打到它的鼻子。它就这样等着,一动不动、一声不响。它等着,或许那只豪猪会伸展开来,那时它会抓住机会,扑上去咬住它柔软的腹部。

但是,半小时后,它站了起来,愤怒地朝那只毫无动静的球吼叫,接着就走开了。这样等待一只蜷缩的豪猪伸展开来,对它来说太浪费时间。它继续沿着右边的那条支流搜寻。白天慢慢地过去,它一无所获。

但是,在已经被唤醒的父性本能的强烈催促下,它必须找到猎物。那天下午,它偶尔遇到了一只雷鸟。它走出一片灌木林时,发现那只呆头呆脑的鸟正和它面对面。那只鸟站在一根树桩上,离它不到一英尺远。它们相互都看到了。那只鸟一惊,飞了起来,但它纵身一跃,用前爪把它击落在地,然后猛扑过去。那只雷鸟还想逃跑,在雪地上奔跑并试图再飞起来,但已被它扑住。它的牙齿咬到了鲜嫩的肉和松脆的骨头。它自然就开始吃起来。这时,它想起来了,于是就叼起那只雷鸟,转身踏上了返回洞穴的路。

它像往日一样,迈着轻盈的天鹅步,像一道影子,警惕地掠过一路上陌生的景物。随后,就到了它一清早发现那些巨大足迹的那个地方。它追寻着那些足迹，打算到那条溪流的某个拐弯处去会会那个留下那些足迹的家伙。

它转过一块岩石的拐角，在那里，那条溪流不寻常地拐了个大弯，它的眼睛敏锐地发现有什么东西。于是，它迅速蹲伏。那就是留下那些足迹的那个家伙，一只硕大的雌山猫。就在它蹲伏的那一刻，它看见那只山猫也在迅速蹲伏，因为那只山猫前面有一只长满尖刺的球，也就是那只豪猪。如果说独眼老狼刚才还像一道影子，那么它现在简直成了一个幽灵，鬼鬼祟祟、无声无息地匍匐到了那只山猫和那只豪猪的下风处。

它趴在雪地上，把嘴里叼着的雷鸟放在一边，从云杉树低矮的枝叶间窥视着那只山猫的一举一动——就像那只山猫窥视着那只豪猪一样，意在猎杀。那是一场惊险的游戏，那是一种只有吃掉对方或者只有不被对方吃掉才能活命的生存方式。所以，独眼老狼趴在那里，扮演着它在游戏中的角色，等待着时机，使它能猎杀成功而活下去。那是它的生存方式。

半小时过去了，一小时过去了，什么也没有发生。那只长满尖刺的球简直就像一块石头，一动不动。那只山猫也像冰冻了一样，而独眼老狼简直就像死了。然而，这三只动物都紧张到了几近痛苦的境地，因为对它们来说，没有哪一刻比这形同化石的一刻更重要、更生死攸关了。

独眼老狼慢慢地移动，更为专注地窥视着。好像有动静。那只豪猪最终认定它的敌人已经离开，便慢慢地、谨慎地伸展开它那坚不可破的盔甲。没有遭到恐怖袭击。它慢慢地、慢慢地把尖刺伸展开来，身体从圆形变回了长形。独眼老狼正窥视着它，嘴里突然觉得很湿润。接着，因为看着这活生生的美味而兴奋不已，口水不知不觉流了下来。

那只豪猪还没有完全伸展身体，就发现有敌人。然而，就在这一刻，山猫已经发起攻击。攻击就像一道闪电。利爪就像魔掌一样，迅速地直刺豪猪柔软的腹部，接着马上收回。只要豪猪的身体完全伸展，而且在遭到攻击的一瞬间未发现敌人，山猫就能安全收回利爪。然而，这一次，就在它收回利爪时，豪猪的尾巴一甩，尖刺扎进了它的身体。

攻击和反攻击、豪猪的哀号、山猫的惊叫——所有这一切都发生在一瞬间。独眼老狼兴奋地抬起身体，竖起耳朵，伸直尾巴，紧张得有点颤抖。山猫因为性急而吃了苦头，于是它猛地扑向那个扎伤它的家伙。那只豪猪呢，一边哀号着，努力想把已被山猫刺破肚皮的身体再蜷缩成一个球，一边甩动尾巴，再次击中山猫。山猫再次受伤而惊叫。这之后，它退却了，而且打着喷嚏，因为它的鼻子上扎满了尖刺，看上去就像一只插满针头的坐垫。它用前掌拂拭鼻子，竭力想把那些火辣辣的尖刺拂掉。接着，它又把鼻子按在雪地上、树干上蹭。因为又痛、又怕、又恨，它还不停地前后蹦跳、左右翻滚，跌倒了爬起来，爬起来又跌倒。

它仍打着喷嚏。它那条短尾巴拼命地、急速地摇着。但是，它很快停止这种可笑的举动，镇静了下来。独眼老狼窥视着。当它看到山猫毫无预兆地突然蹦跳起来，还发出一连串可怕的惊叫时，它也不由得一阵惊恐，背上的毛都耸了起来。接着，山猫夺路而逃了，一路狂奔，一路惊叫。

直到山猫的惊叫声渐渐远去而且消失了，独眼老狼才大胆行动。它轻轻移动脚步，因为雪地上到处都是豪猪的尖刺，一不小心就会刺穿它柔软的脚掌。那只豪猪看见它走近，惊恐地狂叫起来，牙齿磕得咯咯作响。它再次想蜷缩成一个球，但它不能再像先前那样蜷缩得那么紧了，因为它的腹部受了伤，不仅多处撕破，还流着血。

独眼老狼吃了几口带血的雪，咀嚼着、品尝着，然后咽了下去。这是一道开胃菜，使它胃口大开。但是，它毕竟是一只老狼，不会放松警惕。它等待着。它蹲下身体，等待着，不管豪猪怎样狂叫、怎样磕牙，它只是蹲伏在那里，等待着。过了一会儿，它注意到豪猪身上的尖刺开始一根根倒下，而且浑身在颤抖。突然，颤抖停止了，恶狠狠的磕牙声也消失了。接着，所有的尖刺都倒下了，豪猪的身体变得软绵绵，而且一动也不动了。

这时，独眼老狼才战战兢兢地朝那只豪猪伸出前爪，把它的身体翻了过来。什么事也没有。它确实死了。但是，独眼老狼还是琢磨了好一阵子，才用牙齿小心翼翼地把它咬住，然后侧过身体，以免碰到它身上的尖刺，半叼半拖，把豪猪慢慢拖离那条溪流。这时，它想起了什么事，放下豪猪，回头跑到它刚才放下雷鸟的地方。它一刻也不会迟疑。它清楚地知道自己该怎么做。它随即就把雷鸟吃了，然后再回来取它的大猎物。

它拖着这天的收获，回到洞穴。母狼查看猎物后，伸出尖嘴，亲昵地舔了舔它的脖子。但是，紧接着，母狼就用一声吠叫把它从一只小灰狼身边赶开。尽管如此，母狼的吠叫毕竟不像以前那样凶狠了，与其说是警告，不如说是规劝。看来，母狼产子后对公狼的本能恐惧已有所缓解了。独眼老狼是个慈爱的狼父亲，没有想把自己刚出生的孩子一口吃掉的邪恶念头。

三

那只小灰狼和它的哥哥姐姐都不一样。它的哥哥姐姐显然都像母亲——像那只母狼，毛色是微微发红的——只有它，继承了父亲的灰毛色。它是这窝小狼中唯一的一只小灰狼,具有纯正的灰狼血统——就是在形体上,它也酷似独眼老狼。只有一点不像:它父亲是独眼,它是双眼俱全的。

小灰狼的眼睛睁开还没多长时间,但它已经能看得清楚。在它当初还没睁开眼睛时,它已经有了触觉、味觉和嗅觉。它知道它有两个哥哥和两个姐姐。它已经开始笨拙而胆怯地和它们一起玩耍,甚至打闹,而且在打闹时还会从小小的喉咙里发出一种奇怪而粗重的声音(最初的咆哮声)。它早在睁开眼睛之前就凭着触觉、味觉和嗅觉感知到了母亲——感知到了母亲的温暖、乳汁和柔情。母亲爱抚它时,总是用柔软的舌头舔它小小的身体,让它偎依在自己身边安然入睡。

小灰狼出生后的第一个月,大部分时间就是在这样的睡眠中度过的。但现在,它已经能清楚地看到东西,醒着的时间已越来越长,开始感知它周围的世界。它的世界是昏暗的,但它并不知道,因为它从未见过别的世界。这里光线暗淡,但它的眼睛已经适应,因为它从未到过光亮的地方。它的世界很小,仅限于洞穴的四壁之间,但它并不知道外面的广阔世界,因而它对自己所在的狭小空间并不感到压抑。

不过,它很早就发现,四堵墙壁中间有一堵墙壁和其余三堵不一样。那是洞穴的出入口和光线照进来的地方。它还发现,在它浑然不知任何东西之前,这堵墙壁就和其余三堵墙壁不一样。这堵墙壁甚至在它还未睁开眼睛看到它之前,就已经具有某种不可抗拒的吸引力。因为来自那里的光亮曾照在它紧闭的眼睑上,它的眼球和视神经曾感受到一种火苗般闪烁的光亮,很温暖、很奇妙。对这种光亮,它全身心——它的肉体和它的灵魂——都渴望至极。它就如植物一样,因为奇妙的化学作用而渴求阳光。

最初，在它还没有意识之前，它就会爬到洞穴的出口处。这一点，它的哥哥和姐姐也一样。在那段时间里，它们是绝对不会爬到后墙那边的阴暗处去的。它们就像植物一样受到光的吸引，因为构成生命的化学物质需要光，而且是必需的。所以，它们小小的木偶般的身体会像葡萄藤一样自动地、化学反应似的爬向有光的地方。稍后，它们有了个性，有了个体意识和个体欲望，光对它们的吸引力更加强烈。它们总是朝着有光亮的地方爬，以至于它们的母亲不得不把它们赶回去。

小灰狼由此知道，母亲除了用柔软的舌头舔它，还会对它做其他事。当它朝着有光亮的地方吃力地爬过去时，它发现母亲总是用灵敏的鼻子挡住它，好像在斥责它。后来，它又发现母亲会用锋利的爪子摁住它，甚至会猛然一击，打得它连连翻滚，回到了原地。由此，它知道了疼痛。接着，它又懂得了如何避免疼痛。首先，不要引来疼痛。其次，如果引来了疼痛，要躲避和退却。这是它的有意识行为，是它对世界的最初认识。在此之前，在它本能地爬向光亮处时，它还只是本能地躲避疼痛。现在，它是有意识躲避疼痛，因为它知道，那是疼痛。

它是一只凶猛的小狼。它的哥哥姐姐也是如此。这是可想而知的。因为它是一只食肉动物。它生来就是掠杀者和肉食者。它的父母都完全以肉食为生。它一生下来所吃的奶就是直接从肉转化而来的。现在它一个月大，睁开眼睛才一个星期，就已经开始吃肉——吃它母亲半消化后呕出来的肉，因为它母亲的乳房已经无法满足这么大五只小狼的需要了。

此外，它是这窝小狼中最凶猛的。它比其他小狼更能发出粗野的吼声。它发起脾气来也比其他几只小狼——它的哥哥姐姐——更可怕。在它们中间，是它第一个学会用爪子拍打其他几只小狼，是它第一个学会咬住其他几只小狼的耳朵，一边拖，一边从紧咬的牙齿缝里发出低沉的吼声。毫无疑问，在它母亲不让它们爬到洞口去时，也是它，最使它母亲烦心。

光亮对小灰狼的诱惑一天比一天强烈。它总是冒险爬到离洞口一码远的地方，但每次都被赶了回来。它不知道那只是一个出口而已。它不知道什么是出口——不知道那是从一个地方到另一个地方的通道。它不知道还有另一个地方，要到那里去其实很容易。因而，对它来说，洞穴的出入口也是一堵墙，一堵发出亮光的墙。就像外面的世界有太阳，在它的世界里，这堵墙就是太阳。就像烛光吸引飞蛾，这堵墙吸引着它。它竭力想靠近它。在它体内迅速增长的活力驱使它一次次爬向这堵发出亮光的墙。在它体内开始活跃的生命力使它知道这是一个出口，而且是它注定要从那里走出去的一个出口。但是，它还不真正了解这个出口。它对外面的世界还一无所知。

关于这堵发出亮光的墙，有一件事很奇怪。它父亲（它已经逐渐承认它父亲和它母亲一样也住在这里，这个带肉回来、总是睡在这堵发出亮光的墙旁边的家伙）好像能直接走进这堵发出亮光的墙，而且马上会不见了。对此，小灰狼还弄不明白。虽然它母亲从不允许它接近这堵墙，但它接近过其他几堵墙，结果都是它柔嫩的鼻子撞在坚硬的物体上。这也是疼痛。它试过几次都一样，最后只好离那几堵墙远点。它没有多想，以为只有它父亲才会消失在这堵发出亮光的墙里面，就像只有它母亲才会给它吃奶和半消化的肉[①]。

实际上，小灰狼并没有思考能力——至少，没有人类那样的思考习惯。它的头脑是以模糊方式运作的，但它得出的结论却像人类

[①] 野生幼狼断奶后有一段时间以吃母狼的呕吐物为生，真正的"哺育"。

一样清晰明了。它自有一种认识事物的方式,但从不问为什么。实际上,这是一种归类法。它从不费心去想,一件事为什么会发生。对它来说,只要知道事情是怎样发生的,就可以了。因此,当它的鼻子在墙上撞了几次后,它知道自己是不能走到墙里面去的。同时,它又知道它父亲是能走到墙里面去的。但是,为什么它和它父亲会不一样,它却一点也不想知道。它的智力结构中没有逻辑学和物理学成分。

和大多数野生动物一样,它从小就要忍饥挨饿。有时,不仅没有肉吃,甚至连母亲乳房里的乳汁也没有了。起初,小狼们呜咽哀嚎,但大多情况下是睡着了。后来没过多久,它们就饿昏了。它们不再打闹,不再发脾气,不再吼叫,也不再想爬到那堵发出亮光的墙那边去了。它们昏睡不醒。它们的生命之火在摇曳,眼看就要熄灭。

对此,独眼老狼很绝望。它在已经变得凄惨之极的洞穴里只睡很少时间,整天忙于捕猎。母狼也顾不得小狼了,也出去寻找猎物。在小狼刚出生时,独眼老狼就曾好几次不得不到印第安人的营地里去偷盗陷阱里的野兔。但是,随着冰雪融化、河流解冻,印第安人的营地迁走了,这样的食物来源也中断了。

这样,当小灰狼终于从昏睡中醒过来并对那堵发出亮光的墙再度产生兴趣时,它发现,它所在的这个世界同类大减。只剩下一个姐姐,其余的哥哥和姐姐都不见了。而当它恢复得稍强壮一点时,它又发现,自己只能独自玩耍了,因为它仅剩的一个姐姐总是一动不动,连头也不抬一下。它现在因为有肉吃,小小的身躯开始变得圆了,但对它姐姐来说,食物来得太晚了。它昏睡后,醒不过来了,皮包骨头的身体里,生命之火越来越暗淡——最后,熄灭了。

这之后过了一段时间,小灰狼不再看见父亲从那堵发出亮光的墙里出来,不再看见父亲睡在那堵发出亮光的墙旁边。这是第二次还不算太严重的饥荒结束时发生的事情。母狼知道独眼老狼为什么不再回来。但是,它没法把它知道的事情告诉小灰狼。它外出捕猎时,走到了山猫所在的那条溪流的左边支流旁边。就在那儿,它看到独眼老狼一天前留下的脚印。它跟着脚印一路寻找,最后找到了独眼老狼——或者说,找到了独眼老狼的骸骨。那儿还留有许多痕迹,表明曾有一场恶斗。显然,山猫赢了,而且已经回去了。于是,它找到了山猫的巢穴。种种迹象表明,山猫就在巢穴里,但它不敢冒险进去,也只好回去了。

从那以后,母狼在捕猎时总是避开左边那条支流。因为它不仅知道山猫的巢穴里有一窝小山猫,还知道山猫是一种极凶残、极好斗、极可怕的动物。如果是五六只狼,那当然能把一只山猫追得只好爬到树上耸起背毛哇哇叫。但是,如果是一只狼遇到一只山猫——尤其是明知道这只山猫正喂养着一窝饥饿的小山猫——那就是另一回事了。

是的,荒野就是荒野,母性就是母性,不论何时何地,母性的强烈保护欲都是一样的。所以,为了小灰狼,母狼迟早会不惜一搏,迟早会沿着左边那条支流再次找到岩石间的那个巢穴,去挑战那只残暴的母山猫。

四

随着母亲开始外出捕猎,小灰狼懂得了不可独自靠近洞穴出口的法律。这法律是它母亲多次用鼻子和爪子强迫它接受的。与此同时,它内心的恐惧本能也日益表现出来。它在短暂的洞穴生活中从未遇到过可怕的事情,但它内心充满了恐惧感。这种恐惧感是从它的远古祖先那里一代代传下来的,虽然是由独眼老狼和母狼直接遗传给它,但对于独眼老狼和母狼来说,这是从祖祖辈辈无数野狼那里遗传而来的。恐惧!——荒野的遗赠,也许是任何动物无法逃避也无法改变的。

所以,小灰狼虽然不知道恐惧从何而来,但它知道恐惧。也许,恐惧对它来说是一种生存限制,而它对此已有所感悟。他知道饥饿,当它无法消除饥饿时,就感悟到了这种限制。洞穴中坚硬的墙壁、母亲用鼻子对它的推搡、用爪子对它的拍打,还有好几次难以忍受的饥饿,这些都使它感悟到这个世界并不是什么都放任自由的。生存要受到种种限制。这些限制就是法律。服从这些法律,就能不受伤害,就能快活。

不过,它并没有像人类一样思考这个问题。它只是分出哪些事物是有害的,哪些事物是无害的。这之后,为了满足生存的需要,它总是避开有害的、受限制的事物。

就这样,它服从母亲制定的法律,服从天生而莫名的恐惧感,远离洞穴的出口。那地方对它来说仍是一堵发出亮光的墙。当母亲不在时,它大多数时间是在睡觉。其间,醒着的时候,它也非常安静,尽力不让自己的喉咙里和鼻子里发出叫声和喘息声。

有一次,当它躺着醒来时,听到那堵发出亮光的墙里传出一种奇怪的声音。它不知道,那是一只狼獾,正在洞穴外面战战兢兢地用鼻子嗅着,往里窥探。小灰狼只觉得这种鼻息声很奇怪,分不出是有害的,还是无害的,所以是未知的、可怕的——因为未知是导致恐惧的一个主要因素。

小灰狼的背毛顿时耸了起来,那是无声无息的。它为什么听到这种鼻息声会耸起背上的毛?这不是它生来就有所知晓的,而是它内心恐惧感的自然表现。也就是说,它生来不会计算、不会谋划,只靠本能反应。不过,恐惧本能总伴随着另一种本能——隐蔽本能。小灰狼感到一阵恐惧,但它躺着,没有发出一点声音,就像冰冻了,一动不动,就像死了。此时,它母亲正在返回途中,嗅到狼獾的踪迹后,咆哮着赶了回来,一头冲进洞穴,关切地用力吻它、舔它。小灰狼觉得自己总算逃过了一场劫难。

不过,另一些力量也在小灰狼身上起作用。其中最强大的力量就是成长。本能和法律要求它服从,但成长却要求它不服从。它母亲和它的恐惧感迫使它远离那堵发出亮光的墙,成长却意味着生命力。生命力需要光,这是必然的。现在,生命力就像潮水一样在它身上、在它每一次吞咽和每一次呼吸中涌现,而且是不可阻挡的。所以,终于有一天,生命力胜过了恐惧和服从,小灰狼一步一步地爬向了洞穴的出口处。

当它爬到那堵发出亮光的墙前面时,它发现那堵墙和其他几堵他曾试探过的墙不一样,它往前爬,那堵墙会往后退。它伸出小小的鼻子去触碰它,却没有碰到坚硬的墙面。那堵墙好像是用透明的白光砌成的。而且,在它看来,那堵墙里面和外面好像没有什么区别。于是,它就爬了进去,爬到了砌成那堵墙的那种东西里面。

真是奇怪,它越是往前爬,光越亮。这时,恐惧感促使它后退,但成长力又推动它向前。突然,它发现自己爬到了洞口,那堵墙好像一下子变得很大很大,大得看不到边。光也变得很亮很亮,亮得它头昏目眩。不过,它的眼睛会自动调节,很快就看清了远处和近处的东西。它刚才觉得,那堵墙不见了,现在它又看到了那堵墙,但在很远的地方,而且,那堵墙的颜色也变了,变成了一堵彩色的墙,而砌成这堵墙的东西,是溪流和树木,还有比溪流和树木还要大的山丘,以及悬在山丘之上的天空。

它感到一阵恐惧。这是更可怕的未知的东西!它蜷缩在洞口,望着这个世界。它害怕至极,因为这是充满敌意的未知世界。所以,它背脊上的毛全都耸了起来,而且龇牙咧嘴,想要发出一声恶狠狠的吼叫。它既弱小又惊恐,但它要挑战这个大得无边无际的世界。

但是,这个世界什么反应也没有。它瞪着双眼专注地望着这个世界,忘记了吼叫,忘记了恐惧。因为,在这时,恐惧感被成长压倒了,而成长总是表现为好奇。它开始关注眼前的事物——阳光下,有一条宽阔的河流波光粼粼;堤岸上,有一棵枯萎的松树毅然挺立。至于那个堤岸,由下往上升高,一直升到离它所在的洞口两英尺的地方,有一小块平地。

现在,小灰狼整天都在这一小块平地上。它没有从堤岸上跌落下去。因为它根本不知道什么是跌落。所以,当它有一次无知地把前脚踩到空地边缘外面去时,它的后腿拖不住它的身体,它头朝下跌落了。它的鼻子重重地撞到堤岸上。它一声惨叫,从堤岸上翻滚下去。它害怕极了。那未知的东西终于抓住它了,野蛮地把它抓在手里,使它感到可怕的疼痛。这时,成长又被恐惧感压倒了。它害怕得就像受惊的幼犬一样咿呀乱叫。

它不知道那未知的东西是怎样可怕地使它感到疼痛的,只知道呀呀乱叫。这种恐惧感和那种因为那未知的东西潜藏在附近而使它蜷缩得一动不动时的恐惧感是不一样的。现在,那未知的东西已经把它紧紧抓在手里。这时蜷缩得一动不动是没有用的。再说,它现在感觉到的不是恐惧,而是恐怖。

还好,那堤岸渐渐变平缓了,上面还长满青草。这减小了小灰狼身体的惯冲力。最后,它停了下来,发出一声长长的哀嚎,接着又痛苦地呜咽起来。接着,不用说,它像平时舔自己的皮毛一样,把沾在身上的泥土舔掉了。

这之后，它站起来，朝四处张望，那样子看上去像第一个登陆火星的人。现在，它已冲破了那堵世界之墙，那未知的东西已经不再抓住它了，它也不再感到那么疼痛了。但是，这个世界对它来说是完全陌生的，也许比第一个登陆火星的人还要感到陌生。它对这个世界一无所知，也没有任何人告诉过它任何事情。它发现自己成了一个陌生世界里的探险者。

现在，那可怕的未知的东西已经放开了它，它也就忘记了那未知的东西有多么恐怖。它只是觉得周围的一切都那么新奇。它低头看看脚下的青草和旁边的苔藓、浆果，再抬头看看那块空地边上的那棵枯萎的松树。一只松鼠从树上跳下，朝它跑来，把它吓了一跳。它往后一退，发出一声惊叫。那只松鼠同样紧张，嗖地又蹿到树上去了，而且一到安全的地方，就对它放肆地尖叫。

这反而使小灰狼有了点胆量，因而它尽管又被啄木鸟吓了一跳，它还是自信地往前走。正因为自信，当一只灰噪鸦大胆地跳到它面前时，它还伸出前爪好玩地撩了一下。结果，鼻子被灰噪鸦狠狠地啄了一下，吓得它一边退缩，一边呀呀叫。好在它的叫声对灰噪鸦来说实在太可怕，所以灰噪鸦翅膀一拍，逃跑了。

不过，小灰狼正在学习。在它混沌的小脑袋里，事物已经被无意识地做了分类。有些东西是活的，有些东西是不活的。对活的东西，必须当心。因为不活的东西永远不会动，活的东西却会跑来跑去，而且会做出你想不到的事情来。对它们，你能预知的，就是它们不可预知。对此，必须有所准备。

它笨拙地往前走，偶尔会撞上树枝一类的东西。这一刻，它还以为一根树枝离它很远；但是，下一刻，不是它的鼻子撞在树枝上，就是它的肋骨蹭到了树枝。地面是高低不平的。它有时纵身一跳，鼻子会撞到地面。要不，就是自己后脚踢到了自己的前脚。有时，它还会不小心被一块石头绊倒。由此，它懂得了，就是不活的东西，也不像它们在洞穴里那样无害。此外，它还懂了，小的不活的东西，比大的不活的东西更容易把它绊倒。不过，小灰狼正是经过一次次的挫败而学会了很多东西。它能走得更远、走得更稳了。它不断做出自我调整。它学会了如何控制自己的肌肉运动，从而知道了自己的体力极限。同时，它还学会了如何目测物体之间距离，以及物体和它之间的距离。

它是个幸运的实习生。(尽管它并自知)它生来就是捕食者，而当它最初闯入世界之际，它就在洞穴外面撞上了猎物。那是因为它走路跌跌撞撞，偶然踩到了一个隐秘的松鸡窝。实际上，是它掉进了那个松鸡窝。当时，它正走在一棵倒下的松树干上，突然踩到一块腐烂的树皮，脚一滑，一声惊叫，从滚圆的树干上摔了下去。它重重地摔在枯叶地上，而那枯叶下面，正藏着七只小松鸡。

小松鸡唧唧乱叫，它一时惊呆了。但是，它马上发现那些小松鸡都很小，它的胆子就大了。它见小松鸡都蠕动着，就用前掌按住了一只。那只小松鸡拼命挣扎，这使它顿时兴奋起来。它嗅了一下那只小松鸡，然后一口把它咬住。那只小松鸡还在挣扎，蹭得它的舌头发痒。这时，它突然有一种饥饿感。于是，它的上下颚用力一咬，小松鸡脆弱的骨头发出咔嚓的断裂声，一股温热的鲜血流进了它的咽喉。小松鸡的味道真不错。是的，这是肉，和它母亲呕给它吃的东西是一样的。有所不同是，它现在吃的是活的肉，味道更好。于是，它把整只小松鸡都吃了。但是，它并没有就此罢休，而是把这一窝小松鸡全都吃了。然后，它像它母亲一样，舔着嘴，开始从松鸡窝里爬出来。

突然，它遇到一阵羽毛拍出来的风。它茫然不知这风有多急，这翅膀的拍击有多愤怒。它用前脚捂住头，惊恐地呀呀叫。风越来越大。暴怒的母松鸡猛拍着翅膀。这时,它也愤怒了。它站起来,嚎叫着,挥舞着爪子。它一口咬住母松鸡的一只翅膀,用力拖拉和撕扯。母松鸡挣扎着,用另一只翅膀拼命拍打它。这是小灰狼的第一场战斗。它斗志昂扬。它把所有关于未知的东西的恐惧统统置之脑后。它无所畏惧,正在和一种活的东西搏斗,因为这种活的东西正在攻击它。再说,这活的东西就是肉。它充满了杀戮的欲望。它刚刚吞食了一些小的活的东西,现在它要吞食一种大的活的东西。它太激动、太兴奋了,以至于连它也不知道它有多么兴奋。它全身颤动、热血沸腾。这是它从未有过的状态。这种状态对它来说,比它以往有过的任何一种状态都重要。

它紧紧咬住母松鸡的翅膀,并从齿缝里发出怒吼声。母松鸡把它从松鸡窝里拖了出来。而当母松鸡转过身想把它再拖回松鸡窝时,它奋力把母松鸡拖到了一块空地上。在这过程中,母松鸡一直在尖叫,在拼命拍动另一只翅膀,羽毛像雪花一样抖落下来。这大大刺激了小灰狼,把它天生的嗜血本性全都激发了出来。这就是生存,尽管它并不自知,但它正在领会它来到这个世界上将意味着什么。它正在做它注定要做的事情——为肉食而猎杀。它正在证明它的存在,这对于生存来说是最为重要的。因为只有当它把自己所能做的事情做到极致时,它才能达到生存的最高境界。

过了一会儿,母松鸡停止了挣扎。它依然咬着母松鸡的翅膀。它们同时倒在地上,相互对视着。它尽力发出狠毒的吼声,威胁母松鸡。母松鸡狠狠地啄它的鼻子。这不像先前的那些动作,使它很难对付。它缩了一下,但仍咬着不放。母松鸡啄了一次又一次。它缩了一次又一次,而且一次又一次痛得叫出声。它竭力想往后退,但事情明摆着,它正咬着母松鸡,不可能远离母松鸡的喙。所以,雨点般的一阵乱啄,使它的鼻子倍受凌辱。这时,它的热血冷却了,它的斗志消退了。它放开猎物,转过身,灰溜溜地逃到了空地边上。

它在空地边上趴下歇息,那地方紧挨着灌木丛。它吐着舌头,喘着粗气,胸脯一起一伏,鼻子疼痛难忍,痛得它呜咽不停。但是,正当它趴着时,它突然感到一阵恐惧,好像有什么东西在逼近,而随着他本能地感到有可怕的未知的东西正向它袭来,它本能地躲进了灌木丛。就在这时,它只觉得突然有一阵风刮过,同时有一对巨大的翅膀不祥地、无声地从它头上掠过。一只鹰从空中俯冲而下,差一点把它掳走。

它蹲伏在灌木丛中,从惊骇中恢复过来,心有余悸地朝外张望。只见空地那边,母松鸡正从已被捣毁的松鸡窝里出来。因为失去了孩子,母松鸡神情恍惚,没注意到空中有一对翅膀正闪电般袭来。但是,小灰狼看到了,而且得到了一次警告,上了生动的一课——那只鹰俯冲而下,紧贴地面一掠而过,鹰爪已插入母松鸡体内。随着母松鸡一声惨叫,鹰翅一拍,母松鸡已被掳到了空中。

小灰狼在灌木丛中躲了很长时间才离开。它学到了很多东西。首先,活的东西就是肉,是很好吃的。其次,活的东西如果很大,那会带来疼痛。所以,最好还是吃小的像小松鸡这样的活的东西,像母松鸡这样大的活的东西,应该放弃。但是,它还是心有不甘,还是想和母松鸡较量较量——只可惜,那只母松鸡被鹰掳走了。也许,还有别的母松鸡。那就等着瞧吧!

它走下那道堤岸,来到那条河边上。它此前从未见过水。它站着的那个地方,好像不错,很平坦。于是,它就大胆地往前走,走到河里去了。紧接着,它就害怕得叫了起来,因为那种未知的东西把它全身都包裹住了。那是一种冰冷冰冷的东西,会使它呼吸困难,喘不过气来。它本来一直呼吸的是空气,现在是水进入了它的肺。它感到窒息，感到像死一样痛苦。对它来说，这意味着死亡。它并没有死亡意识，但它像所有野生动物一样，对死亡有一种直觉。在它看来，死亡代表了最大的疼痛。这是未知的东西的本质所在。这是未知的东西的恐怖总和。一旦碰到这种东西，就是一场不可想象的终极大灾难，而关于这种东西，它虽一无所知，但却充满恐惧。

它把头探出水面，大口吸着甜美的空气。它不再把头沉到水里，而是像早就习惯了似的摆动四条腿，开始游泳。它离开河岸只有一码远，但它是背着河岸走进水里的，因而当它探出水面时，看到的是河的对岸，所以它随即朝那里游去。这虽是条小河，但最宽处仍有二十英尺宽。

它游到河中央时，被水流冲向了河的下游。冲到激流处，一个漩涡把它卷到了河底。这时，它简直没法游泳。上游平静的河水在这儿突然变得很汹涌。它时而在下，时而在上，一时间随着激流上下翻滚，一次次地撞在岩石上。每次撞到岩石，它都惨叫一声。而它的惨叫声几乎是连续不断的，由此可以推测，它撞到岩石的次数之多。

过了狭窄的激流处，是又一个宽流段。在这儿，平缓的水流把它推送到了岸边，就像把沙石推送到河滩上一样。它拼命爬出清澈的河水，躺在河岸上。关于这个世界，它又学到了一些东西。首先，水不是活的，但是会动。其次，水看上去像地面一样平整，实际上一点也不坚固。所以，它的结论是，看东西永远不能看它们的表面。它对未知的东西的恐惧本是一种遗传性的多疑倾向，现在由它的亲身经历得到了加强。从此之后，它对任何东西的表面都会保持长时间的怀疑。它要真正了解了某种东西之后，才会相信这种东西。

那天，对它来说，必定还有另一次历险。它想起这个世界上还有母亲这样一种东西。于是，它有一种感觉，觉得它对母亲的需要胜过世界上任何东西。它的身体由于刚才几次历险已经很疲惫。不仅如此，它的小脑袋也同样疲惫。它活了那么多天，从来没像这一天那么艰难。过了一会儿，它就昏昏欲睡了。于是，它开始寻找自己的洞穴和母亲，同时有一种强烈的孤独感和无助感。

它正行走在灌木丛中。这时，它听到一声恐怖的尖叫，还有一道黄色的光在眼前一闪而过。它看见一只母黄鼠狼从它脚前嗖地蹿走了。这是一种小的活的东西，它不用害怕。接着，它又看见脚前有一种极小的活的东西，只有几英寸长，原来是一只像它一样擅自出来历险的小黄鼠狼。那只小黄鼠狼想从它脚前逃走。它用前爪把它翻了过来。小黄鼠狼吱吱乱叫。但是，紧接着，那道黄色的光又在它眼前一闪。它又听到一声恐怖的尖叫。就在这时，它的脖子一侧受到狠狠的一击，它感觉到那只母黄鼠狼的尖牙咬到了它脖子上的肉。

它哇呀一声，连连后退。这时，它看见那只母黄鼠狼跳到小黄鼠狼身边，然后和小黄鼠狼一起消失在附近的灌木丛中。母黄鼠狼留在它脖子上的伤口固然是疼痛，但它感情上的疼痛比这更加严重。它蹲了下来，虚弱地哀嚎。那只母黄鼠狼那么小，竟然那么凶！因为它还不知道，黄鼠狼虽小，却是荒野上最凶残、最恶毒、最可怕的杀手。不过，这种知识它很快就有了。

当小灰狼还在哀嚎时，那只母黄鼠狼又出现了。它没有朝小灰狼冲来，因为小黄鼠狼现在已经安全了。它小心翼翼地接近小灰狼，使得小灰狼有充分的机会观察到它像蛇一样细长的身体，观察到它那副昂起头、怒目而视的样子也像蛇一样。母黄鼠狼发出威胁的尖叫声，这使小灰狼耸起背毛向它发出警告的吼叫声。它越来越近。接着，它纵身一跃，速度之快，比小灰狼未受过锻炼的眼光还快，只觉得它那细长、黄色的身体突然不见了。但是，下一秒，它已经在小灰狼的脖子另一边，而且已经用它的尖牙咬住了小灰狼的脖子。

小灰狼一开始就吼叫着奋力反抗，但它年纪太小，又是第一天进入这个世界，它的吼叫变成了哀嚎，它的反抗变成了求饶。但是，母黄鼠狼是不会放过它的。它趴在它身上，牙齿死命地往下咬，一直咬到它性命攸关的大血管。要知道，黄鼠狼是嗜血成性的动物，特别喜欢吸食从活物颈部流出的鲜血。

要不是母狼及时从灌木丛中冲出来，小灰狼肯定死了，关于它，我们也就没故事可讲了。母黄鼠狼见母狼冲过来，放开小灰狼，闪电般地扑向母狼的咽喉。但是，它出了差错，咬住的是母狼的下巴。母狼把头一甩，母黄鼠狼被高高地抛到空中。还没等它落下，母狼腾空一跃，一口咬住了它那细长、黄色的身体。接着，母黄鼠狼自己也知道，在嘎嘎作响的狼牙之下，它将粉身碎骨。

小灰狼感受到了母亲对它的另一种爱怜。母狼找到小灰狼，显然比小灰狼见到母狼还要高兴。它嗅着小灰狼，抚爱地舔着它身上被母黄鼠狼咬伤的地方。接着，母狼和小灰狼一起吃掉了那只嗜血的黄鼠狼。这之后，它们回洞穴睡觉去了。

五

小灰狼成长得很快。它休息了两天，就再次离开洞穴外出历险。在这次历险中，它发现了那只小黄鼠狼，而且用它母亲对待那只母黄鼠狼的方式处理掉了那只小黄鼠狼。不过，这次外出，它没有迷路。当它觉得疲惫时，它找到了回洞穴睡觉的路。这之后，它每天都要外出，而且所到的地方越来越远。

它还开始精确衡量自己的优点和弱点，而且知道了何时要大胆、何时要谨慎。它发现谨慎总是不会错的。所以，只有在极少数情况下，只有当它确信不会有任何问题时，它才敢大胆，才敢无所顾忌。

遇到迷路的松鸡时，它永远是一个易怒的小恶魔。对所有松鼠，它都抱有恶意，因为它第一次遇到的那只松鼠曾在那棵枯萎的松树上对它放肆地尖叫，而它一看到灰噪鸦，几乎总要大发雷霆，因为它不会忘记它第一次遇见的那只灰噪鸦啄过它的鼻子。

不过，有好几次，甚至灰噪鸦也没有打扰它。还有好几次，它觉得自己似乎会遭到其他掠食者攻击。它没有忘记那只鹰，所以它总是蹲着身体悄悄进入附近的灌木丛。它不再仰面躺下，也不再昂首阔步，因为它学会了它母亲的那种轻盈而诡秘的步法——这种步法既不费力，又能快速移动，隐秘而不易被发觉。

至于捕食，它一开始就很幸运。那七只小松鸡和那只小黄鼠狼就是它的猎杀成果。它的猎杀欲望与日俱增，特别是对那只松鼠，它一直耿耿于怀，因为那只松鼠一看到它就会吱吱乱叫，向所有动物通报它的到来。但是，就像鸟能飞到空中，松鼠能爬到树上。所以，要等那只松鼠在地面上时，它才能悄悄接近它。

小灰狼对母亲满怀敬意。它母亲不仅能捕到猎物，而且从来都会把它的一份带回来。此外，它母亲对什么东西都毫不畏惧。这个它还做不到，因为无所畏惧是要以经验和知识为后盾的。它现在得到的印象是，这就是力量，而它母亲，就代表了力量。因为当它长大一点后，不论是从母亲严厉的掌拍中，还是从母亲斥责它时的推搡和撕咬中，它都感受到了这种力量。这使它更加敬重母亲。它母亲强迫它服从，而且随着它越长越大，它母亲的脾气越来越粗暴。

饥荒再次降临,小灰狼再次承受饥饿的煎熬。母狼拖着瘦骨嶙峋的身体外出觅食。它很少留在洞穴里。它把大多数时间都用在觅食的路上,却还是徒劳。这次饥荒的时间虽不长,程度却很严重。小灰狼既得不到母亲乳房里的乳汁,也得不到母亲嘴里的一口肉。

此前,它去捕猎只是为了好玩,现在它拼命去找猎物仍一无所获。不过,失败有助于成长。它更加认真地注意松鼠的习性,从而更加灵巧、更加出其不意地偷袭松鼠。它还密切关注木鼠,接着就把木鼠从它们的洞穴里挖了出来。它对灰噪鸦和啄木鸟的活动情况也有了更多了解。终于有一天,它跟踪那只鹰的身影,悄悄进入了灌木丛。它现在已经强壮、聪明、自信多了。再说,它准备豁出去了。所以,它蹲坐在一块空地上,很显眼。它是有意招引那只鹰从空中俯冲下来。因为它知道,它的辘辘饥肠所渴望的肉,就在空中,就在它头顶上飞。然而,那只鹰没有俯冲下来和它一决生死。它只好慢慢爬回灌木丛,在那里绝望地发出饥饿的哀嚎。

饥荒暂时中止了。母狼带回了猎物。那是很奇怪的猎物,和母狼以前带回来的猎物不一样。那是一只和小灰狼一样还未成年的小山猫,但没有它那么大。整只小山猫都是给它吃的,它母亲已经在别的地方解决了饥饿。它当然不会知道这是它母亲在山猫窝里吃剩下来的一只小山猫。它也不会知道它母亲曾怎样拼命地搏斗。它只知道那只毛茸茸的小山猫是肉,于是就吃了,而且每一口都吃得很快活。

吃饱了不想动,小灰狼躺在洞穴里,紧挨着母狼睡着了。突然,它被母狼的叫声惊醒了。它从未听到过母狼这样可怕的叫声。是的,可能在母狼的一生中,这是它发出的最可怕的叫声。而其原因,只有母狼自己最清楚。它洗劫山猫巢穴是要招来报复的。小灰狼此时跑到了洞穴的入口处。在午后的阳光下,它看到了那只母山猫。它顿时毛骨悚然。这太可怕了，这甚至不需要它的本能来告诉它。因为它不仅看到了那只母山猫，还听到了入侵者愤怒的叫声，听到了一声咆哮和紧接着突然升高音调的尖叫声。这足以表明，事情有多可怕。

小灰狼感到内心一阵冲动，它勇敢地嚎叫着，站到了母狼身边。但是，母狼却把它挤到自己的身后，这使它很惭愧。母山猫没能直冲进来，因为洞穴的入口处很窄。等它用力挤进来，母狼马上跳起来把它扑倒了。小灰狼看不清这场搏斗，只听见可怕的咆哮声、急促的喘息声和刺耳的尖叫声。两只野兽扭打、翻滚。母山猫除了用牙齿咬，还用爪子抓，而母狼只用牙齿咬。

这时，小灰狼跳过去咬住母山猫的后腿。它喉咙里发出愤怒的吼声，牙齿紧紧咬住不放。凭它的体重，它至少妨碍了母山猫那条腿的活动，这使母狼减少了不少危险，但它不知道，只知道咬住母山猫的腿不放。一次剧烈翻滚，它们把它压在了下面，但它在竭力挣扎时仍没有松口。接着，两只母兽又突然分开，而就在它们再次扑向对方之际，母山猫伸出巨大的前爪猛力一拍，不仅抓破了小灰狼的肩膀，还把它甩到了一边。这样，激烈的搏斗声中又增加了小灰狼的哀嚎声。不过，这场搏斗的时间很长，足以让它哀嚎一阵之后再鼓起勇气。所以，就在打斗行将结束时，它再次咬住了母山猫的后腿，并从牙齿缝里发出愤怒的咆哮声。

母山猫死了。母狼受伤了。起初，它还爱怜地舔着小灰狼受伤的肩膀，后来终因为失血太多而虚脱了。整整一天一夜，它躺在仇敌的尸体旁边一动不动，几乎没了呼吸。后来一个星期，它没有离开洞穴，只出去喝过几次水，而且在这一星期里，它的动作缓慢而痛苦。这之后，母山猫被吃掉了，母狼的伤口渐渐愈合，又可以外出捕猎了。

小灰狼的肩膀又痛又僵硬。有一段时间，它只能忍着剧痛一拐一拐地行走。不过，世界好像变了。它现在行走在世界上已经有了更大信心，有了更大勇气，而在和母山猫的那场搏斗前，它还没有这样的信心和勇气。它看到了生存的严酷一面。它经历了生存之战。它吞食了仇敌的肉。它活了下来。正因为这样，它现在更大胆了，而且有一种过去未曾有过的傲气。它不再害怕小动物。至于那未知的东西，虽然仍使它觉得神秘而恐怖，不可捉摸而且相当危险，但它已不再那么胆怯了。

它开始和母亲一起去捕猎，除了看到许多猎杀的场景，还开始参与猎杀。它以它那种粗略的方式懂得了生存的法则。世上有两类动物——它自己的一类和另外的一类。它自己一类包括它母亲和它自己；另外一类包括所有其他动物。不过，另外一类还可分为两种：一种是它这一类动物的捕食对象，其中包括非捕食动物和小型捕食动物；另一种是和它这一类一样的捕食动物，它们有可能捕食它这一类动物，也可能被它这一类动物捕食。根据这种分类，就有了那个法则。既然捕食者只能以捕食为生，那就意味着有捕食者必有被捕食者，其中的法则就是：吃或者被吃。当然，它对这一法则既没有清晰的概念，也没有专门术语和理论依据。它甚至都没有思考过这一法则，而只是根据这一法则活着，根本就没有想过。

它发现，它身边的一切都遵循着这一法则。它吃了那些小松鸡。那只鹰吃了那只母松鸡。那只鹰也会吃它。等它长大后，变得更凶悍了，它也会吃那只鹰。它吃了那只小山猫。要是那只母山猫没有被杀、被吃掉，就会吃它。事情就是这样。这一法则，适用所有活的东西，活在它身边的，而它自身也是这一法则的一部分。它是猎杀者。它唯一的食物是肉，动物身上的肉。不管是地上跑的动物，还是天上飞的动物，不管是爬在树上的动物，还是藏在地下的动物，甚至是敢于和它搏斗，甚至有可能战胜它的动物，只要是动物，它们身上的肉就是它的食物。

如果小灰狼能像人一样思考，很可能会想，生活就是一顿大餐，世界就是一个大餐厅——在那里，不是追杀就是被杀，不是猎获就是被猎，不是吃就是被吃。一切都是不确定的、盲目的，暴虐而无序。到处都是相互残杀、相互吞食，没有情义、没有法纪，而且永无止境。

然而，小灰狼并不像人一样思考。它对待生活不会思前顾后。它只有一个目标，而且在一个时间里只有一种想法、一种意图。除了肉的法则，它还要懂得和服从其他许多次要法则。世界充满了意外。对它来说，内在活力的涌动和外部肌肉的展示就是无上的幸福。追杀猎物的体验紧张而兴奋。暴怒和搏斗带来极大快感。至于恐惧，还有那未知的东西的神秘，使它的生活更加刺激。

当然，它也有舒适满足的时候。吃饱了，懒洋洋地在太阳底下打瞌睡——这种时候，是对它所经历的危险而奋激时刻的充分回报，虽然它所经历的危险而奋激时刻本身就是它的自我回报。因为那是生命力的表现，而只要生命力得到表现，那就是幸福。所以，对充满敌意的环境，小灰狼毫无怨言。它很有活力，很幸福，而且很自豪。

第三章 野性之神

一

小灰狼突然遇到了一件事。这是它自己的错。它太不小心了。它离开洞穴到河边去喝水。也许,是它没有注意到,因为它睡意蒙眬(它一整夜都在捕猎,现在刚刚睡醒的)。还有,它之所以不加小心是因为它对河边的路太熟悉了。它经常到那里去,从未发生过什么事。

它走过那棵枯萎的松树,穿过那块空地,快步走进几棵树中间。这时,它好像看到了什么,嗅到了什么。就它前面,那里有五个活的东西正盘腿坐着,而这种活东西,它过去从未见过。这是它第一次看见人。但是,它看见那五个人既没有跳起来,也没有龇牙咧嘴、大声吠叫。他们动也没动,就那么坐着,安静而不祥。

小灰狼也没动。要不是它内心第一次突然产生另一种相反的直觉,它本有的每一种直觉都会促使它拔腿就跑。但是,它被一种强烈的敬畏感怔住了。它一动不动,只觉得自己很无能、很渺小。那才是主宰和强大,那种和它远远相望的东西。

小灰狼从未见过人,但它有一种和人有关的直觉。它朦朦胧胧地知道,人也是一种动物,但这种动物战胜了所有其他的野生动物。现在,小灰狼正望着人——它不仅用它自己的眼睛,同时也用它世代祖先的眼睛，用那些曾在无数个冬夜里窥视过营地篝火的眼睛，隔着一段安全距离，从浓密的树丛里窥视着这些凌驾于所有动物之上的两腿动物。在它身上，遗传了世代的魔咒，遗传了它的祖先在数百年来和人的抗争中所产生的恐惧感和敬畏感。这种遗传性哪怕在一只幼狼身上也是强有力的。如果它已成年，它会逃跑。但是，现在的情况是，它害怕得瘫倒在地上，这似乎表明它服从了。因为自从第一只狼蹲在人类的篝火前取暖的那一刻起，它的同类已经纷纷服从于人类了。

一个印第安人起身朝它走来，高高地站在它面前。它趴在那儿，紧贴着地面。那人就是那未知的东西，现在终于出现了，不仅是有血有肉的，还俯下身想一把抓住了它。它害怕得毛骨悚然，咧着嘴，露出了小小的白牙。那只手迟疑了一下，像厄运一样悬在它上方，只听见那人笑着说："瓦巴姆-瓦比斯卡-伊皮塔！"（印第安语："看这些白牙！"）

其他几个印第安人哈哈大笑，叫那人快把小灰狼抓住。当那只手越来越近时，小灰狼的两种本能发生了激烈的冲突。它同时有两种强烈冲动——既想服从又想反抗。最后它做出了折中的举动——既服从又反抗。当那只手要接触到它时，它服从了。接着，它又反抗，突然张嘴在那只手上咬了一口。但是，马上，就有狠狠的一巴掌打在它脑袋的一侧，打得它翻倒在地。于是，它不敢反抗了。它的幼弱和服从本能决定了它只能这样。它爬起来，蹲坐着，呜呜地哀叫。但是，那只被它咬了一口的手好像怒火不止，又有狠狠的一巴掌打在它脑袋的另一侧。这一次，它蹲着没有翻倒，但呜呜地哀叫得更响。

那四个印第安人也笑得更响，甚至那个被咬的人也笑了。他们围在恐惧而痛苦地哀叫着的小灰狼旁边，对着它哈哈大笑。这时，小灰狼听到了什么声音，印第安人也听到了。但是，小灰狼知道那是什么，所以，它发出一声长长的、与其说是痛苦不如说是胜利的呼叫后就不响了，因为它不再害怕，在等着母亲的到来，等着勇猛无畏、敢于搏杀所有动物的母亲的到来。此时，母狼正怒吼着一路狂奔，因为它听到了小灰狼的呼叫，正在赶来救它。

母狼跳到那几人中间，那种急躁和好斗的样子使它成了一位最勇敢的母亲。不过，对小灰狼来说，母狼为保护它而发怒只使它感到安心。它高兴地轻轻叫了一声，快步奔向母狼，因为那几个人惊慌地后退了几步。母狼站在小灰狼身边，对着那几个人耸起背脊上的毛，喉咙里发出低沉的吼声。它的整个脸都扭曲了，样子凶狠之极，特别是当它张口咆哮时，从鼻尖到眼睛，整个鼻梁的皮毛都会可怕地皱起来。

这时，那几个人中的一个突然发出一声喊叫。"吉琪！"他这样喊叫。这是一声意外的惊呼。小灰狼觉得母亲一听到这叫声就开始畏缩了。

"吉琪！"那人又叫了一声，这次是一道严厉的命令。

接着，小灰狼就看见它母亲，它勇猛无畏的母狼，趴下了身体，而且一直趴到地面。同时，它还摇着尾巴呜呜地叫，一副唯命是从的样子。小灰狼大惑不解，惊慌不安。对人类的敬畏再次在它心中涌现。它的直觉是对的。它母亲证实了这一点。对人这种动物，它母亲也只能俯首帖耳。

那个喊叫母狼的人走了过来。他把一只手放在母狼头上，母狼蜷缩起身体。它不但没有咬他，连想咬的样子也不敢做出。其他几个人也走了过来，围在它旁边，摸摸它，挠挠它。对此，母狼毫无反感，任他们抚摸。他们非常兴奋，嘴里发出一连串声音。小灰狼不知道这是什么意思，但它知道这并不危险。它蜷缩在母狼身边，时不时仍会耸起背毛，但它尽力表现得很顺从。

"这不奇怪，"一个印第安人解释说，"它的爹是一只狼。是的，它的娘是一只狗，但在那只狗发情的时候，有三个晚上，我哥不是把它拴在树林里吗？所以，这个吉琪，它的爹是一只狼。"

"灰海狸①，这个吉琪跑掉有一年了。"第二个印第安人说。

"这不奇怪，鲑鱼嘴，"灰海狸回答说，"那时闹饥荒，没有肉喂狗。"

"这么说，它和狼在一起。"第三个印第安人说。

"看来是这样，三只鹰，"灰海狸回答说，并把手放在小灰狼身上，"看看这个就知道了。"

小灰狼在那只手摸它时咧了咧嘴，露了露牙齿，那只手随即就给了它一巴掌。对此，小灰狼赶紧闭上嘴，乖乖地躺倒，那只手在它耳朵后面挠了挠，还撸了撸它背上的毛。

"看看这个就知道了，"灰海狸接着说，"明摆着，它的娘是吉琪，可它的爹是一只狼。就是说，它有点是狗，大多是狼。它的牙齿白得很，就叫它白牙吧。我说了，它是我的狗，因为吉琪不是我哥的狗吗？我哥不是已经死了吗？"

就这样，小灰狼有了名字。它躺在那里，看着他们。那些人的嘴里继续发出一连串声音。这之后，灰海狸从挂在他脖子上的刀鞘里抽出一把刀，走进树林里砍下一段树枝。白牙看着他。他在那段树枝两头挖了两个凹槽，然后在两个凹槽里系上两根皮带②。他把其中的一根绕在吉琪的脖子上。然后，他牵着它走到一棵小松树旁边，把另一根皮带系在树干上。

---

① 印第安人没有姓名，以动物名或植物名相互称呼。下同。
② 这是印第安人特有的牵狗绳，那段树枝是顶在狗的脖子上，这样狗就咬不到绳子（或皮带）了，而那段树枝较粗，狗是咬不断的。之所以这样做，是因为印第安人的狗其实是刚驯化的狼，野性未泯，还很凶猛。

白牙跟了过来，躺在吉琪身边。鲑鱼嘴伸出一只手，把它仰面翻了过来。吉琪在一边不安地看着。白牙只觉得一阵恐惧，不由得叫了一声，但它一点也没有表现出想咬人的意思。那只五个手指既能弯曲又能伸展的手逗趣地揉搓它的肚皮，使它左右翻滚。这样四腿朝天，可笑而屈辱。但是，白牙就是以它全部的力量来加以抗拒，也是徒劳的。它没法保护自己。它知道，只要人这种动物想要伤害它，它是无法逃避的。它既然四腿朝天，又怎能跳起来呢？好在服从的本能使它控制住了恐惧感，所以它只是轻声叫着，而且是不由自主地叫出声的。那个人对它的叫声好像不再恼火，只在它的头上拍了一下。然而，使它觉得不可思议的是，当那只手在它肚皮上来回揉搓时，它好像有一种说不出的快感。所以，当那人让它侧身躺着时，它就不再叫了，而当那只手搔搔它的耳朵根时，它又有了那种快感。只是，那个人最后搔了它一下后起身走了。所有的恐惧感和快感都消失了。它和人类相处时虽一次次感到恐惧，但这预示着它最终将毫无恐惧地和人类友好相处。

过了一会儿，白牙听到有奇怪的声音传来。它很快就辨认出来了，因为它马上就知道这是人的声音。几分钟后，部落里其余的人像行军似的列队过来了。大多是男人，也有不少女人和孩子，共四十个人，全都背着营帐和坛坛罐罐。此外，还有许多狗。除了未成年的小狗，这些狗也都背着露营用的杂物。它们的背上捆扎着袋子，总共有二十至三十磅重。

白牙从未见过狗，但它一见到狗就觉到它们是它的同类，只是有点不同。但是，这些狗看到小灰狼和它母亲时的反应却和狼几乎没什么不同。它们一拥而上。白牙耸起背毛，龇牙咧嘴，咆哮着，面对这群张牙舞爪、蜂拥而来的狗。但是，它被撞倒，被压在好几只狗的身体下面。它随即感觉到锋利的牙齿咬在它身上，而它在下面也拼命撕咬那几只狗的大腿和肚皮。场面一片混乱。它听到吉琪在狂叫,在为它而战。它听到人在喊叫,听到棍子打在狗身上的啪啪声和被打的狗发出的尖叫声。

仅仅几秒钟后,它就站了起来。这时,它看见那些人正在用棍子和石块驱赶那些狗,使它免遭它的那些像是同类又不是同类的恶狗的撕咬。它的头脑中虽然没有像公正这样的抽象概念,但不管怎样,它以自己的方式感知到了人类是公正的,并由此而知道了人类为什么是人类——因为人类制定法律、执行法律。此外,它很羡慕人类之所以能执行法律的力量。人类和它遇到过的任何动物都不一样,既不会用牙齿咬,也不会用爪子抓,但他们会借用死的东西来增强他们的活力。死的东西也会听他们的命令。譬如,棍子和石块会受这种奇怪的动物指挥,会像活的东西一样从空中飞来,打得那些狗遍体鳞伤。

在它看来,这是不寻常的力量,不可思议的超自然的力量,像神一样的力量。诚然,按白牙的本性,它是不可能对神有所了解的。它至多只能知道一些不在眼前的东西。但是,它对人类的敬畏就如人类对天神的敬畏。在它眼里,人类就是高高在上的、能呼风唤雨、能惊天动地的神。

最后一只狗也被赶走了。骚乱平息了。白牙舔着伤口,想着这件事,想着它和残忍的狗群初次相见时的感受。它不曾料到,不仅仅是独眼老狼、它母亲和它自己是同类。它的同类到处都有。就在这儿,它突然发现,很明显,有许多狗是它的同类。它没想到它的同类一看见它就会撕咬它,想杀死了它,这使它从心底里感到怨恨。同样,它对母亲被系在一棵树上也感到怨恨,虽然这是它崇拜的人类干的,但它还是难以释怀。这其实就是牢笼,就是囚禁,但它并不知道什么是牢笼、什么是囚禁。自由自在地游荡、奔走,想躺下就躺下,这是它遗传而来的天性,而在这里,它的天性受到了侵犯。它母亲的行动受到一棵树的限制,而它也同样受到这棵树的限制,因为它离不开母亲。

它不喜欢这样。后来,有人过来,在那里走来走去,它也不喜欢,因为有个幼小的人过来抓住它母亲脖子上的皮带把它母亲牵走了。白牙紧跟着母亲,心里忐忑不安,不知道接下来会发生什么事情。

他们沿着那条河的河谷走,走过白牙到过的最远的地方,来到河谷的尽头。在那里,那条河汇入了麦肯齐河。在那里,有几只独木舟高高挂在木杆上,还有几个晒鱼干用的架子。这就成了营地。白牙用惊奇的目光东张西望,越看越觉得人这种动物真是了不起。他们把那些尖牙利齿的狗全都管教得服服帖帖。这就是力量的表现。不仅如此,更使白牙觉得了不起的是,他们竟然把那些不会动的东西也管教得服服帖帖。他们不仅能使不会动的东西动起来,还能改变世界的模样。

最后这一点给它的印象特别深刻。那些架起来的木杆引起了它的注意。这东西本身虽不怎样特别,是由那些挥舞棍子和扔石头的动物做的,但是当它看到那些架起来的木杆被布和兽皮覆盖而变成帐篷时,它感到很惊讶。在它看来,那些帐篷真是巨大无比。它们就像一群突然从地里长出来的怪兽,张牙舞爪地把它团团围住,几乎占据了它的整个视野。这使它感到恐惧。它们高高地站在它面前,而当一阵风吹得它们左右摇晃时,它害怕得缩成一团,两眼紧盯着它们,准备等它们朝它扑过来时迅速跳开。

但是,过了一会儿,它对帐篷的恐惧就消失了。它看见有女人和孩子进出帐篷,而且安然无恙。它看见狗有时也会进去,但马上会被咒骂声和乱石块赶出来。又过了一会儿,它小心翼翼地从吉琪身边朝着离它最近的那个帐篷爬过去。这是因为不断增强的好奇心在催促它——这是为了积累生存经验,是必须做的。它慢慢地、警觉地爬到离帐篷只有几英寸的地方。没想到,就在这一天,让它惊讶地看清了那未知的东西的真面貌。它伸出鼻子碰了碰帐篷上的帆布。它等着。但是,没有动静。于是,它闻了闻那种奇怪的布料,上面有一股人类的气味。它用牙齿咬住帆布轻轻甩了一下,那块帆布轻轻抖动了一下。仍然没有动静。它用力甩了一下,整个帐篷晃了一下。这很有意思。于是它越来越用力反复地甩,整个帐篷剧烈晃动起来。只听见帐篷里传来女人的尖叫声,它赶紧逃回到吉琪身边。不过,这之后,它再也不怕帐篷这种庞然大物了。

又过了一会儿,它又从母亲身边走开。它母亲因为被拴在地上的一根木桩上,不能跟着它。有一只比它大一点的小狗,大摇大摆地朝它走来。它后来听到,那只小狗叫尖嘴。尖嘴年纪不大,已是打斗老手,而且已经像个恶霸。

尖嘴是白牙的同类,而且还是一只小狗,看上去并不危险。所以,白牙准备和它友好相处。但是,这家伙初次相见就对着白牙龇牙咧嘴。白牙也只能报之以龇牙咧嘴。它们耸起背毛,咆哮着,相互试探性地转来转去。这样持续了几分钟,白牙一开始觉得很有趣,好像是做游戏。但是,突然间,尖嘴猛地扑过来,咬了一口之后马上跳开。这一口正好咬在白牙肩膀上被山猫抓伤过的地方,一直痛到骨头里。它既震惊又痛苦,发出一声惨叫。但是,紧接着,它就愤怒地扑向尖嘴,凶猛地撕咬。

然而,尖嘴生活在营地里,打斗惯了。它曾不止三四次、不止五六次用它锋利的小牙齿在新来者身上留下伤疤。这次,照例咬得白牙可耻地连连哀叫,最后只好逃回母亲身边。这是白牙和尖嘴的第一次较量,以后还有许多次。因为它们生来就是仇敌,它们的天性注定它们将死战到底。

吉琪用舌头舔着白牙，安抚它，并尽力想把它留在身边。但是，白牙的好奇心太强烈，几分钟后又惹出了麻烦。它朝着一个人，就是那个灰海狸，走过去。这时，灰海狸正蹲在地上用一堆树枝和干苔藓做着什么事。白牙走到他附近，看着他。灰海狸嘴里咕噜了几声，这在白牙听来并无敌意，于是它继续靠近灰海狸。

女人和孩子抱来更多树枝，放在灰海狸面前。这显然是要做什么事。白牙一直走到灰海狸跟前，因为它太好奇，以至于忘记了那是一个人，一种可怕的动物。它突然看见灰海狸手下面的树枝和干苔藓中升起一种像雾一样的奇怪的东西。接着，树枝中间又出现了一种活的东西，摇摇摆摆的，颜色就像天空中的太阳。白牙从未见到过火，因而火就像当初洞穴门口的亮光一样吸引着它。它朝着火走了几步，接着就听到灰海狸在它头顶上咯咯地笑。但是，它知道，这种笑声并无敌意。于是，它把鼻子伸到火里，同时还伸出小小的舌头。

顿时，它瘫倒了。那种在树枝和干苔藓之间摇晃的未知的东西极其残酷地在它的鼻子上猛咬了一口。它赶紧缩回，但已经痛得、吓得呀呀直叫。远远听到小灰狼的叫声，被拴在木桩上的吉琪急得直跳，但又不能去帮助小灰狼，只能愤怒地吼叫。然而，灰海狸却拍着大腿哈哈大笑，还把这件意外的趣事告诉营地里的其他人，说得人人都哈哈大笑。谁也不会去管独自在那儿哀嚎的白牙。在人这种动物中间，它是个微不足道的可怜虫。

这是它所知道的最大的疼痛。它的鼻子和舌头都被从灰海狸手下冒出来那种活的太阳色的东西烧伤了。它不停地哀嚎，每一声哀嚎都在人这种动物中间引起一阵哄笑。它想舔舔自己的鼻子，但它的舌头也烧伤了，两个伤口碰到一起痛得更加厉害。所以，它只好更加绝望、更加无助地哀嚎。

这之后，它感到羞耻。它听懂了笑声，知道那是什么意思。有些动物为什么能听懂人的笑声，会知道自己在被嘲笑，对此我们并不知晓。但是，白牙确实听懂了笑声。它知道人这种动物在嘲笑它，还会感到羞耻。它转过身，逃走了。不是逃避火的伤害，而是逃避笑声。因为那笑声深深伤害了它的心灵。它逃到了被拴在木桩上而发疯似的吼叫着的吉琪身边——在这世界上，只有吉琪不会嘲笑它。

暮色降临，黑夜到来，白牙躺在母亲身边。它的鼻子和舌头虽然受伤，但它却为另一件更伤心的事所困扰。它想家了。它觉得心里空荡荡的，很想念那条平静的河流和那个堤岸上的洞穴。活的东西太多了。有那么多人这种动物，男人、女人，还有孩子，全都是吵吵嚷嚷、骂骂咧咧的。还有那些狗，不是吵闹，就是打斗，不是一阵狂吠，就是一阵骚乱。过去那种孤寂安静的生活不再有了。在这儿，连空气也是骚动不安的。那永不休止的嘈杂声连续不断地刺激它的神经和感官，使它紧张，使它不安，总担心会有什么意外的事情发生。

它看着人这种动物在营地里走来走去。它就像人类看待他们所创造的神一样看待它眼前的这些人。在它看来，他们高高在上，就是神。在它朦胧的意识中，他们就像人类的神一样会创造奇迹。他们是主人，拥有各种各样不可预知的潜能，主宰着所有活的东西和不活的东西——他们使活的东西服从他们，使不活的东西有时也会动，还会用死苔藓和死树枝做出那种活的、太阳颜色的、会咬人的东西。他们会生火！他们是神！

二

在这些天里，白牙积累了很多经验。这期间，吉琪一直被拴在木桩上，白牙却跑遍整个营地，不断探访、不断寻查、不断认知。它很快就了解了人这种动物的许多习惯，但它并不因此而看不起他们。它越是了解他们，越是觉得他们高不可攀，越是发现他们具有神奇的力量，就像神一样令人敬畏。

对人类来说，令人伤心的是，他们的神经常会被推翻，神殿经常会被捣毁。但是，对蹲在人类脚前的狼和野狗来说，是不会有这种伤心事的。人类的神是不可见和不可料想的，是人类为逃避严酷现实而产生的一种虚无缥缈的幻想，是人类所期待的一个既美好又强大的游魂，是自我在精神领域的虚幻表现——和人类不一样，那些蹲在人类篝火旁的狼和野狗发现，它们的神是有血有肉的，可以触摸到，而且和它们一样，也需要时间和空间来达到目的和维持生存。相信这样的神，不需要信仰有多么执着。不相信这样的神，也不需要意志有多么坚定。但是，要摆脱这样的神，却是不可能的。因为他们用两条后腿站在那里，手里拿着棍子，强大无比。他们也有喜有悲、有爱有恨，神奇的力量全来自他们的肉体，而他们的肉体里面也有血，撕碎了吃起来和其他动物的肉一样美味。

在白牙看来，事情就是这样。人这种动物就是神，这是明白无误的，不可回避的。所以，就像它母亲吉琪一听到他们叫它的名字就表示顺从，它也开始对他们忠心耿耿。它给他们让路，因为这是他们不可置疑的特权。他们走过来，它就让到一边。他们叫它，它就跑过去。他们骂它，它就趴下。他们命令它走，它马上就走开。他们要想怎样就怎样，因为他们有力量，有伤害它的力量，有那种用棍子打、用石头砸、用鞭子抽的力量。

就如所有的狗都属于他们，它也属于他们。它的行动要听从他们的命令。它的身体任由他们殴打、任由他们踩踏、任由他们折磨。这些是它很快就领受到的教训。起初，由于它生性倔强，很难接受这些教训。但是，后来，他虽然不喜欢，不知不觉中还是接受了。就这样，它把自己的命运交到了他们手里，放弃了生存的责任。

这事说来也有好处，因为依赖他们总比要靠自己来得容易。

但是，要把自己的全身心交给人这种动物，并非一朝一夕所能做到。它不可能立刻抛弃它的野性遗传和它对荒野的记忆。所以，有好几次，它偷偷跑到树林旁边，站在那儿聆听远处传来的呼唤声。但是，它每次都忧心忡忡地返回了，回到吉琪身边，轻声鸣咽，焦急而困惑地舔吉琪的脸。

很快，白牙就熟悉了营地里的生活。它知道那些年长的狗在抢食肉或者鱼的时候是既霸道又贪婪的。后来，它又知道男人比较公正，孩子比较顽劣，只有女人比较善良，会多给它一点肉或者骨头。后来，和带着小狗的母狗打了几次痛苦的交道后，它还知道对付这种母狗的最好办法就是尽量离它们远点，一看到它们过来，就马上躲开。

但是，最致命却是尖嘴。这个比它大、比它强的尖嘴，总是和它过不去，总想和它作对。白牙很乐意打斗，但却不是尖嘴的对手。它的敌人太大了。对它来说，尖嘴成了一个噩梦。只要它一离开母亲，这个恶棍就会出现，就会紧跟在它身后，吼叫着，用爪子抓它。只要附近没有人这种动物，尖嘴就会扑上来和它厮打。因为每次都是尖嘴赢，尖嘴当然很高兴。这成了它的一大欢乐，而对白牙来说，却是一大折磨。

但是，白牙没有因此而胆怯。它虽然深受伤害而且屡战屡败，精神上却依然不屈不挠。这产生了一个不良后果。它变得越来越凶残、越来越阴险。它本来就生性野蛮，加上这种无休止的迫害，它变得更加野蛮了。它身上那种像小狗般可爱顽皮的童心几乎消失得无影无踪。它从不和营地里的其他小狗一起玩耍。因为尖嘴不允许它这么做。只要它一出现在那些小狗旁边,尖嘴马上就会向它扑来,威胁它、恐吓它,甚至和它打斗,一直打到它落荒而逃。

这一切,湮灭了白牙的童心,使它的举止大于它的年龄。本来用于玩耍的精力被堵住了出口,它只好用来增强它的心智。它变得诡计多端,而且有的是空余时间用来思考自己的计谋。由于营地里给狗喂食时它总得不到自己的一份肉和鱼,它成了一个聪明的窃贼。它不得不为自己觅食,而且很善于觅食。结果,弄得那些印第安女人大为惊慌,把它看得就像瘟神一样防不胜防。它还会鬼鬼祟祟地在营地里潜行,偷偷摸摸地在各处打探,由此而盘算着,从哪条路、用什么方法可以成功躲开那只不肯放过它的恶狗。

就在它被那只恶狗盯上的最初几天里,它就初次施展计谋,初次尝到了报复成功的甜头。就像当初吉琪和狼群为伍时常常把狗引出营地而杀死,现在白牙用同样的方法把尖嘴引到吉琪的面前而报了一箭之仇。它假装败了,引诱尖嘴来追它。尖嘴果真上当,追着它在营地里、在帐篷间绕来绕去。它是个快跑手,比所有像它这么大的狗都跑得快,甚至比尖嘴跑得还要快。但是,在这场追逐中,它没有奋力跑,而是跑得不快不慢,使追逐者总离它只有一点点距离。

就是这一点点距离,使尖嘴兴奋不已,从而丧失了警惕性,忘记了自己身在何处。等它突然想到自己身在何处时,已经晚了。等它快速绕过一个帐篷向前猛冲时,一头撞在吉琪身上。它发出一声惊叫,吉琪的牙齿已经咬住了它。吉琪虽然被拴在木桩上,但也不会让它轻易逃脱。吉琪把它掀倒在地,不让它跑,然后就用锋利的牙齿一次次撕咬。

最后,当尖嘴翻滚着站起来时,已是遍体鳞伤。它身上的毛也被吉琪的牙齿咬得凌乱不堪，全都耷了起来。它站在那里，张大嘴，发出一声长长的、伤心的、只有幼犬才有的那种哀嚎。但是，就是这声哀嚎，也没有被允许叫完。在它哀嚎到一半时，白牙冲上去咬住了它的后腿。它没法再打了，只好可耻地逃跑。但是，被它欺侮的白牙穷追不舍，追得它慌慌张张一路逃回到主人的帐篷旁边。在那儿，几个印第安女人过来帮它。尽管这时的白牙愤怒得像魔鬼的化身，但那几个印第安女人只扔了几块石头，就把它赶走了。

终于有一天，灰海狸断定，吉琪不会逃跑了，就放了它。母亲获释，白牙很高兴。它和母亲一起愉快地在营地走来走去，因为有母亲在它身边，尖嘴对它只好敬而远之。它甚至故意挑衅尖嘴，在它面前耸起背毛昂首阔步，对此尖嘴只好装着没看见。但是，尖嘴并不傻，它会等，等白牙单独无援时，它就能实现报复的愿望。

一天稍晚的时候，吉琪和白牙在紧挨着营地的树林旁边游荡。白牙走在前面，它母亲跟在它身后。它想带母亲走得更远一点，但吉琪却停下了。那条河、那个洞穴和那片安静的树林在呼唤它，它要母亲也过来。它跑了几步，停下来回头张望。它母亲站在那里没动。它祈求似的叫了几声，还在草丛里玩耍似的蹦跳了几下。它跑回到母亲身边，舔舔它的脸，再往前走。但是，它母亲依然一动不动。它停下来，望着母亲，而当它看见母亲转身朝营地走去时，它的热情消退了，垂头丧气地待在那儿。

就在那块空地那边，有什么东西在呼唤它。它母亲也听到了。但是，它母亲还听到了另一种更有力的召唤——火与人的呼唤。在所有动物中，只有本是兄弟的狼和野狗，才会对这种呼唤做出回应。

吉琪转过身，慢步返回营地。和那根拴住它身体的木桩相比，营地更能拴住它的心。因为在无形之中,营地里的那些神一直用他们的神力控制着它,不会让它走。白牙蹲坐在一棵白桦树下低声哀嚎。一阵强烈的松香味,还有弥漫在空气中的淡淡的木香味,使它回想起往日那种不受约束的自由生活。但是,它毕竟还是一头幼狼,不管是人类的呼唤,还是野性的呼唤,都比不过母亲的呼唤。在它短短的生涯中,它时时刻刻都依赖着母亲。它还未到自立的年龄。所以,它站起来,没精打采地返回营地。半路上,它还停了一两回,蹲坐着、哀嚎着,听着那仍在密林深处回响的呼唤声。

在荒野里,母亲和幼儿相处的时间很短,但在人类统治下,这段时间有时甚至更短。白牙就是这样。灰海狸欠了三只鹰一笔债。三只鹰要沿着麦肯齐河到大奴湖去了。一块红布、一张熊皮、二十颗子弹,再加上吉琪,就是灰海狸还的债。白牙见母亲被带上三只鹰的独木舟,想跟它同去。三只鹰一巴掌把它打回岸上。独木舟离开了。白牙跳进河里游泳,想追上独木舟。任凭灰海狸怎样大声叫它回来,它都不听。现在,就是对人这种动物,对神,它也不管了,因为失去母亲对它来说实在太可怕了。

然而,神总能使你屈服。灰海狸愤怒地划着独木舟去追赶。当他追上白牙时,一把抓住白牙的后颈部,把它拎出水面。他没有马上把它放到独木舟上,而是一只手拎着它,另一只手扇了它一巴掌。这只是一巴掌。他的手很重。这一巴掌就扇得它够痛,况且他接着又扇了无数巴掌。

巴掌像雨点般的扇在它脸上,一下扇在这边,一下扇在那边。它的头被扇得像钟摆动似的摆来摆去。它的情绪变了,开始激动起来。起初,它只是感到震惊。接着,它感到一阵恐惧,每挨一巴掌就惊叫一声。但是,很快,它愤怒了。它的野性暴露出来,它对着愤怒的神无畏地露出了牙齿,大声怒吼。这只会使愤怒的神更加愤怒。巴掌扇得更快、更重、更痛了。

灰海狸扇个不停，白牙怒吼不停。但是，总不能一直这样下去。总得有一个先妥协。是的，妥协的是白牙。它再次感到恐惧，因为这是它第一次真正感受到人的手有多么厉害。和这次相比，它先前受到的那些棍子和石头的打击简直就像轻轻拍一下而已。所以，它崩溃了，怒吼声变成了哀嚎声。有一段时间，它每挨一巴掌，就怒吼一阵。但是，后来，随着恐惧变成了极度的恐怖，它的一阵阵怒吼声变成了一连串长长的、和巴掌的节奏不相配合的哀嚎声。

灰海狸终于停手了。白牙仍被他拎着，在不停地哀嚎。这好像使它的主人消了气，啪的一声把它扔在独木舟上。独木舟正漂向下游。灰海狸拿起了桨。白牙就在他脚前。他狠狠一脚把它踢开。这时，白牙的野性再次爆发，一口咬住了那只穿着鹿皮鞋的脚。

这又使它挨了一顿猛揍。相比之下，刚才那些巴掌已算不了什么了。灰海狸愤怒到了极点。白牙惊恐到了极点。灰海狸不仅用手，还用坚硬的木桨，把它打得死去活来，而当灰海狸再次把它的伤痕累累的躯体扔在独木舟上时，还故意踢了它一脚。这一回，它不敢再咬那只脚。它又被上了一课。它懂了，无论在什么情况下都绝对不能咬它的主人，因为它的主人是神，主人的身体是神圣的，是不能像它这样用牙齿去碰触的。那是天大的罪过，是绝对不可饶恕的。

当独木舟靠岸时，白牙躺着，哀嚎着，一动不动，听凭灰海狸想怎样就怎样。灰海狸想，这家伙应该上岸，于是它被拎起来扔到岸上。着地时，它身体的一侧重重地撞了一下，被打伤的肋骨一阵疼痛。它浑身颤抖着爬起来，站在那儿哀嚎。这时，尖嘴正好在岸上，看到它这副样子，马上冲了过来，一下子把它扑倒，一口咬住它的身体。它这时根本无力自卫，要不是灰海狸一脚把尖嘴踢出五六英尺，它恐怕厄运难逃。这就是人这种动物的公正。所以，即便在这种时候，在受到严惩的情况下，白牙仍不由得心头一颤，对灰海狸顿生感激之情。它一拐一拐地紧跟着灰海狸，走向营地。这之后，白牙懂了，惩罚是神拥有的权力，任何低于神的动物都没有这种权力。

那天夜里，当一切都安静后，白牙想起了母亲，感到一阵悲伤。但是，它悲伤得发出了声，把灰海狸吵醒了。它又被打了一顿。这之后，只要有神在旁边，它只敢轻声呜咽。只有当它独自在树林边徘徊时，它才敢表露内心的痛苦，才敢放声发出长长的哀嚎。

每当这种时候，它还会侧耳倾听，还会想起往日的洞穴和那条河，想逃回荒野。但是，对母亲的怀念阻止了它。它想，人这种动物外出打猎总要回来，说不定母亲也会在哪天回到营地。就这样，它留在牢笼里，等待着母亲。

不过，被关在这样的牢笼里，也并非完全不幸。那里还是很有趣的。那里总有一些事情发生。那些神，总是没完没了地做着稀奇古怪的事情，总使它觉得很好奇。再说，它也渐渐地学会了怎么和灰海狸相处。它要做的是——服从，绝对的、不折不扣的服从。只要这样，它就不会挨打，就能活下去。

不仅如此，灰海狸有时还会扔给它一块肉，在它吃的时候还不许别的狗来抢。这块肉多么值得感激，甚至比它从某个印第安女人手里得到的十几块肉还值得感激。灰海狸从不拍它，也不摸它。也许是灰海狸的巴掌，也许是灰海狸的公正，也许是灰海狸的能干，也许是这三者同时产生的影响，白牙服从了这个暴虐的主人，和他建立了一种主仆关系。

这种关系，就像棍子、石头和巴掌一样，强有力地使白牙不知不觉地接受了套在它身上的枷锁。它的种族本性不仅决定了它有可能来到人类的篝火前，而且还会有进一步的表现。现在，它就表现出了这种本性，无意识地接受了艰苦的营地生活。也就是说，它没有意识到这一点。在它的意识中，它还在为失去母亲而悲伤，还在期待着吉琪的回来，还想念着它曾经有过的那种自由生活。

三

尖嘴的威胁如此之大，致使白牙变得既邪恶又凶残，而按它的天性，是本不该这样的。野蛮本是它的天性，但它现在变得比野蛮还要野蛮。它甚至在人这种动物中间也赢得了邪恶的名声。营地里不管发生什么麻烦和骚乱，不管是狗与狗之间的打斗和争吵，还是某个女人哭喊着说她的肉被偷了，男人们肯定会发现，所有这些事情都和白牙有关，而且往往是主谋。但是，他们不知道怎样去查明白牙为什么要这么做。他们只看结果，只知道结果很糟糕。确实，白牙不仅是鬼鬼祟祟的行窃者，还是麻烦制造者和骚乱煽动者。所以，每当它听到哪个女人愤怒地指着它说"这该死的狼，这只倒霉的狼"时，它总是很警惕，随时准备躲避有什么东西会突然朝它砸来。

它知道自己在营地里是遭排斥的异类。所有的幼犬都听从尖嘴的指挥。它们全都远离它。也许，它们感觉到了它的荒野丛林血统，本能地对它抱有家狗对狼的敌意。但是，不管怎样，它们全都和尖嘴一起迫害它。而且，只要它们和它作对一次，就理所当然地会一直和它作对。但是，不管是一次还是多次，它们都领教了它的牙齿。而且，它相信，它们被咬的次数远远多于它被咬的次数。如果是单打独斗，它们都不是它的对手，但它们不会和它单打独斗。只要有哪只幼犬和它打起来，全营地所有的幼犬马上会一起过来围攻它。

这种群体围攻使它学会了两项重要技巧：一是如何在受围攻时保护自己，二是如何在最短时间内最大程度地咬伤其中的一只狗。在敌群中能否站稳脚跟是至关重要的，这一点它心知肚明。它学会了像猫一样跳起后又能稳稳站住。即便是成年狗用巨大的身躯从后面或者侧面撞击它，即便把它撞得飞起来，它也总能四脚朝下，稳稳地落在大地母亲身上。

狗打架，通常都有一些预备动作——大声吠叫、耸起背毛、挺腿蹬脚。不过，白牙省略了这些动作。因为稍有拖延即意味着所有的幼犬会来围攻它。所以，它必须快，打完就走。它因此而学会了不给对方以任何警告。它会趁对方还没有准备好之前突然冲上去，张口就咬。也就是说，它学会了怎样快速出击，怎样快速咬伤对方。此外，它还知道偷袭很有用。当一只狗在毫不知情、毫无戒备的情况下突然被咬伤肩膀或者被咬破耳朵时，那只狗已经输了一半。

此外，遭到偷袭的狗很可能会翻倒，而当一只狗翻倒时，它颈部下方的咽喉很可能会暴露——那是置它于死地的要点。这一要点，白牙当然知道。这是世代捕猎的狼群直接传授给它的先天知识。所以，它攻击时所用的方法是：第一，寻找落单的幼犬；第二，趁其不备撞它的脚；第三，用牙齿咬住它柔软的咽喉。

不过，它还未完全成年，它的上下颌还不够大、不够有力，还不足以致命地咬断对方的喉管。因而，营地里有许多颈部被咬伤的幼犬在走来走去，仿佛在展示白牙的战绩。终于有一天，它在树林边截住一只幼犬。几次把对方撞翻后，它咬住对方的咽喉，咬断了颈部大血管而使其丧了命。当天夜里,整个营地都被惊动了。凶杀案被人发现。消息传到了那只死狗的主人那里。有些女人想起了白牙偷肉的事情。灰海狸被怒吼声吵醒。但是,他紧闭帐篷门,不让愤怒的人群进来,听凭他们在门外喧哗。因为凶手就在他的帐篷里。

这之后,白牙招来人狗共愤。它在这一时期没有片刻安宁。每只狗的牙齿、每个人的手都在威胁它。它的同类用咆哮招呼它,它的神用咒骂和石块对待它。它活在紧张之中。它总是处于戒备状态,提防有什么东西会突然朝它扑来。它随时准备做出果断而冷静的反应,或牙齿一露上前迎战,或大叫一声迅速躲避。

至于咆哮,白牙比营地里的任何一只狗咆哮得更可怕。咆哮的目的是警告或者恐吓,而要知道何时应该咆哮,还需要有准确的判断力。白牙知道怎样咆哮、何时咆哮。当它咆哮时,它还会做出一副极其凶残、极其狠毒、极其可怕的样子。它的鼻子会不断抽搐,呈锯齿状。它的背毛会陡然耸起,呈波浪状。它的舌头会像一条红色的蛇一样,伸进伸出。它的耳朵会压得很低。它的眼睛里会射出凶光。它的嘴唇会抖动。它的牙齿会露出,而且滴着口水。凭着这副样子,它几乎可以使任何对手望而却步。而只要对手一迟疑,它就可以在这关键时刻迅速考虑下一步行动。不过,对手的迟疑往往会延长,以至于最后会放弃对它的攻击。总之,白牙在还未成年之前就学会了用咆哮吓退对手。

显然,作为被其他未成年狗排斥的异类,白牙用这种凶相毕露的方法有效地使其他未成年狗都害怕它。狗群不允许它和它们一起奔跑。但是,奇怪的是,狗群中没有一只狗敢离开狗群。这是白牙不允许的。因为它会追击或伏击它们,以致那些未成年狗全都害怕单独活动。除了尖嘴是个例外,它们全都不得不抱成一团,共同抵御那个它们自己制造出来的仇敌。任何一只未成年狗敢于单独跑到河边去，那就意味着死亡。就算不死，也一定会在小灰狼的伏击中被咬得伤痕累累，痛苦万状地尖叫着逃回营地。

然而，尽管那些未成年狗知道它们必须抱成一团，白牙的报复却从未停止。它会在它们落单时攻击它们，它们也会在抱团时攻击它。它们一看见它就会追赶它，而它跑得比它们快，一般会先跑到一个对它来说安全的地方。这时，紧跟在它后面的那只未成年狗就倒霉了。它会突然掉过头来，把那只跑得最快的未成年狗扑倒。等其他未成年狗赶上来时，那只未成年狗已经被它撕成了碎片。这种事情经常发生，因为那些未成年狗在追赶它时会狂叫，会兴奋得忘乎所以，而它从不忘乎所以。它会一边跑一边偷偷往后看，随时准备突然转身，把那个狂热的、跑在最前面的追击者扑倒在地。

幼犬都喜欢以打闹为游戏，而且会像真的一样相互扑来扑去，因为这样才够刺激。所以，怎样捕获白牙就成了那些未成年狗的主要游戏——必须认真对待的致命游戏。不过，白牙跑得快，到任何地方去冒险，它都不怕。在它无望地等待母亲归来的那段时间里，它曾多次被狗群疯狂地追逐着穿过邻近的树林。但是，狗群是不可能追上它的。它只要一听到狗群的喧闹和吠叫，就知道它们来了。于是，它会像它父亲和母亲那样，敏捷而悄无声息地穿行在树林里。此外，它比它们更熟悉荒野生活，比它们更懂得荒野生活的秘密和计谋。它最常用的一个计谋就是有意朝有水的地方走，这样它就不会留下足迹。然后，它就静静地躺在灌木丛里，听着那些狗在那里没头没脑地汪汪乱叫。

它的同类，还有人类，全都憎恨它，全都不依不饶、没完没了地攻击它，而它也没完没了地予以报复。它的成长是快速而不健全的。这里没有仁慈和友爱的土壤，因而也没有鲜花。仁慈和友爱，它甚至连影子都没见过。它所知道的生存法则，就是服从强者、欺凌弱者。灰海狸是神，是强者。所以，它服从他。但是，那些比它小的狗是弱者，是要消灭的东西。而随着它的成长，它变得越来越强壮。为了应对持续不断的伤害，甚至死亡的威胁，它的攻击性和自我保护的本能过度膨胀。它变得比其他狗都更加敏捷，不仅行动更加迅速、更加灵活，钢铁一样的肌肉更加坚韧、更加有力，而且性情也变得更加残忍、更加凶狠、更加狡诈。它必须变成这样，否则它会坚持不住，无法在它所在的这种充满敌意的环境中生存。

四

那年秋天，随着白昼渐渐变短，寒霜渐渐在空气中凝结，白牙有了获得自由的机会。一连几天，营地里嘈杂忙乱。夏天的营帐在被拆除，整个部落都将起程，准备进行秋季狩猎。白牙用热切的目光看着这一切，但直到帐篷开始放倒、独木舟在岸边装货时，它才明白是怎么回事。现在，独木舟已经离岸，有些独木舟已经消失在河的下游。

它故意拖拖拉拉，跟在后面。一有机会，就溜出营地，朝树林跑去。这时，地面上的积水刚刚开始结冰，它走过后踪迹全无。它随即钻进浓密的灌木丛，蹲在那里一动不动。时间过了几个小时，其间它断断续续地打瞌睡。突然，它被灰海狸的喊叫声惊醒了。还有其他人的声音。它听到灰海狸的女人，还有灰海狸的儿子密特-萨阿①，都在喊叫它。

它害怕得浑身发抖，想从藏身处爬出去，但又忍住了。过了一

---

① 原文 Mit-sah，这是印第安语的音译，某种动物的名称（可能英语中没有相对应的名称，故而只好音译）。

会儿，喊叫声听不见了。又过了一会儿，它带着成功的喜悦爬了出来。黑夜正在降临，它在树林里游荡了一会儿，为自己赢得自由而高兴。但是，它很快就感觉到孤独。它蹲坐着、想着、听着。树林里一片寂静，这使它感到不安。什么动静也没有，好像是不祥的预兆。它觉得附近好像隐藏着某种看不见、想不到的危险。它疑心重重地看着树林幽暗的深处，担心那里潜伏着狰狞可怕的东西。

接着，它感到冷。这里不像在温暖的帐篷里，可以舒适地蜷缩在一边。脚下的寒霜，冷得它只好一只脚着地，一只脚提起。它还把毛茸茸的尾巴甩过来盖住脚，而就在这时，它看到了一幅景象。那幅景象其实一点也不新奇。那是它记忆中的景象在视网膜上的重现。它又看到了营地，看到了帐篷，看到了火焰。它又听到了女人的高嗓音、男人的低嗓音和狗的吠叫声。它感到饿，于是它想起了那些扔在它面前的鱼和肉。这里没有肉，除了危险和不可忍受的寂静，什么也没有。

牢笼生活已把它软化；依赖他人已把它弱化。它已经不知道怎样谋生了。黑夜笼罩着它。它的感官已经习惯于营地生活的脏乱和嘈杂。它的敏锐的视觉和听觉已经被持续不断的纷扰与噪声弄得一点也不敏锐了。一点用也没有了，既不能看，又不能听，只是因为感觉到大自然的静谧与沉寂而紧张，只是因为感觉不到动静，只觉得有什么可怕的东西在逼近而恐慌。

突然，它吃了一惊。一个巨大而没有形状的东西掠过它的视野。还好，那是天上的云在月光下飘过后投在一棵树上的阴影。它定下心来，轻声呜咽起来。但是，它随即就停止了，因为它担心这会引来暗中的危险。

一棵树在寒夜中收缩，发出咯咯一响。就在它头顶上。它惊叫一声。它感到一阵恐惧，发疯似的朝着营地狂奔。它突然有一种想得到人类陪伴和保护的强烈愿望。它好像闻到了营地里散发出来的烟火味。它好像听到了营地里传出来的喊叫声。它奔出树林，到了月光下的那块空地上，那里不再幽暗，不再鬼影幢幢。但是，它却没有看到营地。它忘了。营地已经迁移了。

它突然停止了狂奔。它已无处可去。它孤零零地在废弃的营地里行走，嗅着那些神丢弃的垃圾和破烂。此时，它宁愿被一个愤怒的印第安女人用石头砸，宁愿被灰海狸用手打、用脚踢。它甚至愿意看到尖嘴，愿意看到其他那些胆小如鼠、只会汪汪叫的未成年狗。

它来到灰海狸曾经搭帐篷的那个地方。在那个地方的当中，它蹲下了。它仰起头望着月亮。它的喉咙里一阵痉挛，接着它张开嘴，发出一声撕心裂肺的长嚎。在这长嚎声中，蕴涵着它的孤独和恐惧，蕴涵着它失去吉琪的悲伤，蕴涵着它以往所有的痛苦和不幸，还有它对未来的担忧和迷惘。这是一声长长的狼嚎，声音既响亮又凄惨。这是它第一次仰天长嚎。

白昼的来临虽减轻了它的恐惧，但增强了它的孤独感。就在昨天，这里还有那么多人和狗，现在已变得空空荡荡，这使它倍感孤独。但是，它很快就拿定了主意。它一头冲进树林，沿着那条河飞跑。它跑了整整一天。它没有停下。它似乎要永远这样跑下去。它那钢铁般的躯体不知疲劳。即使感到疲劳，它生来就有的耐力也足以支撑它的躯体，足以使它奋力前行。

在那条河的拐转处，它翻过了几个山丘。在那条河的支流汇入处，它时而涉水而过，时而泅水而渡。它好几次踩碎河面上刚冻结的薄冰，掉进冰冷的水里。但是，它拼命挣扎，一次次化险为夷。它追寻着那些神留下的足迹，而那些足迹表明，他们很可能已经离开那条河，进入了内地。

白牙虽然比它的同类聪明，但它的智力还不足使它考虑到麦肯齐河对岸的情况。那些神的足迹会不会在河的那一边？这是它想不到的。那要到后来，等它长大了，走的路多了，更聪明了，对河流与人类足迹有了更多了解，它才会考虑到这种可能性。那是它未来拥有的智力。现在，它只是在盲目地飞跑，只能想到麦肯齐河这一边的情况。

它又跑了整整一夜，在黑暗中时而遇到麻烦，时而遇到障碍，虽然延误了时间，但它没有放弃。到了第二天中午，它已经连续奔跑了三十个小时，钢铁般的躯体也筋疲力尽了。只是它的意志力还在支撑着它。它已经四十个小时没吃东西，已经饿得浑身无力。几次掉进冰水，使它更加乏力。它光亮的皮毛被弄得又脏又湿，它厚实的脚掌因受伤而流着血。它的腿也瘸了，而且越来越瘸。更为严重的是，天暗了下来，开始下雪了——冰冷、潮湿的雪不仅使它脚底打滑，还掩盖了地面上的坑坑洼洼，这使它更容易失足而弄伤脚掌。

灰海狸本打算那天夜里到河的对岸去扎营，因为狩猎地点就在那个方向。但是，在天快要黑下来的时候，在河的这一边有一只驼鹿走来喝水，正好被灰海狸的女人克露-库奇[①]看到。要不是那只驼鹿来喝水；要不是因为下雪，密特-萨阿走错了路；要不是灰海狸用他的来复枪里仅有的一颗子弹打死了那只驼鹿，后来的事情就完全不一样了。灰海狸不会在河的这一边扎营，而白牙却会继续在这一边奔跑，结果不是死掉，就是去找它的野性同胞，成为它们中的一员——成为一只野狼而终其一生。

夜幕降临了。雪越下越大，白牙一路呻吟，瘸着腿往前跑，偶尔发现雪地上有足迹。它一看就知道，那是刚留下的足迹，而且马上认出，那是谁的足迹。它急切地叫着，紧跟着足迹从河边来到了

---

① 原文 Kloo-kooch，印第安语的音译，可能是某种植物的名称（印第安男人的名字通常是动物名，印第安女人的名字通常是植物名）。

树林里。耳边传来了营地里的声响。它看见了火光,它看见克露-库奇在做饭,看见灰海狸正蹲在那儿大口吃着一块生肉。那是他们刚得到的驼鹿肉!

白牙料想会挨打。它这么想着,俯下身体,背毛微微耸起。然后,它朝前移动。它知道等着它的是一顿毒打,因而既害怕又憎恨。但是,它又知道,它会享受到火的温暖、神的保护和狗的陪伴——这最后一项,是仇敌的陪伴,但不管怎么说,是一种陪伴,是它的群居天性所需要的。

它战战兢兢地爬向火边。灰海狸一看见它,就停止了吃肉。它慢慢地爬过去,畏畏缩缩的样子,看上去那么顺从、那么自卑。它朝着灰海狸脚边爬过去,越爬越慢,越爬越艰难。最后,它躺倒在主人脚前,把它自己、把它的全身心都交给了他,任凭他处置。这是它自己的选择,它来到这个人的篝火前,接受他的统治。它颤抖着,等待着惩罚。有一只手在它头顶上摆动。它不由自主地蜷缩起身体,等待着重重的一巴掌。但是,那只手没有落下来。它偷偷向上看了一眼。灰海狸正在把那块肉撕开!他扔了一半给它!它先是轻轻地、有点疑惑地嗅了嗅,然后把那半块肉吃了。灰海狸叫人再拿点肉给它,而且在它吃的时候一直守在它旁边,不让那些狗来争抢。这之后,白牙满怀感激之情地趴在灰海狸脚边,两眼望着给它温暖的火焰,朦朦胧胧地打起盹来,因为它知道,明天迎接它的将不再是阴暗可怕、无路可走的茫茫丛林,而是人这种动物的营地。它将和它全身心投靠和依赖的那些神在一起。

五

到了十二月,灰海狸出发前往麦肯齐河上游。密特-萨阿和克露-库奇随他同行。他自己驾驶一辆雪橇,由他特地买来或借来的几只狗拖橇。另一辆小雪橇由密特-萨阿驾驶,在前面拖橇的是一队幼犬。这辆小雪橇简直像玩具,但密特-萨阿还是很高兴,觉得自己开始做只有大男人才能做的事情了。是的,当一队幼犬分别套进挽具后,他开始学习怎样驾驭狗和训练狗。不过,这辆小雪橇只是辅助用的,上面装着的是食物和用品,还不到二百磅。

白牙曾在营地里见过狗套着挽具拖橇。所以,当它第一次被套上挽具时,它并不怎么反感。它的脖子上被套上一个里面塞满干草的软颈圈。颈圈上系着一根和一条绑在他胸前和背上的皮带相连的绳子。绳子的另一头,系在雪橇上。就这样,它被固定在这根长长的绳子上,只要它拉动这根绳子,雪橇也会动起来。

这辆雪橇的拖橇犬是七只幼犬。白牙虽然只有八个月大,但比其他幼犬都要大九天或十天。每只幼犬都有一根绳子和雪橇相连。没有两根绳子是一样长的。一根绳子至少要比另一根绳子长或者短一只狗的身体长度。每根绳子一端都系在雪橇前部的一个环上。用桦树皮做成的平底雪橇,本身并不易于滑行,只是前端有点翘起,以减小积雪的阻力。平底结构可以使雪橇所负载的重量最大限度地平均分布在积雪上,因为积雪是粉末状的,非常松软。同样道理,要最大限度地平均分布重量,拴在挽绳子上的狗就要在雪橇前面呈扇形编队,这样才能避免后面的狗因为踩到前面的狗留下的脚印而打滑。

此外,扇形编队还有一个好处。因为每只狗的挽绳长度都不同,这样就防止了某一只狗偷咬另一只狗的臀部。因为一只狗要想攻击另一只狗,只能转身去找挽绳比它短的那一只,而在这种情况下,它会发现,那只狗是和它面对面的。当然,它同时还会发现,自己正面对着手拿皮鞭的赶橇人。不过,最大的好处其实是,后面的狗如果想攻击前面的狗，就必然会拉紧挽绳，而挽绳拉得越紧，雪橇也就跑得越快。雪橇跑得一快，跑在前面的狗就会觉得挽绳一松，很容易跑得更快。这样，追的狗跑得快，被追的狗会跑得更快。后面的狗永远追不上前面的狗。也就是说，所有的狗都拼命地往前跑，从而使雪橇在雪地上快速滑行。就这样，凭着狡猾的欺诈行为，人类强化了对兽类的主宰。

密特-萨阿和他父亲一样，也拥有这种邪恶的智慧。他早先曾观察到尖嘴和白牙作对，但那时尖嘴是别人的狗，他至多只能偶尔朝尖嘴扔一块石头。现在，尖嘴是他的狗了，但他仍想报复，有意把尖嘴拴在那根最长的挽绳上。这样，尖嘴就成了领头的狗。从表面上看，这好像是一种荣誉，而事实上，这使它丧失了所有的荣誉。它不但没有成为狗群中的王者，反而发现所有的狗都憎恨它，和它作对。

因为它跑在那根最长的挽绳前端，其他的狗总看到它跑在它们前面。它们看到的仅是它毛茸茸的尾巴和摆动着的后腿——这看上去远不像它耸起的背毛和锋利的牙齿那么凶狠、那么可怕。再说，那些狗还天生有一种心理倾向，就是看到它在前面跑，总觉得它是在逃，总想追上它。

自雪橇启动一刻起，这一队狗就开始追逐尖嘴，而且要追逐一整天。起初，尖嘴还时常会傲慢地转过身来，面对着那些对它的尊严充满妒忌和愤怒的追逐者。但是，每当这时，密特-萨阿就用三十英尺长的鞭子抽它的脸，命令它转过身去，继续跑。尖嘴可以面对狗队，但它难以面对鞭子。它所能做的，就是拉紧那根最长的挽绳往前跑，让身体两侧暴露在队友的獠牙前。

此外，印第安人还有一个更为恶毒的计谋。为了诱使狗队不停追逐领头的狗，密特-萨阿故意对尖嘴特别宠爱。这样的宠爱，引起了其他的狗对尖嘴的妒忌和憎恨。譬如,密特-萨阿会给尖嘴吃肉,而且仅仅给它吃,不给其他的狗吃。这使其他的狗都气得发疯。所以,每当尖嘴在密特-萨阿的保护下吃肉时,它们全都怒气冲天,只因密特-萨阿时时舞动着鞭子,它们才没有去抢。而在谁都没有肉吃的时候,密特-萨阿会把其他的狗都赶开,只把尖嘴留在身边,为的是要它们相信,他只给尖嘴吃肉。

对于拖橇这种苦役,白牙坦然地承担了。因为它在最终服从神的统治前,比其他的狗有过更多的经历,比它们更懂得,神的意志是不可抗拒的。再说,它曾和狗群作过对,这使它不怎么在乎那些狗,更看重人这种动物。它不屑和自己的同类为伍。此外,它已经忘记了吉琪,把所有的感情都寄托在它所钟爱的神身上,寄托在它的主人身上了。所以,它努力服役,老老实实,唯命是从。忠心耿耿、自觉自愿,是它服役时的主要特点。这是狼和野狗驯化后的特点,而在白牙身上,这一特点表现得非同寻常。

它和其他的狗是伙伴关系,但它和它们之间却充满了敌意和争斗。它从不和它们一起玩。它只想到怎样和它们打斗,而它也确实曾和它们打斗过多次——那时,尖嘴是它们的首领,它们攻击它、撕咬它,它百倍地予以还击。现在,尖嘴不再是什么首领,只有在拖雪橇时,只有在拉着最长的挽绳跑在狗队最前面时,它才算是领队。在营地里,尖嘴总是紧跟着密特-萨阿、灰海狸或者克露-库奇。因为它不敢离开神,因为所有的狗都对它咬牙切齿,而且已经让它吃过了白牙曾吃过的那种苦头。

白牙要成为狗群的首领,必须除掉尖嘴。但是,白牙太孤僻。它不是偷袭它的队友,就是对它们不予理睬。它们看到它都会纷纷躲开,就是它们中最大胆的,也不敢抢它的肉吃。相反,它们都害怕它会来抢,所以都尽快地吃完自己的那块肉。白牙很清楚这里的规则——服从强者，欺压弱者。所以，它总是尽快地把自己的那块肉一口吞下。这之后，要是哪只狗还没吃完，那就惨了！白牙一声吼叫、獠牙一闪，一口就把那只狗没吃完的肉抢走了，任凭那只狗多么气急败坏，也只能自认倒霉。

就是偶尔会有这只狗或那只狗愤而反抗，那也没用，很快就被打得服服帖帖。白牙就是这样提升自己的。它在狗群中横行霸道，动不动就开打，而且速战速决。因为它的动作比其他的狗快得多，它们都不是它的对手。往往还没等它们弄清怎么回事，它已经把它们咬得皮开肉绽、鲜血淋淋。往往还没开打，它们就已经输了。

于是，它要求它们服从它，就像拖橇时服从神一样服从它。它不让它们有半点自由。它强迫它们对它俯首帖耳。它们可以做一些它们喜欢做的事情。那些都是和它不在乎的事情。它在乎是，它们不能打扰它，看到它时要给它让路，还要时时记住，它是它们的主人。如果有谁敢在它面前耸起背毛、跺跺脚或者龇牙咧嘴，它就无情地、残忍地把它扑倒，咬得它哇哇乱叫、连连求饶。

它成了一个暴君。它的威势像钢铁打成一样不可动摇。它欺压弱者像复仇一样疯狂。这一切，要不是它幼年时曾为生存而挣扎，要不是它曾和它母亲孤独无援地在充满凶险的荒野环境中求生，原本不会这样的。要不是它认为弱者在强者面前必须毕恭毕敬，这一切也本不会这样。它欺压弱者，但它服从强者。确实，在它跟随灰海狸的长途迁徙中，在他们遇到的人这种奇怪动物的营地里，它在那些成年狗中间一直是毕恭毕敬的。

几个月过去了。灰海狸仍在迁徙。长时间的跋涉和拖雪橇的苦役增强了白牙的体力。不仅如此，它的智力也增长到了几近完备的程度。现在，它已经完全看清了它所在的这个世界。它的世界观是冷酷的、物质主义的世界观。在它看来，这个世界是一个残暴的、野蛮的世界，一个没有温暖的世界。在这个世界上，没有抚爱与关怀，也没有欢乐与甜蜜。

它一点也不喜欢灰海狸。是的，灰海狸是一个神，但却是一个野性之神。是的，它承认灰海狸的权力，但那是一种优等智力胜过劣等蛮力的权力。在白牙的肌体组织中，有某种东西决定了它需要灰海狸的这种权力。不然的话，它就不会对灰海狸那么忠诚了，不会从荒野回到他身边。不过，它本性中还有一些深层的东西，还没有表现出来。有时，灰海狸对它说的一句话或者用手摸摸它，好像触动了这些深层的东西。只可惜，灰海狸既不会爱抚它，也不会说温馨的话。那不是他所能做的。因为他是个野蛮人，野蛮地实行着他对它的统治，用棍子维护着他的公正，用毒打惩罚所有的违抗者。即便是他的奖赏，也不会是仁慈的，只是免于一顿毒打而已。

所以，白牙根本不知道一个人的手对它还能做什么。再说，它也不喜欢人这种动物的手。它对那双手疑心重重。是的，那双手有时会给它肉，但更多的是给它伤害。那双手可以拿住东西，可以扔石头，可以挥舞树枝、棍子和鞭子，还可以扇巴掌和挥拳头，而当那双手直接碰到它时，更是狡诈地用掐、拧、捏来伤害它。在一些陌生的营地里，它还遇到过孩子的双手，因而知道孩子的双手对它的伤害一样残忍。有一次，有个刚刚学步的印第安婴儿，差一点把它的一只眼珠子抠出来。从那以后，它对所有的孩子都保持警惕。它不能容忍他们。当他们摆动着充满恶意的双手走近它时，它会起身走开。

在大奴湖边的一个部落里，在它对人这种动物用邪恶的双手伤害它感到不满的同时，灰海狸又教它懂得了一条法规：咬一个神的手，不一定是不可饶恕的重罪。就在那个部落里，就像所有部落里的所有的狗一样，白牙要自己去觅食。有个男孩正在用一把斧头把一大块冰冻的驼鹿肉剁开，碎块飞落到了雪地上。白牙正在寻找肉吃，从旁边经过时就停了下来，开始吃雪地上的碎肉。这时它注意到，那个男孩子放下斧头，拿起了一根结实的棍子。它赶紧一跳，避开朝它打下来的棍子，接着拔腿就跑。那个男孩紧追不舍，而它对这个部落里还很陌生，从两个帐篷之间逃出后，发现自己被一个高高的土坝挡住了。

它已无路可逃。唯一的出路是从两个帐篷之间返回，但那条路已被那个男孩堵住。他正举着棍子，慢慢地接近已被逼入绝境的白牙，随时准备一棍子打下去。这时，白牙愤怒了。它愤怒之极，耸起背毛，对着那个男孩吼叫。它知道觅食规矩。凡是丢弃的肉，包括冰冻肉的碎块，哪只狗找到就归哪只狗所有。它没有做错，没有破坏规矩，而那个男孩却要打它。它急了，一时不知道怎么办。一怒之下，它做了一个反应，而且动作那么迅速，连那个男孩自己也不明白。他只觉得不知怎么一来，就倒在了雪地上，握着棍子的那只手已经被白牙的牙齿咬了一口。

白牙知道，它触犯了神的法规。它用牙齿咬了一个神的神圣的肉体，毫无疑问要受到最可怕的惩罚。它看到那个被咬的男孩的家人走来惩罚它时，逃回到灰海狸身边，蜷缩在他的两腿后面。不一会儿，那个被咬的男孩和他的家人来了，要来惩罚它。但是，他们没能惩罚到它，只好走了。灰海狸保护了它。还有密特-萨阿和克露-库奇。它听到他们激烈地争吵，而当看到他们愤怒地挥着手时，它知道它并没有做错什么。由此，它还知道了神有好几种。有它的神，还有其他的神，他们不一样。它自己的神对它公正还是不公正，都一样，因为它终究要从它自己的神手里得到它所需要的东西。但是，其他的神要是对它不公正，它是决不能接受的。它有权用牙齿表示不满。这也是神的法规。

关于这一法规，白牙在这一天结束前又有了更多认识。密特-萨阿独自在树林里砍柴，遇到了那个被它咬过的男孩。和那个男孩在一起的，还有其他几个男孩。他们先是辱骂密特-萨阿，然后一起扑过来，对他拳打脚踢。密特-萨阿寡不敌众，拳头噼里啪啦落到他身上。白牙一开始只是冷眼旁观。这是神的事，和它无关。但是，紧接着，它意识到密特-萨阿是它自己的神，是不一般的神，而他正在受欺负。于是，一种莫名的冲动使它做了该做的事。它怒不可遏地纵身一跃，跳到了打斗者中间。五分钟后，只见那几个男孩一个个抱头鼠窜，雪地上留下一摊摊血迹。那是白牙的牙齿建立的丰功伟绩。后来，当密特-萨阿在营地里说起这件事的时候，灰海狸吩咐说，拿肉给白牙吃。他吩咐多拿点肉来。白牙饱餐一顿后，在篝火边睡着了，因为它知道，这一法规已得到确认。

有了这样的经历后，白牙继而又懂得了关于财产和保护财产的法规。从保护神的身体，到保护神的财产，是一大步，而它迈出了这一大步。凡是它自己的神所拥有的东西，不管怎样都要保护——为此，就是咬其他的神也在所不惜。当然，这么做不仅从性质上说是亵渎神灵，而且极其危险。因为那些神是万能的，一只狗根本不可能和他们对抗。但是，白牙知道，必须英勇无畏地面对他们。它的责任感压倒了恐惧感。那些偷东西的神都知道，要远离灰海狸的财物。

与此相关的一件事，白牙也很快就弄懂了。一个偷东西的神，通常是一个胆小的神，只要一声警告，就会逃跑。同时，它还弄懂了，只要它一发出警告，灰海狸马上就会来帮它。此外，它还知道，偷东西的神逃跑不是害怕它，而是害怕灰海狸。所以，它不用吠叫也能表示警告。它从来不吠叫。它的方法是直接驱赶潜入者，只要有可能，就用牙齿咬。因为它既冷静又孤僻，和其他的狗不一样，所以它很善于保护主人的财物，而灰海狸又在这方面鼓励它、训练它。但是，这样做的结果却是，它变得更加凶狠、更加执拗、更加孤僻了。

几个月过去，狗与人之间的契约关系变得越来越牢固。这是一种古老的契约，是第一只狼从荒野来到人类中间时签订的。而且，就像后来所有的狼和野狗所做一样，白牙也是在履行这一契约。契约的条款很简单：它以自由换取一个有血有肉的神对它的拥有；它从那个神那儿得到像食物与火、保护与陪伴这样一些东西；作为回报，它要为那个神看守财物，保护那个神的安全，为他效力，而且服从他。

为一个神所拥有，即意味着要为他服役。白牙是个尽心尽责的服役者，但它没有爱。它不知爱为何物。它没有爱的体验。吉琪已成遥远的记忆。此外，它在把自己交给人类时不仅放弃了荒野和它的同类，而且根据契约条款，它即使遇到吉琪，也不可离开它的神，跟随吉琪。它必须效忠于人类，这是不可违背的法规。这规则不仅高于它的自由，还高于它对同类、对亲族的爱。

六

那年春天到来时，灰海狸结束了他的长途迁徙。那是在四月，白牙拖着雪橇回到了原住地，密特-萨阿解开了它身上的挽绳，此时它又大了一岁。它虽然还远没有完全成年，但在营地里的幼犬中间，它是年龄最大的，仅比尖嘴小一点。它从它父亲，那只老狼，和它母亲吉琪那里继承了它们的体形和体力，因而它已经长得和成年狗差不多大了。但是，它并没有完全成熟。它的体形还是瘦长的，它的体力还不是很大。它的皮毛是真正狼灰色的，一眼就能看出它是一只真正的狼。它从吉琪那里继承的四分之一狗的血统虽然从它的外表上一点也看不出来，但对它的智力构成产生了作用。

它漫步穿过营地，满意地看到它在长途迁徙前就已经认识的那些各种各样的神仍在那里。然后，它看到了狗，那些和它一样的未成年狗，还有那些成年狗，在它看来已经不像在它的记忆中那样高大强壮了。所以，它不再害怕它们，不再对它们毕恭毕敬，而是迈着轻快的步伐从它们中间走过。这使它有点得意，因为这是前所未有的。

它看到了巴希克[①]，一个毛色斑白的老家伙。这老家伙曾欺负它年纪小，露出牙齿威胁它，吓得它缩起身体满地打滚。在巴希克面前，白牙曾觉得自己那么微不足道。现在，同样在巴希克面前，白牙觉得自己不再弱小，已经有了那么大的变化。巴希克因为年老，越来越虚弱，白牙因为年轻，越来越强壮了。

在分食一头刚被猎杀的驼鹿时，白牙还认识到，自己在狗群中的地位也变了。它抢到了一条鹿腿和一块胫骨，上面有很多肉。它从其他狗的推推搡搡中迅速退出来——实际上，它是躲到了灌木丛后面——开始享用它的战利品。这时，巴希克朝它冲来。它不管巴希克想干吗，跳起来对它猛咬两口，然后跳开。巴希克被这样迅猛的攻击震惊了。它站在那儿，隔着那块血淋淋的胫骨，一动不动地看着白牙。

巴希克老了，而且知道那些曾经被它欺凌的狗越来越勇猛。它吃过几次亏后，不得已，想凭自己的智谋来对付它们。在过去，它肯定会气势汹汹地扑向白牙。但是，现在不行了，它已经力不从心。所以，它恶狠狠地耸起背毛，目光越过那块胫骨，阴沉沉地看

[①] 巴希克：狗名。

着白牙。这时,似乎昔日的畏惧感死灰复燃,白牙又想退缩了,又觉得自己微不足道了,同时还在想怎样逃跑才不会太失面子。

然而,巴希克这时却犯错了。如果它就那样凶恶而阴沉地看着白牙,一切都会对它有利。白牙正准备退缩,把那块肉让给它。但是,巴希克等不及了。它认为已经得胜,就朝那块肉走过去。当它毫无提防地低头闻闻那块肉时,白牙耸了耸背毛。即使在这时,巴希克要挽回局势仍不算太晚。它只要站在那块肉前面,昂首怒目而视,白牙就会逃之夭夭。但是,那块鲜肉的气味太好闻了,它忍不住诱惑,贪婪地咬了一口。

这太过分了。在最近几个月里,白牙已经当上了拖橇狗队的首领,看到别的狗大口吞食属于它的肉,那是它绝对不能容忍的。它突然发起袭击,像往常一样,毫无警告。它一口咬下去,巴希克的右耳已被咬破。毫无防备的巴希克被这突然袭击惊呆了。但是,还没等它回过神来,同样迅猛的一击又接踵而至。它被撞翻在地。它的喉咙被咬破了。等它挣扎着站起来时,那只年轻的狗又连续两次咬了它的肩膀。速度快得惊人。它拼命反击,但是徒劳,狠狠一口咬下去,咬到的只是空气。接着,它的鼻子又被撕破。它踉踉跄跄地后退,离开了那块肉。

现在,局势反转。白牙站在那块胫骨旁边,耸起背毛,威风凛凛,而巴希克站在一段距离外,准备逃跑。它不敢再冒险和这个年轻敏捷的对手较量了。它再次痛苦地承认,它已经年老体衰。但是,它仍有点英雄气概,要维护自己的尊严。它镇静地转过身,背对着那只年轻的狗和那块胫骨,做出一副对这两种东西都不屑一顾的样子,昂起头,大步走了。一直走到白牙看不见它的地方,它才停下来,舔舔流血的伤口。

白牙因此而有了更大的自信心和自豪感。它在成年狗面前不再毕恭毕敬。它对它们的态度不再那么谦卑。它之所以这样，并不是要惹是生非。一点也不是。它这样是要赢得它们的尊重。它认为，它有权这样，走路不用畏畏缩缩，也不用为任何一只狗让路。它要受到尊重，仅此而已。它不再像许多幼犬那样可被欺负，也不再像它的许多队友那样可被鄙视。它们行走时要为成年狗让路，还被迫把肉让给成年狗吃。但是，白牙——不合群的、独来独往的、乖僻古怪的、极少左顾右盼的、令人害怕的、难以亲近的、冷漠傲慢的白牙，却使那些成年狗困惑不解，不得不承认它和它们是平等的。它们很快就知道不要去打扰它，既不要冒险和它作对，也不要试图和它友好。只要它们不去打扰它，它也不会来打扰它们——这是它们经过几次试探后发现的最佳状态。

到了仲夏，白牙又有了一次经历。那时它和几只猎犬一起追踪驼鹿，就在它悄无声息地来到印第安部落边缘的一个新建帐篷前查看时，它迎面遇到了吉琪。它停下来，望着吉琪。它对吉琪的记忆很模糊，但它还记得吉琪，不需要告诉它吉琪是谁。吉琪对它咧咧嘴，发出苍老的咆哮声。它的记忆变得清晰起来。它顿时想起了自己被遗忘的幼狼时代，因为那时一切都和这种熟悉的咆哮声联系在一起。在它认识那些神之前，吉琪对它来说就是全世界的中心。它心中又涌起了那时的那种亲密无间的感情。它欢快地奔向吉琪，然而吉琪却用锋利的牙齿迎接它，在它脸上猛咬一口。它不明白。它后退了，困惑不解、不知所措。

不过，这不是吉琪的错。一年前离开的幼狼，母狼是记不住的。吉琪已经不认得白牙了。对它来说，白牙是一个陌生的闯入者，而它正有一窝幼狼需要它驱赶这个闯入者。

一只幼狼朝白牙爬来。它和白牙都不知道，它们是异父兄弟。白牙好奇地嗅了嗅那只幼狼，吉琪马上扑过来，在它脸上咬了第二口。它连连后退。那一度复活的往日记忆现在又死了，又被葬入了遗忘之墓。它看着，吉琪在舔它的幼儿，还时不时地停下来对它咆哮。吉琪对它来说已经毫无意义。它知道，今后不再有吉琪了。吉琪将被彻底遗忘。它心目中再也不会有吉琪，就如吉琪心目中早就没有了它。

但是，它仍然呆滞而迷惘地站在那儿。它已失去记忆，只为这一切感到惊讶而已。这时，吉琪冲过来咬了它第三口，目的是要把它从那里赶走。白牙任由吉琪驱赶。吉琪是一只母狼，公狼是不跟母狼相争的，这是狼群中的规则。对于这一规则，白牙其实并不知晓，因为这不是它自己总结出来的，不是某种来自实际经验的东西。它之所以不和吉琪争斗，只是出于一种隐秘的内心驱动，出于一种本能——就如它对着夜空中的星月长嚎，就如它对死亡和那未知的东西的恐惧，也是一种本能。

几个月过去了，白牙长得更加壮实、更加矫健了，它的性格也在它的天性和环境的影响下逐渐形成。它的天性也许就像黏土一样具有很大的可塑性，可以揉捏成不同的形状。环境就像模具，可以把填入的黏土揉捏成某种特定的形态。所以，如果白牙没有来到人类的篝火前，荒野就会把它揉捏成一只真正的狼。但是，那些神却给了它一种不同的环境，把它揉捏成了一只狗。这只狗很像狼，但它是狗，不是狼。

所以，由于它的黏土般的天性和环境的压力，它的性格被揉捏成了某种特定的形状。这是不可避免的。它变得越来越乖僻古怪、越来越不合群、越来越独来独往、越来越凶猛狂暴。与此同时，其他的狗越来越知道，最好和它平安相处，不要和它作对。灰海狸却越来越看重它，几乎天天夸奖它。

不过，尽管白牙的各种体能都很强壮，但它却有一个难以克服的弱点。它容不得有人对它笑。人的笑声在它听来非常可恨。他们相互之间不管怎么笑,只要不是笑它,它都无所谓。但是,只要有人笑它,它就怒不可遏。无论是苦涩的笑、庄重的笑,还是阴沉的笑,都会使它狂躁得几近失常。他会愤怒得甚至一连几个小时变得像恶魔一样。这时,如果有哪只狗来招惹它,那就倒霉了。它对灰海狸定下的法规知道得很清楚,因为灰海狸身后有棍子和神力,但其他的狗身后却什么也没有,只有荒地——所以,每当白牙因为被笑而发疯时,其他的狗只能落荒而逃了。

在白牙三岁时,麦肯齐河上的印第安人遭遇了大饥荒。夏天,捕不到鱼。冬天,卡里布①不见他们的踪影。驼鹿很难找到。野兔几乎绝迹。猎食动物和猎物都死了。因为没有食物来源,因为饥饿而虚弱,他们纷纷倒下,只有强者才能生存。白牙眼中的神也是猎食动物。年老的神和体弱的神已被饿死。部落里哀号声一片。女人和孩子饥肠辘辘,到处乱跑。饿得皮包骨头的男人在树林里蹒跚而行,想找到一点猎物,但什么也没有。

那些神竟然被逼到如此绝境,不得不吃他们的皮靴和皮鞭。至于狗,就只能吃绑在它们背上皮带和穿在它们脚上的鹿皮套了。此外,他们还相互吃,不仅神吃狗,狗也吃狗。最虚弱的、最没用的狗先被神吃掉。活着的狗在一边看着,心里明白,接下来要吃它们了。有几只最大胆、最聪明的狗逃离了已成屠宰场的营地,逃离了它们的神。它们逃进树林,最终不是饿死,就是被狼吃掉。

在这悲惨时期,白牙也逃进了树林。它比其他狗更适应树林中的生活,因为它在幼年时曾受过训练。特别是,它善于捕杀小动物。它能潜伏几个小时,窥视一只松鼠的一举一动。虽然饥饿难

---

① 卡里布:加拿大卡里布山脉西麓一地区。

忍，它仍会耐心等待，等着那只胆小的松鼠大胆地从树上下来。即便那只松鼠下来了，它也不会性急。它要等到那只松鼠肯定没法逃回树上时才会出击。这时，只有在这时，它才会纵身一跃，像一颗灰色的子弹从潜伏处射出，以极快的速度准确射向目标——那只松鼠在劫难逃。

不过，它虽然能成功捕杀松鼠，却有一个难题使它不能仅靠松鼠为生。因为没有那么多松鼠。所以，它不得不捕杀更小的小动物。譬如，它有时会出于饥饿而从地下洞穴里刨出小木鼠，将就着吃。它甚至不惜和一只像它一样饥饿、往往比它更凶猛的黄鼠狼搏斗。

在大饥荒最严重的时候，它偷偷溜回到那些神的篝火附近。它并不靠近篝火，而是潜伏在附近的树林里，以免被发现。然后，它看准机会，偷盗落入陷阱的猎物。有一次，它甚至偷盗了灰海狸的陷阱中的一只野兔，而这时，灰海狸正在树林里吃力地走着，时不时坐下来休息，呼吸虚弱而短促。

一天，白牙遇到一只因为大饥荒而饿得瘦骨嶙峋、有气无力的小狼。要不是饥荒，白牙说不定会和那只小狼同行，和它一起返回狼群，找到它的野性兄弟。然而，实际情况是，它冲向那只小狼，杀了它，并吃了它。

它似乎总有好运。每当它最需要食物时，它总能找到猎物，而每当它虚弱无力时，也总是幸运地没有遇到大型掠食动物。所以，当饥饿的狼群从侧面向它冲来时，它因为这两天刚吃过一只山猫，已经浑身有力。那是一次严酷的长途追逐，但它因为比那些狼吃得好，更有耐力，最后甩掉了它们。不仅甩掉了它们，还在绕来绕去的追逐过程中捕杀了一个筋疲力尽的追逐者。

这之后，白牙离开那个地方，前往那个它出生在那儿的山谷。

在那儿，在原先的洞穴里，它又遇到了吉琪。原来，吉琪用它的老办法逃离了它的神，逃离了险恶的篝火，回到它旧日的庇护所，生下了一窝小狼。那窝小狼在白牙来到时仅剩一只，其他都死了。就是这一只，肯定也活不了多久。在这样的大饥荒中，幼儿几乎没有活路。

对白牙这个已经长大的儿子，吉琪毫无热情。不过，白牙并不在乎。它已经长得比它母亲还高大。所以，它理智地调转身，沿着那条河朝前走了。到了那条河的分流处，它沿着左边的那条支流走，发现了很久前和它们母子俩打斗过的那只母山猫的巢穴。它在那个废弃的巢穴中安顿下来，休息了一整天。

初夏期间，在大饥荒的最后几天里，它遇到了和它一样逃到树林里吃尽苦头的尖嘴。它是偶尔遇到尖嘴的。它们俩正好从相反方向沿着高高的灌木丛边缘走来，绕过一块岩石，面对面地碰上了。它和尖嘴都愣住了，很紧张，相互打量着。

白牙的身体状态极佳。它捕猎很有成效，这一星期来一直吃得很饱。最近一次猎杀甚至让它大吃了一顿。所以，在它打量着尖嘴的同时，它的背毛已经耸起。这对它来说是很自然的，因为尖嘴曾想害它，曾使它心怀仇恨，咬牙切齿。既然那时它看到尖嘴会耸起背毛、大声咆哮，那么现在当然也会耸起背毛、大声咆哮。它没有浪费时间。它干净利落地做了它该做的事。它没等尖嘴后退一步，直接朝尖嘴扑了过去，肩膀对肩膀猛地一撞。尖嘴被撞得仰天翻倒，白牙一口咬断了它干瘦的喉咙。接着，就是临死前的挣扎。白牙绕着它走了一圈，然后笔直地站在那儿，看着它死去。这之后，白牙沿着灌木丛边缘一路小跑，继续它的行程。

不久之后，有一天，白牙来到树林边上，那里有一个狭长的斜坡，就在麦肯齐河边。这个地方它过去曾来过，那时还是一片空地,现在成了一个部落的营地。它照例潜伏在树林里,窥视营地里的情况。它觉得那里的声音、动静和气味好像很熟悉。这是一个旧部落换了新营地。但是,现在那里的声音、动静和气味又和它逃离营地时的情况不一样。没有了哭泣声,没有了哀嚎声。它听到的是平安度日的声音。就是一个女人在骂人,它也听得出,她的声音是从吃饱东西的肚子里发出来的。它闻到了鱼腥味。那是食物。大饥荒过去了。它大胆地从树林里出来,进了营地,朝着灰海狸的帐篷跑去。灰海狸不在。但是,克露-库奇用惊喜的叫声迎接它,还给它吃了一整条刚捕到的鱼。这之后,它俯卧在那里,等着灰海狸回来。

第四章　超 级 之 神

一

　　按天性，白牙多少还是有一点和同类交好的可能性的。但是，一旦成为拖橇狗的领队，它就是这点可能性也注定不会有了。因为那些狗都恨它——因为密特-萨阿总是多给它肉吃，因为它总是得到宠爱，虽然有些是真的，有些是纯属想象。因为它总是跑在狗队的最前面，那些狗总是看到它不停摆动的尾巴和不断向前的臀部，都气疯了。

　　对此，白牙报之以更刻毒的恨。它成为领队狗虽有种种好处，但它并不满意。三年来，它不得不跑在狗队的前面，还要控制好狗队中的每一只狗，这使它觉得难以忍受。但是，它必须忍受，否则就会死，而它要活，不想死。每当密特-萨阿下令出发时，似乎整个狗队都穷凶极恶地朝它冲来。

　　它毫无防卫。只要它稍稍转身，密特-萨阿就挥动粗而长的鞭子劈头盖脑抽来。它唯一能做的就是往前奔跑。它不可能用它的尾巴和臀部去抵挡那些吼叫着的狗。那是不能当作武器用来对付那么多獠牙的。所以，它只能往前奔跑，违心地、屈辱地奔跑，整天整天地奔跑。

　　没有谁做着违心的事而无所畏惧。这种畏惧就像一根应该朝外长的毛不自然地朝反方向长到身体里去了，并在那儿化脓、溃烂，令人痛苦不堪。白牙就是如此。它咬牙切齿，真想把它身后的那些狗统统扑倒。但是，那是神的意志不允许的，而在神的意志后面，有三十英尺长的鞭子为他撑腰。所以，白牙只能忍辱负重，同时又因为它天性倔强而恨之入骨。

如果说有哪个家伙是和它的同伴为敌的，那就是白牙。它不要同伴，也不做同伴。它常常撕咬同伴，也常常被同伴撕咬。它和大多数领队狗不同，当到了营地挽具被卸下后，它从来不挨在神的身边寻求保护。它鄙视这样的保护。它大胆地在营地里走动，在夜里惩罚那些在白天侵犯过它的狗。在它还未做领队狗之前，那些狗都知道，见了它要让道。但是，现在不一样了。因为一整天跟在它后面奔跑，它们的脑子里无意识地有一种好像它在逃跑的印象，一整天都有一种它很害怕它们的感觉。所以，它们见了它不再主动让道了。只要它出现在它们中间，马上就会引来一阵喧嚣。它到哪里，哪里就有吼叫与咆哮。四面八方都充满了仇恨和敌意，这使它报之以更大的仇恨和敌意。密特-萨阿每次命令狗队停下时，白牙都是服从的。起初，这使其他的狗骚动不安。它们一看见它转过身来，就冲向这个可恨的领队。但是，它身后有密特-萨阿。密特-萨阿手里有啪啪作响的长鞭。这使得那些狗知道，当狗队听从命令停下时，白牙是不可侵犯的。但是，如果白牙不是听从命令，而是擅自停下，它们是可以扑过去杀了它的。这样几次之后，白牙再也不敢擅自停下了，非得等有命令才敢停。它学得很快。这很自然，它必须学得快，否则它是没法在这不寻常的严酷环境中生存下去的。

但是，在营地里，那些狗依然没有接受教训，还是不知道最好离它远一点。它们总是忘记昨天夜里受到的教训，到了白天仍然跟在它后面汪汪乱叫。当天夜里，它们又受到一顿教训。但是，它们随即又忘了。它们之所以厌恶它,还有一个重要原因。它们觉得它和它们之间的种族差异——这一点,足以引起它们的敌意了。其实,它们和它一样,也是驯化的狼。不同的是,它们已经被驯化了好几代。它们的许多野性已经失去,以至于对它们来说,野性是未知的东西,是可怕的,是极其邪恶的、极其凶险的。但是,它,无论是外表、行为,还是性情,仍野性十足。它是野性的代表。它是野性的化身。所以,它们要对它露出獠牙。它们是为了保护自己,为了提防那种来自没有篝火的昏暗之地、来自荒山野岭的野蛮杀戮。

为此,那些狗学会了抱成一团。白牙太可怕了,它们中没有一个敢单独面对它。它们不得不一起对付它。否则,它会在夜里把它们一个个杀掉。像现在这样,它就没有机会杀它们了。它或许能把一只狗踩在脚下,但在它还没来得及咬住那只狗的咽喉时,其他的狗就会一起冲上去。更何况,只要一有冲突迹象,它们就会肩并肩地面对它。其实,那些狗之间也有纷争。但是,当它们和白牙对峙时,那些纷争就被忘记了。

另一方面,它们曾试过几次,都没能杀死白牙。对它们来说,白牙实在太敏捷、太可怕、太聪明了。它不会离它们太近。就是它们把它包围了,它也总能突围。它们中没有一个能把它撞倒。它的四脚总是紧扣着地面,因为对它来说,紧扣着地面就是紧扣住生命。因为在它和那些狗的殊死搏斗中,"站着"和"活着"是同义词,"倒下"和"死亡"是同义词。这一点,白牙知道得比谁都清楚。

就这样,它不得不和它的同伴为敌。那些狗也是被驯化的狼,只是在人类篝火前被软化了,在人类强力庇护下被弱化了。它对此感到苦涩难言、悲愤不已。它生来就是狼。它和狗有世族之仇。这

199

种世族之仇的暴虐程度，甚至使灰海狸这样的野蛮人也感到震惊。灰海狸曾发誓说，他从没见过像白牙这样凶残的动物。其他部落的印第安人也曾发誓说，他们从没见过哪种动物会像白牙这样大肆虐杀他们部落里的狗。

　　大约在白牙五岁时，灰海狸带着它再次长途迁徙。他们沿着麦肯齐河穿越落基山脉，再沿着波丘派恩河到达育空河，而使灰海狸终生难忘的是白牙一路上在许多部落的狗群中施行的大屠杀。白牙以杀戮它的同类为乐。它的同类都是些普普通通的、毫无戒心的狗。它们根本防不住它的快速出击，更何况，它从不发出警告。它们不知道它是谁，只知道它是个心狠手辣的屠夫。它们耸起背毛、蹬着腿向它挑战。对此，它毫不迟疑，就如弹簧似的一蹦而起，不等它们有任何反应，就已经一口咬住了它们的咽喉。接着，它们便一个个在惊恐和痛苦的挣扎中死去。

　　它越来越善于杀戮。它的杀戮干净利落。它从不浪费精力，从不拖泥带水。它闪电般出手，要是不成功，就闪电般收手。它是狼，但它对狼群里常有的肢体接触却厌恶到了不寻常的地步。它不能容忍稍长一点时间的肢体接触。这在它看来是危险信号。这会使它心烦意乱。所以，它平时一看到活的东西，就会马上走开，保持距离。这是因为野性仍存留在它身上，仍从它身上表现出来。而它幼年时所经历的那种孤独生活，又加深它的这种感觉。危险无处不在。那是陷阱。那就是陷阱。恐惧感不仅弥漫在它的生活中，还融化在它的血液中。

　　所以，陌生的狗碰到它是没有机会和它对抗的。它会避开它们的牙齿。它要么杀死它们，要么走开，反正不会和它们纠缠。通常就是这样。但是，也有例外。有几次，好几只狗同时盯上它。它来不及走开，被它们惩罚了一通。还有几次，单独一只狗也狠狠咬了它一口。但是，这些都是偶然的。总的来说，它是一名出色的斗士，可以昂首阔步而不受伤害。

此外，它还有一个优势，可以准确判断时间和距离。不过，这不是它刻意去做的。它并不计算时间和距离。这都是天然的。不仅它的眼睛看得准确，而且它的神经会准确地把视觉印象传送到大脑。它的身体各部分调节得比一般的狗要好。各部分的效率也更顺畅、更稳定。神经、智能和肌肉的协调都要比狗好得多。只要它的眼睛把某种动作的印象传送到大脑，它的大脑就会无意识地测出该动作的空间范围和完成该动作所需要的时间。所以，当其他的狗朝它扑来或者张嘴咬它时，它可以迅速躲避，同时抓住瞬间机会实施反击。无论是它的躯体，还是它的头脑，都是一部完善的机器。这不是对它的赞扬，而是说，相对于一般动物，大自然对它更加慷慨，如此而已。

白牙到达育空堡时，已是夏天。灰海狸在冬末时翻越麦肯齐河与育空河之间高大的分水岭，整个春天一直在落基山脉的西端打猎。然后，当波丘派恩河上的冰层开裂后，他做了一只独木舟，在波丘派恩河上顺流而下，最后到达了位于北极圈内的波丘派恩河与育空河的交汇处。那里耸立着一座属于哈得逊湾公司的古堡，还有许多印第安人，许多食物，热闹非凡。这是一八九八年夏天，成千上万的淘金者沿着育空河，来到道森和克朗代克。他们中的许多人虽然已经长途跋涉了整整一年，行程至少有五千英里，有些人甚至是来自世界另一端的，但他们还要走几百英里才能到达目的地。

就在这儿，灰海狸停下了。他曾听到关于淘金热的传言，所以带着好几捆毛皮，还有缝制好的皮手套与鹿皮鞋，来到这里。如果不是为了卖个好价钱，他是不会冒险做这次长途旅行的。但是，他所看到的完全不是他所指望的。他想象得太简单了，实际上要难一千倍。于是,就像一个真正的印第安人那样,他在这儿住了下来,谨慎地、慢慢地做他的买卖,甚至在整个夏天直到冬天,他都在处理他的货物。

就是在育空堡,白牙第一次看到了白人。在它看来,白人和它知道的印第安人相比,简直就是另一种人类,是一种超级之神。它觉得他们似乎具有一种高超的神力,一种存在于神的头脑中的力量。当然,白牙并不知道其中原因,它的智力还不足以准确理解为什么白种神更强、更有力。它只是有这样一种感觉而已。但是,这种感觉一点没错。就如它幼年时曾觉得印第安人搭的帐篷非常了不起,现在它被那些用巨大的木料建造的房屋和城堡惊呆了。这才是神力!这些白种神才真正了不起!他们比它所知道的那些神,譬如其中最厉害的灰海狸,更懂得怎样掌控世间万物。和这些白皮肤的神相比,灰海狸不过是个幼儿神。

当然,白牙只是感觉到而不是意识到这些事情。因为动物的行为与其说基于思考,不如说基于感觉。现在,白牙的每一种行为都基于这样一种感觉——白人是超级之神。一开始,它对他们还心存疑虑。它还不清楚他们是不是未知的恐惧,会不会施行未知的伤害。它好奇地观察他们,但又害怕被他们注意到。所以,它在最初几小时里只是潜伏在他们附近,远远地窥视他们。后来,它发现他们并不伤害他们身边的狗,于是就朝他们走去。

他们看到它都大吃一惊。它的外貌像狼,这一下子引起了他们的注意,接着便对着它指指点点。这使它警觉起来,只要他们想靠近它,它就对着他们一边龇牙咧嘴,一边往后退。没有人用手碰它一下,实际上也没有人做得到。

它很快知道,住在这个地方的这些神很少——至多十二个。但是,每隔两三天有一艘汽船(这是了不起的神力的又一展示)靠岸并停留几个小时,有些白人会从汽船上下来,然后又离开了。所以,似乎很难说这儿的白人到底有多少。大概仅在一天里,它看到的白人就多于它一生中看到的印第安人,而且他们每天都不断从河上过来,停留,然后又在河上消失。

不过,白种神固然有神力,他们的狗却不怎么样。这一点,白牙是混在那些随它们的主人一起上岸的狗中间很快发现的。它们是些大大小小、乱七八糟的狗。有的是短腿——腿太短了。有的是长腿——腿太长了。它们身上的毛皮非但不厚,有的甚至没多少毛。它们全都不懂怎样打斗。

这些狗同样是白牙的世族之敌,按白牙的天性,和它们打斗是自然而然的。它和它们打了,而且很快就一点也看不起它们了。它们全都软弱无能,只知道汪汪乱叫,没头没脑地到处乱蹿,竟然还想和它比拼机智和敏捷。它们冲着它吠叫。它跳到一边。它们蒙了,不知道它想做什么,而就在这时,它猛地一跳,飞身把它们撞倒,一口咬断了它们的喉咙。

有时,它攻击成功后,受到攻击的那只狗还会在地上翻滚。趁此时机,那些等在一边的印第安狗就会一哄而上,把那只狗撕成碎片。白牙很聪明,它早就知道,神的狗被杀,神是肯定要发火的。这一点,白人也不例外。所以,它只满足于把他们的狗撞翻在地并咬断它们的喉咙,然后就退到一边,让那些印第安狗去做残酷的结束工作。这样一来,白人只会冲出来对那些印第安狗发泄怒火。它就没事了。石块、棍子、斧头之类的东西,纷纷砸向它的同胞,它却站在不远处观望。白牙真是聪明绝顶。

但是,它的同胞也自有办法,也变得聪明了。在这方面,白牙和它们一起变得聪明起来。它们知道,每当一艘汽船刚靠岸时,它们就有戏了。只是,当最初的两三只刚来的狗被扑倒并杀死后,白人会把他们的狗统统赶回到甲板上，然后对那些凶犯施以野蛮的报复。有个白人看到自己的一只猎犬被撕成碎片后，拔出了一把左轮手枪。他连射六枪。六只印第安狗不是当场毙命，就是正在死去——又是一次神力展示，深深印入了白牙的脑海。

对这种事情，白牙只觉得高兴。它并不爱它的同胞，而它自己是有办法逃避伤害的。起初，杀死白人的狗对他来说只是消遣。后来，这件事竟然成了它的职业。这里没有其他事情可做。灰海狸忙于做买卖，正在挣钱。所以，白牙就像那些恶贯满盈的印第安狗一样，在码头上游荡，等着汽船到来。只要汽船一到，好戏就开场了。几分钟后，等白人惊跳起来时，凶杀团伙已经四散逃窜。好戏结束了，等下一艘汽船到来时再开场。

不过，说白牙是那个团伙中的一员是不对的。它并没有和它们混在一起，而是和它们保持距离，总是单干，甚至还有点害怕那个团伙。事实上，它把这件事当作工作，不是觅食。每次都是它先挑起和陌生狗的冲突，那个团伙在一边等着。当它把陌生狗掀翻在地后，那个团伙就过来把那只陌生狗解决掉。事实上，每到这时，它就会撤离，让那个团伙去承受神的愤怒惩罚。

挑起冲突不需要费多大心思。它只要等那些陌生狗上岸时，在它们面前一站就可以了。它们会朝它冲过来。这是狗的天性。因为白牙是野性的，是一种未知的、可怕的、凶险的东西，一种出没于昏暗的野蛮世界中的东西，而它们，由于蜷缩在人类的篝火前，已经改变了本性，已经摆脱了野性、背离了野性，已经对自己原有的野性感到恐惧了。这种对野性的恐惧，一代又一代，世世代代地铭刻在它们的天性中。千百年来，野性对它们来说即意味着恐怖和死亡。所以，它们一直得到主人的允许，可以杀死野生动物。它们这么做，既为了保护自己，也为了保护那些日夜和它们在一起的神。

所以，当这些刚从温暖的南方来到这里的狗一走下跳板、一踏上育空河的河岸时，迎面看到白牙，顿时就有一种不可抑制的冲动，要冲过去杀死它。它们可能是城市里的狗，但对野性的本能恐惧是一样的。这个狼一样的家伙在光天化日之下站在它们面前，它们不仅用自己的眼睛看到了它，同时还用它们祖先的眼睛看到了它，而且还从它们世代的记忆中得知这个家伙就是一只狼，是它们的世族之敌。

所有这些都只会使白牙感到高兴。只要这些陌生狗一看见它就朝它冲过来，那对它来说就再好没有了，而对它们来说，却是大难临头。它们把它看作猎物，其实它们才是它的猎物。

若不是它最初孤寂地在洞穴里看着太阳，若不是它曾和松鸡、黄鼠狼、山猫殊死搏斗，若不是它幼年时受到尖嘴和那些未成年狗的迫害，它现在也许不会这样。也许，那时就不会这样。如果没有尖嘴，它会和其他幼犬一起度过童年，长大后会更像狗，更喜欢狗。如若灰海狸是个亲切、友爱的人，它也许会被他感化，会具有和蔼、善良的品质。然而，事情却不是这样。它就像一块黏土，被揉捏成了现在这个样子，乖戾、孤僻、冷酷，与同类为敌。

二

住在育空堡的白人很少。这些人来到这个地方已经很久了。他们自称"酸面团"，并对这样的自我认定感到很自豪。对于其他人，那些新来的人，他们除了鄙视，还是鄙视。新来的人就是那些从汽船上下来的人。他们被称为"酵面团"，尽管他们对这个称呼并不认可，但也无可奈何。他们是用发过酵的面粉做面包的。所以，招来了"酸面团"的妒忌，因为"酸面团"没有发酵粉，做面包时只能用发酸的陈面充当酵母①。

不过，这无关紧要。总之，育空堡的居民不仅看不起新来的人，而且幸灾乐祸，巴不得他们遇到什么麻烦。所以，他们看到白牙和那个恶贯满盈的团伙猎杀新来者的狗，特别高兴。只要汽船一到，他们就会跑到河岸上去看好戏。他们像那些印第安狗一样期待着汽船的到来，而且像那些印第安狗一样欣赏白牙的既巧妙又野蛮的表演。

他们中有个人，特别喜欢这个节目。他只要一听到有汽船到港的声音，就会跑出来看，一直看到杀狗剧结束，白牙和印第安狗团伙四散逃窜，他才慢吞吞地回城堡，还一脸意犹未尽的神情。有时，这个人看到一只怯弱的南方狗在印第安狗团伙的尖牙下垂死挣扎，会忍不住高兴得跳起来，大声叫好。此外，他还总是用垂涎的目光盯着白牙。

这个人，城堡里的其他人叫他"美男子"。没有人知道他的名字，这里的人通常只知道他叫"美男子史密斯"。其实，他一点也不美。恰恰相反，叫他"美男子"是有意嘲笑他。他长得特别难看。大自然对他真是太小气了。首先，他是个矮男人。其次，瘦骨嶙峋的躯干上长着一个更加瘦骨嶙峋的小脑袋。小脑袋的顶部简直呈削尖的形状。实际上，在他被称作"美男子"前，他年轻时的绰号是"钉子头"②。

他的脑袋后侧，从顶部朝下，直到后脖颈，是倾斜的。朝前也是倾斜的，和一个扁而宽的前额相连。前额下面，大自然似乎为了弥补它的小气，大手大脚地给了他几件大东西。他的两只眼睛大得

---

① 在人工发酵粉发明之前，人们是用自然发酵的酸面团做面包的，因而那时的面包都是有点酸的。
② 钉子头：原文 Pinhead，另有笨蛋的意思。

出奇，两眼之间的距离也大得出奇。相对于身体的其他部位，他的脸大得极不相称。大概为了突出重点，大自然还给了他一个超大的下巴，一个笨重的、看上去好像是搁在胸口的大下巴。之所以会这样，是因为他的脖子特别细，细得看上去好像撑不住这么大一个下巴。

大下巴通常给人坚毅刚烈的印象。但是，美男子史密斯的下巴却不是这样。也许，他的下巴太不合常规。也许，他的下巴实在太大。不管怎么说，坚毅刚烈的印象是肯定谈不上的。其实，他是个出了名的懦夫、胆小鬼、鼻涕虫。下面，继续来描述他的外貌——他的牙齿又大又黄，尤其是两颗上犬齿，特别长，像狗的獠牙，从上嘴唇下面露出来；他的眼睛是土黄色的，好像是大自然在创造他时因为颜料不够，随便弄了点泥巴涂抹了一下；他的头发也一样，又黄又脏，蓬松凌乱，有几簇从脑袋上一直披到脸上，看上去就像随风摆动的麦穗。

总之，美男子史密斯是个怪物。不仅是个怪物，还是个混蛋，做事极不负责。他这块黏土，一开始就被揉捏成了这个样子。他为城堡里的人做饭、洗盘子，兼做一些杂活。其他人倒也不嫌弃他，就像宽容一个生性不好的人，对他很大度。其实，他们还有点怕他，怕这个胆小鬼一时发火，会在他们背后开枪，或者在咖啡里下毒。再说，饭总得有人做。美男子史密斯不管多么不堪，做做饭还是可以的。

就是这样一个人，他看到白牙后，竟然心生妄念，乐滋滋地想拥有白牙。他先试探了一下。白牙根本不理他。后来，他一再试探，白牙耸起背毛、露出牙齿，连连后退。它一点也不喜欢这个人。它对这个人的感觉一点也不好。它从这个人身上嗅出一股邪恶的气味。它害怕这个人向它伸过来的那只手，害怕这个人说的那些甜言蜜语。总之，它憎恨这个人。

　　动物都很单纯，对善恶的理解也很单纯。在它们看来，善就是会带来轻松、满足和舒适的事物。所以，善是可喜的。恶就是会带来不安、危险和伤害的事物，因而是可恨的。在白牙看来，美男子史密斯就是恶。它以超自然的方式感觉到，这个人畸形的躯体和扭曲的心灵散发着不正常的气味，就像从沼泽地里散发出来的瘴雾毒气。它不是凭推理，不是凭五种感官，而是凭一种模糊而神奇的预感，从这个人身上感知到一种不祥之兆。所以，它认定，这个人是应该憎恨的恶人。

　　美男子史密斯第一次去找灰海狸时，白牙正好在营地里。它听到远处传来的脚步声，还没看到人影，就知道是谁来了，就开始耸起背毛。它原本懒洋洋地躺在那里，突然站了起来，而当这个人走进营地时，它就像一只真正的狼一样，悄悄地潜伏在营地边，窥视着营地。它听不懂他们在说什么，只看见这个人在和灰海狸交谈。这个人说着，还用手指了指它。虽然那只手离它有五十英尺远，它仍像被触到了似的，叫了一声。这个人听到叫声，笑了起来。于是，它拔腿就朝寂静的树林跑去。它轻快地跑着，时而停下来回头看看。

　　灰海狸不想把狗卖掉。他买卖做得不错，并不需要卖狗换钱。再说，白牙不是寻常的狗，不仅是拖橇狗中最强壮的，还是最好的领队狗。像它这样的狗，甚至可以说，不论在麦肯齐河一带，还是在育空河一带，都是数一数二的。它还善于打斗。它杀死其他的狗，就像人拍死蚊子一样容易。不，白牙是不卖的，不管出什么价钱，都不卖（对此，美男子史密斯只好干瞪眼，只好用舌头舔了舔嘴唇）。

　　不过，美男子史密斯知道印第安人的弱点。他开始经常到灰海狸的营地里来，而且每次衣兜里都带着一只沉甸甸的瓶子。威士忌的潜力之一,就是容易上瘾。灰海狸染上了酒瘾。他嗜酒如命,越喝越多。与此同时,他的头脑越来越昏聩,不顾一切地寻求酒精的刺激。他用毛皮、皮手套和鹿皮鞋赚来的钱,开始流失。随着钱流失得越来越快,随着他的钱袋越来越瘪,他的意志力也越来越弱。

最后,钱没了、货没了、意志力也没了,唯一所剩的是酒瘾——分分秒秒都在发作的酒瘾。这时,美男子史密斯再次找到他,要他把白牙卖给他,并说他出的价钱不是多少美元,而是多少瓶酒。灰海狸听得竖起了耳朵。

"你去抓住那只狗,把它带走。"灰海狸最后说。

好几瓶酒给了他。但是,两天后,美男子史密斯对灰海狸说:"你去抓住那只狗。"

那天晚上,在外面躲了一天的白牙溜进营地。它叹了口粗气,躺下休息。那个可怕的白种神不在那里。两天来,他一直想抓住白牙,而且那么急迫,弄得白牙不得不逃出营地。白牙不知道,那两只想抓住它的手到底有多邪恶。它只知道,那两只手是邪恶的。所以,最好不要被这个人抓住。

但是,它躺下后不一会儿,灰海狸摇摇晃晃地朝它走来,把一根皮带系在它脖子上。然后,灰海狸在它旁边坐下,一手握着皮带,一手握着一只瓶子,时不时地放到嘴边,仰起头咕咚咕咚喝几口。

就这样,过了一个小时。地面上传来脚步声,显然有人朝这边走来。白牙听得清清楚楚,随即耸起了背毛,而灰海狸此时已喝得醉醺醺地打着盹。白牙想挣脱主人手里的皮带,但原本放松的几个手指突然握紧。灰海狸醒了。

美男子史密斯快步走进营地,到了白牙跟前。看到这个可怕的家伙,白牙低声吼叫,同时警觉地看着他的两只手。只见一只手伸出来，开始摸它的头。它提高了吼叫声。那只手慢慢地往下压，它在那只手下面慢慢往下蹲，同时恶狠狠地看着另一只手。吼叫声越来越急促，呼吸也越来越急促，它忍无可忍了。突然，它像蛇一样猛地张口一咬。那只手猛地缩了回去。它的牙齿咔嗒一声咬了个空。美男子史密斯又惊又怒。灰海狸啪的给了白牙一巴掌。白牙只好乖乖地趴在地上。

但是，它的眼睛仍然警惕地看着他们的一举一动。它看见美男子史密斯走过去拿来一根粗大的棍子。接着，灰海狸把那根皮带递给了他。美男子史密斯转身走了几步。皮带拉紧了。但是，白牙不肯走。灰海狸连扇了它几个巴掌，逼迫它跟着走。它服从了，但却是朝着那个牵着它的陌生人猛冲过去。美男子史密斯没有躲避。他正等着这一刻。他霍地举起手里的棍子，没等白牙撞到他，就一棍子把它打倒在地。灰海狸哈哈大笑，点头叫好。美男子史密斯再次拉紧皮带。白牙被打得眼冒金星，摇摇晃晃地站了起来。

它没有第二次冲撞。这一棍子猛击足以使它明白，那个白种神懂得怎样制服它，而且太狡猾，是绝对不能和他打斗的。于是，它夹着尾巴，神情沮丧地跟着美男子史密斯走了。但是，它嘴里仍低声吼叫着。美男子史密斯一直警觉地注意着它，一直手握着那根棍子，随时准备狠狠一击。

到了城堡，美男子史密斯把它拴好，确认它逃不掉后，就去睡觉了。白牙等了一小时。然后，它用牙齿咬那根皮带，仅用了十秒钟，就自由了。它使用牙齿从不浪费时间。没有一口是乱咬的。那根皮带被直接咬断，断裂处就像刀割一样平整。它望着城堡，耸起背毛，大声咆哮。然后，它转过身，快步跑回了灰海狸的营地。它依然忠于这个可怕的出卖了它的神。它把自己交给了灰海狸，它依然认为它是属于灰海狸的。

但是，刚刚发生的事情再次发生——只是有点不同。灰海狸再次用一根皮带把它拴住，天亮后又把它交到了美男子史密斯手里。有点不同的是，美男子史密斯打了它一顿。它被牢牢拴着，只能无望地嚎叫，任由他惩罚。棍子和皮鞭都用上了，它经受了有生以来最残酷的一顿毒打。相比之下，就是它年幼时那次被灰海狸连扇几十个巴掌，也算不了什么了。

美男子史密斯很享受他对白牙的这顿毒打。他喜欢做这种事情。当他挥舞着鞭子或者棍子时，当他听到白牙发出一声声绝望的惨叫时，他幸灾乐祸地看着它，眼睛里闪着阴沉的目光。他的残忍是懦夫的残忍。他在任何一个男人面前都只能卑躬屈膝，忍气吞声，于是他就把怒火发泄在无力自卫的动物身上。所有人都喜欢权力，美男子史密斯也不例外。他在他的同类中无法展示权力，就转而从动物身上满足他权力欲。由于他并没有在同类中展示权力，他也就不会招来同类的打击。他就是这样一个身体畸形、心灵扭曲的人。他就是这样一块黏土，没有被世界好好地揉捏成形。

现在，白牙明白了，它为什么被打。当初，灰海狸用皮带拴住它的脖子并把皮带递给美男子史密斯时，它就应该明白，这是神的意愿，它应该跟美男子史密斯走。后来，美男子史密斯把它拴在城堡外面时，它就应该明白，这是美男子史密斯的意愿，它应该留在那里。既然它违抗了两个神的意愿，当然要受到惩罚。它曾见过狗是怎样改换主人的，也曾见过逃跑的狗是怎样被打的，就像它现在一样。它很聪明，但它生来就有一种比聪明更内在的素质。那就是忠诚。它并不喜欢灰海狸，但不管灰海狸卖掉它也好，对它发火也好，它依然对灰海狸忠心耿耿。这是它的天性，它只能这样。这是它这块黏土的本质所决定的。这种本质只有它和它的同类才具有，而且正是这种本质，使它和它的同类不同于其他物种，使狼和野狗离开荒野，追随人类。

白牙被打之后又被牵回城堡。这次，美男子史密斯在它脖子下面系了一根木棍[①]。人类难以背弃他们的神，白牙也是。灰海狸是它的神，尽管灰海狸不要它了，但它还是依赖灰海狸，不想离开他。灰海狸出卖了它、抛弃了它，这对它毫无影响。它按契约把它的全身心交给了灰海狸。在它这一方，这是毫无保留的，契约不会轻易撕毁。

所以，那天夜里，等城堡里的人都睡了，白牙用牙齿咬那根木棍。那是一根硬木棍，又系在它的脖子下面，它很难用牙齿咬到它。为此，它只有绷紧颈部肌肉，尽量低头，它的牙齿才能碰到那根木棍，而它以极大的耐心，用了很长时间，竟然把那根木棍咬断了。这是一般的狗做不到的。从来没有这样的先例。但是，白牙做到了。第二天清晨，它逃出了城堡，脖子上还挂着一小段木棍。

它很聪明，但如果只是聪明，它就不会回到灰海狸那里去了，因为灰海狸已经两次出卖了它。它是出于忠诚才回去的。回去面对第三次被出卖。灰海狸又一次用皮带拴住它的脖子，美男子史密斯又一次前来把它牵走。它又被打了一顿，打得比前一次更加狠毒。

那个白人不停地挥舞鞭子，灰海狸在一边呆呆地看着。他不再保护白牙。白牙已不再是他的狗。被打之后，白牙伤得很重。这种情况下，娇弱的南方狗必死无疑，但白牙没有死。它经受过严酷生活的磨炼，它的身体经得起折磨。它有强大的生命力。但是，它伤得确实很重。起初，它连站都站不起来了，美男子史密斯不得不等了半个小时。半小时后，它摇摇晃晃地站了起来，昏昏沉沉地跟着美男子史密斯回到了城堡。

---

① 参见第三章第一节。这是印第安人防止狗逃跑的一种方法。

现在，它被一根铁链锁着，不怕它咬。它竭力冲撞，想冲脱铁链那头固定在木桩上的弧形钉子，但是没用。灰海狸没几天就喝完了那几瓶酒，又身无分文，不得不离开这里，沿着波丘派恩河长途迁徙，前往麦肯齐河。白牙被留在了育空堡，成了另一个人的财产，而这个人，简直就是一个发了疯的畜生。但是，对于一只狗来说，就是知道主人发疯又能怎样？对白牙来说，美男子史密斯就是神，不管他可怕不可怕，反正是神。他确实是个发疯的神，但白牙不懂什么是发疯，只知道必须服从这个新主人，必须对他俯首帖耳、唯命是从。

三

在这个疯神的监管下，白牙变成了恶魔。它被关在城堡后面的围栏里，还被铁链锁着，而美男子史密斯就在那儿戏弄它、激怒它，慢慢折磨它，逼得它发疯。这个人早就发现白牙对笑声很反感，于是每次折磨它一通之后故意对着它笑。他不仅哈哈大笑，用笑声嘲讽它，同时还用手指着它，奚落它。这时，白牙丧失了理智，暴怒变成了疯狂，甚至比美男子史密斯还要疯狂。

在此之前，白牙即便是恶敌，也仅仅和它的同类为敌。现在，它变成了万物之敌，比任何时候更加凶恶。由于受到这样的折磨，它变得盲目憎恨一切，连最起码的一点理智也没有了。它憎恨锁住它的铁链，憎恨从围栏的缝隙间偷看它的人，憎恨那些跟随人一起来的狗，憎恨那些欺侮它无助而对它恶意吠叫的狗。它憎恨囚禁它的那个围栏，那一根根木条，而它最憎恨的，说到底，是美男子史密斯。

不过，美男子史密斯对白牙所做的一切，都出自一个目的。一天，围栏边聚集了好些人。美男子史密斯走进围栏，一手拿着棍子，一手松开白牙脖子上的铁链。等主人一走出去，白牙就在围栏里狂蹦乱跳，试图扑向围栏外面的那些人。它的样子极其可怕。它足足五英尺长，站起来肩宽两英尺半，体重远远超过同尺寸的狼。它从它母亲那里遗传了狗的健壮体格，所以体重超过九十磅，而且没有一点脂肪、一丝赘肉。它全身都是肌肉、骨骼和活力，全身处于肉搏的最佳状态。

围栏的门再次被打开。它停下了。事情有点不寻常。它等着。门开得更大了。这时，一只巨大的狗冲了进来，门在它身后砰的一声关上了。白牙从未见过这样大的狗（这是一只獒①），但闯入者的巨大和凶猛并没有吓住它。这个东西，不是木头，不是铁，在它身上正好发泄它的满腔怒火。它猛扑过去，张嘴就在那只獒的脖子一侧咬了一口。那只獒惨叫一声，晃了晃脑袋，朝它扑来。但是，白牙时左时右，不管那只獒怎么扑，它总能闪避，而且还抓住机会又咬了对方一口，然后跳开，毫发无伤。

围栏外面的人拍手叫好，美男子史密斯更是喜笑颜开，得意扬扬地看着白牙的精彩表演，听着那些人的大声喝彩。至于那只獒，一开始就没什么希望。它太笨重，速度太慢了。最后，美男子史密斯用棍子把白牙赶开，那只獒被它的主人牵了出去。接着，交付赌注，美男子史密斯哗哗地数着钱。

白牙怒视着那些聚集在围栏外面的人。这是一场打斗，是它显示自身力量的唯一机会。现在，它是饱受折磨而满怀仇恨的囚徒，除了它的主人安排其他狗来和它打斗，它没有任何机会发泄它的仇恨。美男子史密斯对它的战力信心十足，认为它是毋庸置疑的胜

---

① 獒：一种高大、凶猛、垂耳、短毛的家犬。

者。一天，三只狗被牵来轮流和它对打。又一天，一只刚从荒野捕获的成年狼被推入围栏和它较量。还有一天，两只狗被同时放进来和它搏杀。这场搏杀最为残酷，虽然它最终杀了那两只狗，但它自己也差点被杀。

那年秋天，刚开始下雪，河里有了浮冰，美男子史密斯带着白牙乘汽船沿育空河溯流而上，前往道森。现在，白牙在这一带已经出名。远近都有人知道，它是"战狼"，所以汽船甲板上那只关着它的笼子旁边总是围着好奇的人群。它对这些人不是大声咆哮，就是一声不响，趴在那里冷冰冰地、恶狠狠地看着他们。它为什么不应该恨他们？这个问题它从未问过。它只知道恨，只知道愤怒。它就像活在地狱里。它是为荒野而生的，怎么愿意被人类的双手任意作弄！然而，现在的情况恰恰如此。人们不仅围观它，还把棍子伸到笼子里来捅它。它怒吼不止，他们哈哈大笑。

现在，这些人就构成它的生存环境。这种环境正在把它这块黏土揉捏成一种不自然的狂暴之物。但是，大自然赋予了它天生的可塑性。在其他动物即使不死也会精神崩溃的情况下，它适应了环境，而且它的精神一点也没有受损。按理说，美男子史密斯恶魔般的虐待很可能使它精神崩溃，但事实表明，它身上毫无精神崩溃的迹象。

如果说美男子史密斯是个恶魔，那么白牙也是个恶魔。他们之间始终恶意相对。此前，白牙曾明智地屈从于一个手拿棍子的人。现在，它已经不明智了。只要美男子史密斯看它一眼，它就报以一阵怒吼。同样，只要它靠近美男子史密斯一步，马上就会被他一棍子打开，于是它又报以怒吼、狂叫、龇牙咧嘴。而且，它从不主动停止吼叫。不管美男子史密斯打得多么凶狠，它就是吼叫不止。只有当美男子史密斯扔掉棍子，走了，它才对着他的背影发出最后一声吼叫。否则的话，它就是被关在笼子里，也会吼叫着猛冲猛撞。

汽船到达了道森，白牙上了岸。但是，它仍被关在笼子里，仍生活在众目睽睽之下，仍有一群人好奇地围观它。它被当作"战狼"展览，人们花价值五十美分的一小块金子①来观看。只要它一躺下，就有一根棍子无情地伸进来捅它，要它起来——否则，观众的钱都白花了。为了使展览更生动，它大部分时间都被弄得狂怒不止。但是，比这更糟糕的是周围的那种气氛。透过笼子的栏杆，它感觉到人们把它看作一只极其可怕的野兽。那些人的每句话、每个小心翼翼的动作都使它觉得，它在他们眼里那么凶残、那么恐怖。这就像火上浇油。这使它更加怒不可遏。这是又一例证，表明它这块黏土正在环境的压力下被揉捏成了何种形状。

除了被展览，它还成了职业斗兽。时不时地，只要安排好一场打斗，它就会被牵出笼子，牵到镇外数英里的树林里。通常是在夜里，为的是不致招来当地骑警的干预。等了几个小时，天亮了，观众和准备跟它打斗的狗都来了。接着，它就和大大小小、各种各样的狗打斗。那是野蛮的赛场，那是野蛮的观众，打斗通常都以一方死亡而告终。

既然白牙没死，仍在打斗，那就表明，凡是和它打斗的狗都死了。它不知道什么是失败。它早年受过的训练，也就是它和尖嘴以及那群未成年狗的打斗，使它受益良多。它具有那种永不倒地的韧劲。没有哪只狗能把它撞倒。那是狼生来就有的技能——冲向对方，或者用胸脯直接撞倒对方，或者突然侧身一撞，用肩膀把对方撞翻在地。无论是麦肯齐大猎犬、爱斯基摩犬，还是拉布拉多犬、雪橇犬，都曾想撞倒它，但都失败了。它从未被撞倒过。

---

① 当初到阿拉斯加淘金的都是穷人，没钱，就用刚淘到的金子做交易。

人们这么说着，每次都想看到它被撞倒，但每次它都使他们大失所望。

还有它的速度快如闪电。这也使它比它的对手更胜一筹。不管有多少打斗经验的狗，都不曾碰到过像它这样快速的对手。还有一点，就是它会直接发起进攻。一般的狗都会有进攻前的预备动作，耸起背毛、露出牙齿、大声吠叫，而当它们遇到白牙时，往往还没等它们准备好，甚至还没等它们弄明白怎么回事，就已经被白牙扑倒在地，接着就被解决掉了。由于这种情况一再发生，以至于在打斗开始前，白牙会被有意牵住，让其他狗有一点时间准备。有时，甚至要等其他狗先发起进攻后，它才被放开。

然而，白牙的最大优势在于它有打斗经验。它比它面对的任何一只狗都更懂得打斗。它打斗过许多次，比任何一只狗都多，因而它更懂得如何识别对手的策略，如何使用自己的策略。它所使用的策略从来都很有效，所以它也从未有过多大改变。

后来，它打斗的次数变得越来越少了。因为那些狗远远不是它的对手，人们看了都觉得没劲。对此，美男子史密斯不得不让它和狼打斗。那些狼是印第安人特意抓来的，让它们和白牙打斗确实招来了大批观众。有一次，他们还抓到一只成年母山猫。这次打斗，白牙可说九死一生。山猫的敏捷和它旗鼓相当，凶狠程度也和它不相上下，而它只用牙齿打斗，山猫却除了牙齿，还有利爪。

然而，继山猫之后，所有的打斗都不让白牙去了。再也没有哪种动物可和它打斗——至少，没有和它打斗的观赏价值。于是，它又被关在笼子展览，供人观看，直到来年春天，有个叫蒂姆·基南的赌场老板来到这里。这个人随身带着一只过去在这个地方从未出现过的斗牛犬。这只斗牛犬势必要和白牙较量，因为这一星期来，镇上的人一直在谈论行将举行的一场打斗。

四

美男子史密斯解开白牙脖子上的铁链,往后退了几步。

这一次,白牙没有直接进攻。它站在那儿没动,只是竖起耳朵,警觉而好奇地打量着眼前的那只陌生的狗。它从未见过这种狗。蒂姆·基南推了推那只斗牛犬,轻轻说了声"去吧,切罗基"。那只狗身体粗而短,跌跌撞撞地被推到了场地当中,一副笨头笨脑的样子。它蹲着,呆呆地望着白牙。

观众大喊大叫:"冲啊,切罗基!""咬死它,切罗基!""吃了它!"

但是,切罗基好像并不想打斗。它转过头来呆呆地望着那些大喊大叫的观众,同时还若无其事地摇了摇尾巴。它不是害怕,只是有点懒惰。此外,它似乎觉得不值得和眼前的这只狗打斗。它从未和这种狗打斗过。它在等他们带一只真正的狗来和它打斗。

蒂姆·基南走过去,俯下身,用双手在切罗基皮毛粗糙的双肩上来来回回地轻轻抚摸。这好像很有作用。切罗基被刺激起来,喉咙深处开始发出低沉的吼声。这吼声的节奏是和那个男人的动作节奏相协调的。随着那双手来回抚摸,吼声上下起落。每抚摸一次,吼声会大一点。抚摸得越来越急促,吼声就越来越响亮。最后,当急促的抚摸动作突然停止时,只见切罗基的身体一阵痉挛,猛地发出了愤怒的咆哮声。

这对白牙毫无影响。切罗基的颈毛开始耸起,接着肩膀上的毛也耸了起来。蒂姆·基南做完最后一个动作后,就退了回去。切罗基终于被他激励起来,有了斗志,迅速地摆动四条罗圈腿,朝白牙奔来。这时,白牙发起了进攻。一阵惊叹声随即响起。白牙纵身一跃,不像狗,而像猫,轻盈而敏捷,接着又像猫一样迅速张嘴一咬,然后跳开。一连串动作干净利落。

那只斗牛犬的粗脖子上被咬了一口,血从一只耳朵后面流下来。但是,它毫无反应,甚至都没出声,转身就朝白牙追来。双方的表现,一方迅捷,一方沉稳,使观众大为兴奋。他们开始重新下注,而且加大了赌注。白牙一次又一次闪击,扑上去咬一口后马上跳开,而它的对手呢,既不发怒,也不减速,就是不快不慢地追着它不放,就像在办理一件公事。它这样做的目的意在表明,只要它想做的事情,没有什么能挡得住。

它的行为举止,它的每个动作,都贯彻着这一宗旨。这使白牙很吃惊。它从未见过这样的狗,身上没有长长的毛,皮肤又不厚,很容易咬出血来。因为和白牙同类的狗都有厚实的皮毛可以抵御它的牙齿,而这个切罗基呢,每次被白牙咬到,都很容易伤到肌肉,好像它很难自我防卫。还有一件事也使白牙感到惊讶,这只狗不会大声吠叫,好像这是它的一种习惯,和其他狗打斗时也一直是这样的。除了哼一声或者咕哝一下,这只狗总是一声不响地忍受打击。就是在追逐白牙时,它也一声不响。

切罗基的动作其实并不慢,转向和回身的速度都很快。但是,它就是追不上白牙。这使它也颇为惊讶。它从未和这样一只它没法接近的狗打斗过。要知道,在打斗时,双方都想接近对方。但是,这只狗却总是和它保持距离,东躲西跳,不让它靠近。就是咬到它时,也不会咬住不放,而是马上松嘴,然后跳开。

但是,白牙却很难咬到切罗基柔软的咽喉。斗牛犬太矮,同时还有硕大的下颚挡在咽喉前面。白牙跳来跳去攻击,毫发无伤,切罗基却一次次受伤。它的颈部和头部两侧都伤痕累累。伤口血流不止,但它一点也没有惊慌失措。它就是毫不气馁地追击白牙,虽然它一度有点疑惑，停了下来，呆呆地望着那些观众。但是，它接着还是摇了摇尾巴，好像是说，它是不会放弃打斗的。

这时，白牙乘机向它扑来，随即又跳开。这一来一回，把它的另一只耳朵也咬伤了。这使它有点恼怒，于是又开始追击白牙。一直追到白牙不得不绕着场地转圈子时，切罗基想奋力一搏，死死咬住白牙的脖子。但是，它没有伤到白牙一根毫毛，因为白牙以两倍的速度朝反方向一跳，摆脱了危险，引来了一片喝彩声。

时间在过去。白牙依然在跳跃，时左时右，时进时退，一点没受伤害。那只斗牛犬呢，依然意志坚定，穷追不舍。它迟早会达到目的，会用它的牙齿赢得这场打斗。因而，它忍受着对手施与它的所有伤害。它的耳朵已被撕咬成条状。它的脖子上和肩膀上已有二十多处伤口。它的嘴唇也被咬破，正在流血——所有这些，都是白牙的闪击成果，是防不胜防的。

白牙一次次想把切罗基撞倒，但它们的身高相差太大。切罗基太矮胖，太贴近地面。白牙很难撞倒它。但是，在它的一次快速绕圈过程中，机会来了。它抓住了切罗基转身比它慢的一瞬间。此时，切罗基的肩膀暴露在它面前。它猛地撞了上去，但它的肩膀比切罗基高，又用力过猛，结果它的整个身体从切罗基上方飞了出去。在白牙的打斗史中，人们第一次看到它摔倒。它在空中翻了半个筋斗。好在它像猫一样扭动身体，尽力使自己四脚朝下，否则的话，它落下时会背着地，四腿朝天。事实上，它虽没有背着地，却是侧身着地，重重地摔了下来。它瞬间就站了起来，但就在这一瞬间，切罗基一口咬住了它的喉咙。

这一口咬得并不准，太靠近胸脯。但是，切罗基咬住不放。白牙不断蹦跳，拼命拉扯，想摆脱切罗基的牙齿。这使它狂躁到了极点，因为切罗基紧咬着它——它拖着切罗基的重量。这限制了它的行动，妨碍了它的自由。这就像落入了陷阱，它本能地对此感到憎恶，竭力反抗。这是疯狂的反抗。有好几分钟，它简直要疯了。它被内在的原始生命所支配。它只想到它的肉体必须存在。它不顾一切地要活下去。所有的知觉都消失了，它好像失去了大脑。它的理性已被盲目的肉体求生欲望所取代，只知道挣扎，不停地挣扎，因为只有挣扎，才表明它还活着。

它转了一圈又一圈，转过去转过来，竭力想甩掉挂在它脖子上的五十磅重量。但是，那只斗牛犬就是咬住它的脖子不放，只是偶尔挪挪脚、站站稳，接着又死死地拖住白牙。虽然它接着又会站不稳，又会被白牙发疯似的拖得团团转，但它本能地具有自信心。它知道它咬住不放是对的，甚至还有某种程度的满意感。因此，它干脆闭上眼睛，任由白牙把它拖来拖去，即便这样很可能会受伤，它也不在乎。只要咬住就行，就这样咬住不放。

白牙精疲力竭了，只好停下。它没法反抗了，更没法理解。在以往的打斗中，从未发生过这种情况。那些和它打斗的狗从不这样打斗。总是进攻、撕咬、跳开。然后，再进攻、再撕咬、再跳开。现在呢，它下半身侧躺着，还喘着粗气。切罗基仍咬着它不放，而且在拱它，要把它完全拱倒在地。它坚持着，而且还能感觉到，切罗基正一点一点移动牙齿的位置，即上下牙一松一合，就像咀嚼似的，但每次都不在原处，而是向上一点，渐渐接近咽喉。这是斗牛犬的方法，即咬住后若有机会，还有其他事情可做。这个机会就是白牙不动的时候。如果白牙在挣扎，切罗基没有这个机会的，只能紧咬不放。

切罗基隆起的颈背，是白牙的嘴唯一够得到的地方。于是，它尽力把嘴伸向切罗基的颈背和肩膀相连的地方。但是，它既不知道怎样用牙齿啃，也不知道它的牙齿其实不适合啃。它一次次用它的獠牙去啃，每次都什么也没啃到。接着，它们的身体一动，它就是能啃也啃不到了。接着，那只斗牛犬终于把它翻了过来，使它四脚朝天了。于是，它一边继续咬住白牙的喉咙不放，一边挪动身体压到白牙身上。白牙像猫一样弓起后腿，用后爪猛抓切罗基的腹部。要不是切罗基赶紧把身体挪开，只用牙齿咬住白牙的喉咙，它很可能会被白牙的爪子开膛剖肚。

白牙无法摆脱切罗基的死死咬住。这好像是命中注定的，不可改变的。切罗基的牙齿在白牙的脖子上一点一点向上移动。白牙之所以还没有死，全仗着它脖子上松弛的皮肤和厚厚的颈毛。松弛的皮肤在切罗基的嘴里塞成一团，而厚厚的颈毛使切罗基的牙齿一时无法咬穿。但是，只要一有机会，切罗基就会咬住更多的皮肤和颈毛。结果是，它正在使白牙慢慢地窒息。时间一点点过去，白牙的呼吸越来越困难。

现在，这场打斗看来要结束了。打赌切罗基会赢的观众都兴高采烈，而且把赌注提高到了荒谬的程度。打赌白牙会赢的观众都垂头丧气，连一赔十和一赔二十的赌注也不敢下了。但是，有一个人却大胆地下了一赔五十的赌注。这个人就是美男子史密斯。他一步跨进打斗场地，走到白牙旁边用手指着它。然后，他轻蔑地、嘲讽地哈哈大笑。这产生了他预期的效果。白牙一下子被激怒了，愤怒得几近疯狂。它拼尽全力，站了起来。接着，它拖着五十磅重的仇敌，在场地上转来转去，奋力挣扎。这时，它的愤怒变成了极度的恐惧。对死亡的极度恐惧使它拼尽最后一点力气也要从死亡中挣扎出来。它转来转去、扭来扭去，摔倒了爬起来，爬起来又摔倒，有好几次，它甚至用后腿直立起来，使它的仇敌悬挂在空中。但是，这一切都是徒劳。他甩不掉挂在它脖子上的死神。

终于，它跟跟跄跄连退几步，倒下了。那只斗牛犬随即移动牙齿的位置，咬得更靠近它的咽喉。同时，它又咬入更多颈部的皮毛，使白牙呼吸更加困难，几近窒息而死了。许多观众站了起来，为胜利者欢呼鼓掌，还有人大声喊："切罗基！切罗基！"对此，切罗基摇摇尾巴，作为回应。尽管如此，欢呼声并没有使它分心。它的尾巴和它的大嘴之间没有神经联系。尾巴可以摇，嘴依然死死地咬住白牙的咽喉。

就在此时，观众被打扰了。只听见远处一阵铃声和赶橇人的吆喝声。除了美男子史密斯，所有人都东张西望，担心是不是警察来了。但是，他们看到的却是两个匆匆赶路的男人，还有雪橇和狗。显然，这两个男人是探矿的，正沿着那条河，朝这边而来。看见有一群人聚在这里，他们停下雪橇，走了过来，好奇地想知道这里发生了什么事。两人中那个赶橇人留着胡子，另一个人高个，还很年轻，脸刮得干干净净，脸色因为血气旺盛和在寒风中赶路，看上去红彤彤的。

白牙已经停止抵抗。它时不时地动一下，那只是无望的挣扎。被切罗基无情地死死咬住咽喉，它的呼吸越来越弱，越来越弱。它颈部的毛皮厚实得就如盔甲，因而那只斗牛犬的第一口尽管咬得太低，几乎咬在了它的胸口上，但如果没有厚实的毛皮，它的颈部大血管还是会被咬断。后来，切罗基用了很长时间一点一点往上移，那也只是想咬住更多的毛皮。

与此同时，美男子史密斯的极度残忍冲昏了他的头脑，以至于他仅有的一点心智也受制于他的残忍了。他见白牙两眼开始泛白，知道打斗已经输了。于是，他凶相毕露，冲到白牙身边对着它猛踢。人群中发出一阵嘘声和指责声，但也仅此而已。所以，美男子史密斯继续踢白牙。这时，人群中传来一声呼喊。那个刚来的高个子年轻人顾不得礼节了，用肩膀挤开左右两边的人，从人群中走了出来。当他走到场地上时,美男子史密斯正提起一条腿想一脚踢下去,因而他的身体重量都在另一条腿上,处于不平衡状态。就在这时,那个刚来的人一拳打在他脸上。美男子史密斯因为只有一条腿站着,被这一拳打得几乎飞了起来,身体离地,还转了一圈,然后仰面摔在雪地上。那个刚来的人转过身,面对着人群。

"畜生!"他大声说,"你们这些畜生!"

他义愤填膺。他的灰眼睛怒视着人群,目光就如钢铁般坚毅。美男子史密斯总算爬了起来,一边喔哟喔哟哼着,一边惊恐地朝他走来。那个刚来的人没弄明白。他不知道美男子史密斯是个多么无用的懦夫,还以为他回来准备打架。于是,他说了声"你这个畜生",又一拳打在美男子史密斯脸上,又把他打得四脚朝天。这回,美男子史密斯认定,还是雪地上比较安全,所以他躺在那里,不爬起来了。

"来,麦特,帮我一把。"那个刚来的人对那个跟着他走进场地的赶橇人大声说。

他们俯下身查看那两只狗。麦特想把白牙抱起来,但切罗基不肯松嘴。于是,那个年轻人伸出双手,抓住切罗基的上下颌,想把它的嘴掰开。但是,这是做不到的。他用力掰、用力拉、用力扯,都没用,急得他气喘吁吁,嘴里不停骂着:"畜生!"

人群开始活动起来,有些人骂骂咧咧,说真是倒霉,比赛被人搅了。但是,当那个刚来的人抬起头来怒视他们时,他们全都不出声了。

"你们这些畜生!"他最后愤愤地说,又埋头做他的事了。

"这没用,斯考特先生,你这样是掰不开的。"麦特最后说。

他们停了下来,看着两只缠在一起的狗。

"血流得不多,"麦特说,"不会有什么事的。"

"但它还不肯罢休。"斯考特回答说,"你看,你看!它又咬上去一点了。"

这年轻人越来越为白牙担心。他一次次用蛮力打切罗基的头,但切罗基就是不松嘴。它只是摇摇尾巴,以此表示,它明白打它的意思,但它知道自己所做的事情是对的,咬住不放是它的职责所在。

"你们为什么不过来帮忙?"斯考特失望地对着人群大声说。

但是,没有一个人来帮忙。相反,所有人都开始取笑他,说各种各样的怪话。

"你要用东西撬才行。"麦特说。

斯考特把手伸进他屁股后面的手枪套,拔出他的左轮手枪,想把枪管插在那只斗牛犬的上下颌之间。他用力往里推,再推,只听见枪管在两排牙齿的缝隙间发出咔咔的摩擦声。就在这两个男人蹲在两只狗身边时,蒂姆·基南快步走进场地。他走到斯考特身边,拍拍他的肩膀,恶狠狠地说:

"喂,老兄,别弄伤它的牙齿!"

"那我就弄断它的脖子。"斯考特回答说,继续把枪管往里推。

"我说别弄伤它的牙齿!"赌场老板又说了一遍,语气比上一次更加恶狠狠。

但是,即便他大发雷霆也没用。斯考特没有停手,只是抬起头来冷冷地问:

"你的狗?"

赌场老板嗯了一声。

"那你来撬开它的嘴。"

"嗨,老兄,"蒂姆·基南气呼呼地说,"我不妨告诉你,那不是我做的事情。我不会摆弄那玩意儿。"

"那你走开，"斯考特回答说，"不要来打扰我。我正忙着。"

蒂姆·基南依然站在斯考特身边，但斯考特不再理他了。他把枪管从上下颌的这一边推了进去，正用力把它从那一边推出来。做完之后，他小心翼翼地撬动上下颌，每撬一次，上下颌松开一点。与此同时，麦特把白牙被咬住的脖子从切罗基的上下颌之间一点一点退出来。

"准备，拖开你的狗。"斯考特对切罗基的主人发布命令。

赌场老板听从了命令，抓紧了切罗基。

"拖！"斯考特一声命令，同时最后用力一撬。

两只狗被拖开了，斗牛犬还在奋力挣扎。

"把它带走！"斯考特再次发布命令，蒂姆·基南带着切罗基回到人群中去了。

白牙的身体抽搐着，已经站不起来了。但是，它挣扎着，想站起来，但一站起来，腿一软，又软绵绵地、像融化了似的瘫倒在雪地上。它半闭着眼睛，眼神呆滞。它张着嘴，沾满口水的舌头耷拉在嘴边。看上去，它就是一只将要窒息而死的狗。麦特查看它的身体。

"全完了。"他说，"就剩一口气了。"

这时，美男子史密斯爬起来，过来看看白牙怎样了。

"麦特，一只好的雪橇犬值多少钱？"斯考特问。

赶橇人此时仍蹲在那里翻看着白牙，想了想。

"三百美元。"他回答说。

"那么像这样一只半死的狗，值多少钱？"斯考特问，同时用脚碰了碰白牙。

"只值一半。"赶橇人肯定地说。

斯考特朝美男子史密斯转过身来。

"听见了吗，畜生先生？我要从你这儿带走这只狗。我出一百五十美元。"

他打开钱包,数出一百五十美元。

美男子史密斯把手背在身后,不接那叠递过来的钱。

"我不卖。"他说。

"嗬,你不卖可以。"斯考特对他说,"可我买了。这是钱。狗是我的。"

美男子史密斯仍把手背在身后,还开始往后退。

斯考特冲到他面前,挥了挥拳头。美男子史密斯怕他打,吓得弯下了腰。

"我有权不卖。"他嘀咕着。

"你已经没权拥有这只狗。"斯考特反驳说,"你拿不拿钱?是不是要我再揍你一顿?"

"好,好。"美男子史密斯因为怕揍,赶紧说。"但我是被逼拿这些钱的。"他接着说,"这只狗可以卖大价钱的。我不应该被抢夺。一个人有自己的权利。"

"说得对,"斯考特一边把钱扔给他,一边回答说,"一个人有自己的权利,但你不是人。你是畜生。"

"等我回到道森,我要去告你。"美男子史密斯威胁说。

"要是你到了道森还敢张嘴,我就叫你滚出城去。懂吗?"

美男子史密斯嘟哝了一声,作为回答。

"懂吗!"斯考特突然大吼一声。

"懂了,懂了。"美男子史密斯嘟哝着,退缩了。

"懂了,什么?"

"懂了,先生!"美男子史密斯急叫起来。

"当心!他会咬人!"有人喊叫,接着是一阵哄笑。

斯考特转身走了,回去帮助还在检查白牙伤势的赶橇人。

有些人已经走了。有些人还站在那里,一边看,一边说着话。

蒂姆·基南也在其中。

"那家伙是谁?"他问。

"维顿·斯考特。"有人回答。

"维顿·斯考特是谁?"赌场老板追问。

"哦,一个响当当的采矿专家,和他打交道的,都是大佬。我告诉你,要是你不想惹麻烦,最好离他远点。那些当官的都和他很好,特别是那个金矿专员,是他的搭档。"

"我也想,他一定是个人物。"赌场老板说,"所以,我一开始就没有招惹他。"

五

"毫无希望。"维顿·斯考特承认说。

他坐在小屋的台阶上,看着赶橇人。赶橇人对他耸耸肩,也表示毫无希望。

他们一起看着拴在铁链一端的白牙,只见它背毛耸起,咆哮不断,凶残地挣扎着,想去攻击那些拖橇狗。那些拖橇狗呢,由于经过麦特多半使用棍子进行的训练,已经知道要远离白牙。所以,它们甚至在那里躺着,显然没把白牙当回事。

"这是一只狼,没法驯服。"维顿·斯考特坦白地说。

"哦,我倒不这么想。"麦特表示反对,"因为,可以说,它有许多地方像是一只狗。不管怎样,有一件事我敢肯定,它不会从这儿逃走。"

赶橇人不说了,自信地朝着莫斯海德山[①]点点头。

---

① 莫斯海德山:Moosehide Mountain,阿拉斯加的著名山峦,淘金地克朗代克、道森等均在其附近。

"嗨，你知道什么，不要藏着不说。"斯考特等了一会儿厉声说，"说吧。到底怎样？"

赶橇人伸出拇指朝后指指白牙。

"不管是狼，是狗，都一样——反正，它被驯服过。"

"不！"

"我说是，它身上有被挽绳磨破的地方。仔细看那里，胸口上不是可以看到疤痕吗？"

"是啊，麦特，它是一只拖橇狗，后来卖给了美男子史密斯。"

"那就没有理由不让它再做拖橇狗。"

"你有什么想法？"斯考特急切地问。接着，他又摇摇头，好像不抱什么希望。"我们得到它有两个星期了，可是到现在，它还是那么野性，甚至比刚来的时候还要野性。"

"给它一次机会，"麦特提议，"放开它一阵子。"

斯考特疑虑重重地看着他。

"是的，"麦特接着说，"我知道你试过。可你没用棍子。"

"那你来试试。"

赶橇人拿来了一根棍子，朝着那只被铁链拴着的动物走去。白牙看着那根棍棒，就像笼子里的狮子看着驯兽师手里的鞭子。

"你看，它的眼睛老盯着棍子。"麦特说，"这很好。看来它不傻，只要我有棍子，它就不敢对我凶了。它不是真的发疯，不是。"

当此人的一只手伸向白牙的脖子时，白牙耸起背毛，咆哮着，往后退了几步。但是，当它看见此人的另一只手里拿着棍子时，它被镇住了。麦特解开它脖子上的铁链，退了回去。

白牙并不觉得自己自由了。自从它被卖给美男子史密斯后，至今已有好几个月。在此期间，除了它和其他狗打斗时要解开铁链，其余时间没有片刻自由。打斗一结束，它就被囚禁起来。

所以，它不知道发生了什么事。说不定，那两个神又要在它身上搞什么新花样。它慢慢地、警觉地走了几步，随时准备受到猛烈一击。它不知道做什么，因为这一切它从未遇到过。出于防范，它躲开那两个神的目光，小心翼翼地走到小屋边的一个角落里。但是，什么事也没有发生。它不知所措，又走了回来，在离那两个人十来英尺的地方停下，并盯着他们看。

"它不会逃跑吧？"它的新主人问。

麦特耸耸肩说："已经打了赌，就只好走着瞧了。"

"这可怜的鬼东西。"斯考特不无怜悯地轻声低语。"要让它知道天下是有好心人的。"他接着又说，并转身进了小屋。

他拿着一块肉出来，扔给白牙。白牙跳开了，远远地、疑惑地看着那块肉。

"嗨，嗨，少校[①]！"麦特大声警告，但太迟了。

少校已经扑过来，一口咬住了那块肉。就在这一瞬间，白牙朝它扑去。它被扑倒了。麦特赶紧冲过来，但白牙的动作比他快。当少校摇摇晃晃站起来时，从它喉咙里喷出来的血已经像一条小溪似的在雪地上流淌。

"这太糟了，但也活该。"斯考特着急地说。

但是，麦特的脚已经踢向白牙。只见白牙纵身一跃，牙齿一闪，麦特发出喔哟一声。接着，白牙后退到好几码远的地方，恶狠狠地咆哮着，而麦特呢，正俯身查看着自己腿。

"它咬到我了。"他指着被咬破的长裤、衬裤和正在渗出来的血，大声说。

"我告诉过你，毫无希望，麦特。"斯考特灰心丧气地说，"这事

[①] 少校：狗名。

我已经反复想过。虽然我不想那样做,但现在我不得不做了。这大概是唯一能做的。"

说着,他动作迟疑地慢慢拔出左轮手枪,然后打开旋转弹膛,确认里面已经装了子弹。

"等等,斯考特先生,"麦特反对说,"这只狗下过地狱,你不能指望它一出来就成了白衣天使。给它一点时间。"

"去看看少校。"斯考特回答说。

赶橇人去检查那只受伤的狗。它倒在雪地上,倒在血泊中,已经奄奄一息。

"它活该,你说过,斯考特先生。它想抢白牙的肉,它死了——喔,那是料得到的,一只狗要是不会为自己的肉打架,那就是在地狱里也不会有人叫好的。"

"那看看你自己,麦特,狗对狗是没什么错的,但对我们,必须划一条线。"

"我也活该。"麦特固执地争辩说,"谁叫我去踢它?你说它做得对,那我踢它就是不对。"

"杀了它是一种仁慈。"斯考特坚持说,"它没法驯服。"

"还是等等吧,斯考特先生,给这可怜的鬼东西一次机会。它还没有过机会。它刚从地狱里来,这是它第一次放出来,给它一次公平的机会吧。要是它不像样,我来杀了它。我保证!"

"上帝知道,我其实不想杀它,要不它早就被杀了。"斯考特回答说,收起了左轮手枪,"我们放开它,看看怎样才能感化它。试试看吧。"

他朝白牙走过去,开始轻声细语地和它说话。

"最好拿根棍子。"麦特提醒说。

斯考特摇摇头,继续想赢得白牙的信任。

白牙疑惑了。好像有什么事要发生。它杀了这个神的一只狗，还咬了他的伙伴，除了受到可怕的惩罚，还能指望什么？但是，从表面看，它仍是不屈不挠的。它耸起背毛，龇牙咧嘴，眼神警觉，全身紧张，做好了应对任何事情的准备。见这个神手里没拿棍子，它不怕他走到它身边。这个神伸出手来，放在它头上。在这只手下面，白牙缩成一团，越来越紧张。这只手很危险，说变就变。它领教过神的手，知道神的手是万能的，而且会带来伤害。此外，它生来就讨厌被人触摸。所以，它的吼声越来越惊恐，身体越来越下沉，而这只手仍在往下压。它不想咬这只手，它忍受着这只危险的手，但出于本能，出于求生的强烈欲望，它还是咬了。

维顿·斯考特一直认为自己动作敏捷，没有哪只狗能咬到他。但是，他不知道白牙的动作有多快，不知道它的出击就像一条盘踞的蛇一样，既迅速又准确。

他一声惊叫，赶紧用另一只捂住被咬的那只手。麦特骂了一声，赶紧跑到他身边。白牙蹲下身体，往后退了几步，但仍然耸着背毛，龇牙咧嘴，两眼凶光毕露。它料定，它现在就像在美男子史密斯那里一样，要被毒打一顿。

"喂！你想干吗？"斯考特突然喊道。

麦特冲进小屋，拿了一把来复枪出来。

"没什么，"他神情很平静、很冷淡，慢慢地说，"我只是要做我保证过的事情。我说我会做的。我想，现在是时候了，我要杀了它。"

"不行！"

"我说行，看着。"

就像刚才麦特被咬后为白牙求情，现在轮到维顿·斯考特为白牙求情了。

"你说要给它一次机会,那就给它一次吧。我们这才刚刚开始,不能一开始就放弃。这次,是我活该。你看——你看看它!"

在小屋那边的角落里,在四十英尺远的地方,白牙正凶神恶煞似的咆哮着,不是对斯考特,而是对赶橇人。

"嘀,我总是个倒霉蛋!"赶橇人若有所悟地说。

"看看它多聪明。"斯考特紧接着说,"它和你一样,知道枪是做什么用的。既然它这么聪明,我们就给它的聪明一次的机会。把枪放下。"

"那好吧,听你的。"麦特同意了,把来复枪靠在柴堆上。

"你看,你看看!"他接着惊叫起来。

白牙安静下来,不再咆哮了。

"这倒值得研究研究。看!"

麦特伸手拿起枪。白牙马上咆哮起来。麦特把枪放回去,白牙抽了抽嘴唇,不叫了。

"好,再玩一回。"

麦特拿起枪,开始慢慢抬起来。白牙又开始咆哮了。随着麦特把枪口越抬越高,白牙的咆哮声越来越大。当麦特把枪口对准白牙时,它纵身一跳,躲到屋角的后面去了。麦特站在那里,枪口瞄准的是白牙曾在的那块空荡荡的雪地。

赶橇人神情凝重地放下枪,转身看着他的雇主。

"我同意,斯考特先生,这只狗太聪明了,不能杀。"

六

白牙一看到维顿·斯考特朝它走来,就耸起背毛、大声咆哮,表示它不会乖乖接受惩罚。自从白牙咬伤斯考特的手之后,已经过去了二十四小时,现在那只手上裹着绷带,还用一根带子吊着,以防出血。过去,白牙曾受到过延时的惩罚,所以它想,又有这样的惩罚要落到它头上了。除此之外,还会有什么事?它知道自己犯的是重罪,竟然用牙齿咬了一个神,而且还是白皮肤的超级之神。根据事情的性质,根据神的法规,一定有可怕的事情等着它。

但是,那个神在几英尺远的地方坐下了。白牙觉得这毫无危险,因为神在惩罚狗的时候,通常是站着的。此外,那个神没拿棍子,没拿鞭子,也没有枪。再说,它现在是自由的。没有铁链锁着它,也没有皮带拴着它。要是那个神走过来,它可以逃。所以,它等着、看着。

那个神仍然坐在那儿,一动不动。白牙的咆哮声渐渐变成了低沉的吼声,而且很快就停止了。这时,那个神说话了。白牙一听到他的声音,马上耸起颈毛,喉咙里又发出低沉的吼声。但是,那个神没有做出任何敌对动作,继续平静地说着话。对此,白牙报之以吼声。他说一句,白牙就吼叫一声,说话声和吼叫声有节奏地彼此呼应。但是,那个神却一直说着,没有停下。他说话的语调,白牙从未听到过。他说得很轻、很平和,有时还很温柔,白牙不由得被打动了。尽管它出于本能仍保持着警觉,但它开始信任那个神了。它有一种过去从未有过的安全感。

过了很长一段时间,那个神站起来,走进了小屋。等他出来时,白牙紧张地盯着他看。他没有拿鞭子,没有拿棍子,也没有拿武器。他的那只没有受伤的手放在身后,好像拿着什么东西。他像刚才一样在几英尺远的地方坐下,从身后拿出一小块肉。白牙竖起了耳朵,觉得有点奇怪。它同时看着这个神和那块肉,对任何东西都保持警惕。它全身都处于紧张状态,准备一有危险就马上跳开。

惩罚会延时到来。那个神偏偏在它眼前拿着一块肉。这块肉好像没什么问题。但是，白牙仍有疑虑，虽然那只手把那块肉送到了它面前，还抖了抖，但它没有碰那块肉。神是诡计多端的，说不定那块看似无害的肉背后隐藏着某种狡诈的计谋。根据过去的经验，特别是遇到印第安女人时，肉和惩罚常常是可怕地连在一起的[①]。

最后，那个神把那块肉扔在白牙脚边的雪地上。白牙小心地嗅着那块肉，但它没有看着那块肉。它在嗅的时候，眼睛仍盯着那个神。没事。于是它咬住那块肉，一口吞了下去。仍然没事。实际上，那个神又递给它一块肉。它再次拒绝吃用手递给它的肉。那块肉再次扔在它脚前。这样重复了好几次。最后，那个神不扔了。他把肉拿在手上递过来，动作坚定，就是不扔在地上。

那肉是好肉，白牙又很饿。它小心翼翼地、一点一点地靠近那只手。最后，它决定从那只手上吃那块肉。它耳朵下垂，颈毛本能地竖着，把头伸了过去，但它的眼睛仍盯着那个神。此外，它喉咙里发出低沉的吼声，似乎在警告说，它是不会上当受骗的。它吃了那块肉。没事。一块又一块，它吃了所有的肉。还是没事。惩罚会延时到来。它舔舔嘴，等着。那个神继续和它说话。他的话语里饱含着关切之情——某种白牙从未体验过的东西。这在它心中唤起了某种它同样从未有过的感情。这使它有某种陌生的满足感，好像它的某种需要正在被满足，好像它生活中的某种缺憾正在被填补。但这时，它的本能再次警告它，它的经验再次提醒它，神是诡计多端的，他们为达到目的会不择手段。

啊，真像它想的那样！事情来了。那个神的手，那只狡诈而狠毒的手，正朝它伸来，伸向它的头。但是，那个神仍在和它说话。他说得很轻、很平和。虽然那只手很可怕，但他说话的声音使它很

[①] 印第安女人对付不了狗，常常用肉引诱狗，趁狗吃肉时一棍子把狗打得半死。

安心。虽然他说话的声音听上去很安全,但那只手还是很可疑。白牙被相互矛盾的感觉弄得左右为难。它似乎要被撕裂了,它那么激烈地想控制住自己,那么想在两种相互冲突的感觉之间做出选择,但它又不寻常地难以做出决断。

最后,它向两面妥协。它耸起背毛咆哮,还垂下耳朵,但它既没有撕咬,也没有蹦跳。那只手在落下。离它越来越近了。摸到了它耸起的毛。它往下缩。那只手跟着它往下,越来越紧地按在它头上。它几乎全身都在发抖,但它仍竭力控制住自己。这简直是一种折磨。那只手在摸它的头,在伤害它的本性。它在人类手里曾遭受过种种苦难,这在一天里是不可能忘记的。但是,那是神的旨意,它不得不服从。

那只手抬起、落下,一次又一次,又是拍、又是撸。这样持续着,但那只手每次抬起时,下面的毛会跟着耸起。每次落下时,它的耳朵会垂下,喉咙里会发出低沉的吼声。它一次次地低声吼叫,不间断地发出警告。它以此表示,不管它受到怎样的伤害,它都会报复。它不知道那个神何时会暴露他的真实动机。他那种亲切、关怀的话语随时会变成一声怒吼,他那只温柔、爱抚的手随时会变成一把大力钳,把它牢牢钳住,施以严厉惩罚。

然而,那个神一直轻声和它说着话,那只手一起一落抚摸着它,毫无敌意。它感到为难了。这和它的本性是相悖的。这使它感到压抑,因为这是和它不受管束的意愿相对立的。但是,这里没有肉体上的痛感。恰恰相反,这里甚至有肉体上的舒服感。现在,那种轻轻抚摸的动作变成了轻揉耳朵根,肉体上的舒服感甚至又有所增加。但是,它还是很害怕,很警觉,担心会大难临头。它时而感到难受,时而感到舒服,而且两种感觉都很强烈,这使它左右为难。

"嘀，我总是个倒霉蛋！"

麦特说着，从小屋里出来，袖子卷得老高，手里端着一盆洗碗水，正准备倒掉，一眼看见维顿·斯考特在抚摸白牙，不由得一愣。

白牙一听见他的声音，马上朝后一跳，对着他咆哮不止。

麦特看着他的雇主，很生气。

"要是你不在意我说什么，斯考特先生，我说啊，你是个大傻瓜，天下最大的大傻瓜。"

维顿·斯考特大度地笑了笑，一步跨到了白牙身边。他轻声安抚白牙，但话并不多，接着又慢慢伸出手，轻轻地在白牙头上拍了拍。白牙接受了，但眼睛仍疑虑地盯着——不是盯着拍它头的人，而是盯着那个站在门口的人。

"你也许是第一号顶级采矿专家，没错，没错，"赶橇人故作高深地说，"但你应该去做驯兽师，可惜你小时候没抓住机会从家里跑出去，跑到马戏团里去。"

白牙听到他的声音又咆哮起来，但这一次当那只手抚摸它的头、轻拍它的背时，它没有躲开。

对白牙来说，这是终结的开始——终结往日的生活，终结仇恨的统治。一种它意想不到的美好新生活正曙光初现。对维顿·斯考特来说，要实现这一点还需要更多的思考和更大的耐心。对白牙来说，需要它做的不亚于一场革命。它必须洗心革面，必须抛弃它的本能冲动，忘记它往日的狡黠和经历。也就是说，要彻底否定它自己的生活。

如它所知的那种生活，现在已不复存在。不仅如此，一切都要走向反面。它必须抛弃它自己。总之，它各方面都必须面对一个新的方向。这是比它自发走出荒野、把灰海狸认作主人更为远大的方向。那时，它还是一只小狼，还很柔软，没有成型，任由环境之手揉捏。现在不一样了。环境之手已经把它揉捏出了形状，把它揉捏成了凶猛残暴、冷酷可怖的"战狼"。现在要它改变，就像要它脱胎换骨，而它已经不再年幼，不再有可塑性了。它的机体已经结结实实，它的品性已经粗野不羁，它的表情已经像铁一样僵硬，连它的本性，也已经凝固成警觉、冷酷和嗜血的习性。

但是，在它面对这一新方向时，环境之手再次施展手段，先把它捏软了，然后再把它重新揉捏成一个美好的形状。实际上，维顿·斯考特就是这只环境之手。他深知白牙的天性，并用仁慈之心去激发它已经枯萎凋零的生活潜力。譬如，爱就是这样一种潜力。要有爱心，不仅仅是喜欢，这使白牙后来在与神的交往中懂得了人类的最高情感。

然而，爱不会在一天里出现。爱最初是和喜欢混在一起的，后来才慢慢展现出来。维顿·斯考特没有限制白牙的行动，但白牙并没有逃跑，因为它喜欢这个新来的神。现在的生活当然比它当初被美男子史密斯关在笼子里要好得多，而它也确实需要有个神。它天生需要有人做它的主人。自从它最初背弃荒野而趴在灰海狸脚前甘愿挨打的那一刻起，它就被打上了依赖人类的烙印。后来，在那次大饥荒过后，因为灰海狸的营地里又有鱼吃了，它再次从荒野回到了灰海狸身边——从那时起，这烙印便永久地打在它身上，再也抹不掉了。

所以，白牙留下了。因为它需要神，因为它更愿意跟随维顿·斯考特，而不是美男子史密斯。它忠心耿耿，担起了守护主人财产的重任。那些拖橇狗都已入睡，它还在小屋四周巡视。第一个深夜来客就不得不用一根棍子抵御它的攻击，直到维顿·斯考特出来解救。不过，白牙很快就知道了怎样区分盗贼和好人，怎样判断来人的步态和神情。如果那人的脚步声很响,而且是直接走向屋门的,它不会管他——虽然它会警觉地盯着他,直到屋门打开,主人把那人迎进屋里。但是,如果那人是探头探脑地、轻手轻脚地走过来的,那他绝对瞒不过白牙的眼睛,结果总是仓皇逃窜、狼狈不堪。

维顿·斯考特则担起了纠正白牙的重任——或者说,纠正人类在白牙身上所犯的错误。这是做人的原则和良心。他认为,人类对白牙是有亏欠的,必须偿还。所以,他对待这只战狼的态度特别友善,每天都特意去摸摸它、拍拍它,而且长期如此,坚持不懈。

起初,白牙还很疑惑,很反感,后来渐渐地开始喜欢这种抚摸了。但是,有一点它从未改变过——总要嚎叫。从抚摸一开始,它就嚎叫,一直叫到抚摸结束。不过,它的这种嚎叫中含有一种新的音符。陌生人听不出这些音符,所以对陌生人来说,白牙的嚎叫是令人心惊胆战的,是原始野性的表现。其实,白牙在洞穴中刚出生时发出的就是一声愤怒的尖叫,后来经过那么多年,它一直是这么叫的。它的嗓子已经变得粗哑,它已经发不出柔和的声音来表达它的柔情了。尽管如此,维顿·斯考特的耳朵和同情心足以使他从白牙的嚎叫声中听出这些新的音符——那是一种感到满足时的低声吟唱,非常含糊,除了他没有人听得出来。

日子一天天过去,从喜欢转变为爱的速度越来越快。白牙自己也越来越感觉到这一点,但它还没有真正意识到什么是爱。对它来说,爱仍像是生活中的某种需求——就如饥饿、疼痛、希望一样,需要得到外来帮助才能解决。对它来说,爱是一种痛苦、一种不安,只有在那个新来的神抚摸它时才有所平息。这时,爱对它来说是一种欢乐,一种放肆的、很有刺激感的满足。但是,一离开它的神,它仍会感到痛苦和不安,仍会觉得有一种强烈的、像饥饿一样的空虚感在持续不断地折磨它。

环境把它揉捏成了现在这种粗野的样子，但它的天性才刚刚展现出来。在它内心，萌生出一种陌生的情感和一种不寻常的冲动。它原先的行为习惯正在改变。过去，只要远离痛苦，它就觉得很舒服、很喜欢；一旦有痛苦，它就觉得不舒服、很讨厌——它就是以此来决定它的行为的。现在，它不再这样了。因为它内心萌生出一种新的情感，它时常为了它的神而宁愿承受不舒服乃至痛苦。譬如，在清晨，它既不出去觅食，也不躺在僻静处，而是宁愿在小屋前的台阶上苦等几个小时，只是为了看到它的神从小屋里走出来。在夜晚，它就是已经睡在它自己在雪地里扒出来的那个温暖的窝里了，一听到它的神回来，也马上会跑出去，为的是让它的神用手摸摸它，友好地和它打个招呼。只要能和它的神在一起，得到神的爱抚，或者陪着神到镇上去，就是肉，它也宁愿不吃。

喜欢变成了爱。神的爱就像铅锤一样砸入它的内心深处。相应地，它的内心深处也产生了从未有过的东西——爱。那是它对神的给予所做的回报。是的，主人是一个神，一个有爱心的神，一个光芒四射、温暖的神，在这个神的照耀下，白牙的天性就像鲜花在阳光下绽放。

然而，白牙的感情不会外露。它的年纪已经不小，已经定型，不会再以某种新的方式来表达它的情感。再说，它太自重，太执着于它的孤僻。它闷闷不乐、郁郁寡欢的时间太久了。它从来不会汪汪叫，现在也学不会汪汪叫着去迎接它的神。它从来不会这样夸张而愚蠢地表达它的爱。它从来不会迎着它的神跑过去。它远远地等着，总是等着，总是等在那里。它的爱具有崇拜性质，是一种默默无语的敬爱。它只用眼神的关注来表达它的爱，也就是每时每刻都看着它的神的一举一动。有时，当它的神也看着它并和它说话时，它会一反平时的矜持，竭力想表达它的爱，但又表达不出来，每每觉得很尴尬，很不好意思。

它在很多方面学会了如何使自己适应新的生活方式。它首先懂得了绝对不能去打扰主人的那些狗。但是，它天生的好胜性格总要表现出来。它一遇到那些狗，就迫使它们承认它不仅比它们高一等，而且有领导权。这之后，它和它们也就相安无事了。它走来走去或者走到它们中间时，它们无不为它让路。它要它们做什么，它们无不服从。

和它们一样，它服从了麦特——它的主人的一个雇工。它的主人很少喂它。主要是麦特喂它，这是他的活儿。但是，白牙神奇地知道，它吃的是主人的食物，是主人要麦特代替他来喂它的。麦特还想给它套上挽具和其他的狗一起拖雪橇，但没有成功。直到维顿·斯考特亲自给它套上挽具让它干活，它才明白，麦特要它干活，就像麦特要其他的狗干活一样，也是主人的意愿。

和麦肯齐河一带用的平底雪橇不同，克朗代克一带的雪橇下面有两块滑板。狗队拖橇的方式也不同，不是排成扇形队伍，而是排成一列纵队，所有的拖橇狗都用两根挽绳一个接一个地串在一起。在这儿，领队狗是名副其实的领队狗，是最聪明、最强壮的狗，其他的狗不仅要服从它，而且都很怕它。白牙理应马上就得到这个位置，这是不必多考虑的。但是，麦特还是经过一番折腾才明白，只有在这个位置上，白牙才会满意。这是白牙自己认定的位置。麦特做了一番验证后，对天发誓说，这个位置对白牙来说再好没有了。不过，尽管白天拖着雪橇奔走，到了晚上，白牙仍然担起看护主人财产的职责。它尽心尽职，既警惕又忠诚，是所有的狗中间最有用的一只狗。

"要我说啊，"一天，麦特说，"你真是个聪明人，用了这么个价钱买到了这么一只狗。我看，那是你一拳头打在美男子史密斯脸上,把他给打糊涂了。"

维顿·斯考特听他说到美男子史密斯,灰眼睛里闪出愤怒的目光,低声说:"这个畜生!"

但是,到了春末,白牙遇到了大麻烦。不知怎么回事,敬爱的主人不见了。其实,是有先兆的,只是白牙不理解这种事情,不知道收拾行李是什么意思。它后来才回想起来,先是看到主人收拾行李,后来主人就不见了。只是,它当时并没有多想。那天晚上,它等着主人回来。到了午夜,寒风刺骨,它不得不躲在小屋后面的避风处。它在那里打瞌睡,半睡半醒,竖起耳朵听,一心想听到熟悉的脚步声。到了凌晨两点,它焦虑不安,来到屋前冰冷的台阶上,趴在那里等着。

但是,主人没有回来。天亮后,开门出来的是麦特。白牙焦急地看着他。但是,他们没法交谈,麦特不知道白牙想知道什么。就这样,日子一天天过去,但主人一直没有回来。白牙从不生病。现在,它病了,病得越来越重,以至于麦特最后不得不把它拖进了小屋。此外,麦特还在写给雇主的信里附了一小段话。

这一小段话,维顿·斯考特在瑟克尔城里读那封信时注意到了:

"那只该死的狼不肯干活,不吃东西,一点精神也没有。那些狗都不把它放在眼里了。它要知道你到底怎么了,可我不知道怎么跟它说。这样下去,它会死的。"

正如麦特所说,白牙不吃不喝,神情恍惚,狗队里的狗都对它大不敬,它也无所谓。它趴在小屋里靠近炉子的地板上,对食物、对麦特都不理不睬,甚至对活命也没了兴趣。不管麦特怎样好言相劝,怎样厉声怒骂,结果都一样。它两眼呆滞地望着他,等他说完,它又把头垂下,搁在两条前腿上。

后来，一天夜里，麦特正叽里咕噜地在读着什么东西，突然被白牙的低叫声打断了。白牙站了起来，而且竖起耳朵，朝着门，专注地听着。不一会儿，麦特就听到了脚步声。门被推开，维顿·斯考特走了进来。两个男人握了握手。随即，维顿·斯考特便环顾四周。

"那只狼呢？"他问。

随即，他就看到了，白牙站在炉子旁边，站在它原本趴着的那个地方。它不会像其他狗那样迎上来。它站在那里，望着、等着。

"老天爷啊！"麦特大声说，"你看，它还摇着尾巴！"

维顿·斯考特快步穿过半个房间，朝它走去，同时喊着它的名字。白牙朝前走了几步，没有跳起来，但走得很快。它依然很矜持，但当维顿·斯考特走近它时，它眼睛里显露出一种异样的神情。那是一种强烈而又难以言说的感情，像电光似的在它眼中一闪一闪。

"你走后它从来没这样看过我！"麦特说。

维顿·斯考特没听见。他蹲在那里，和白牙面对面，正在抚摸白牙——揉揉它的耳朵，拍拍它的脖子和肩膀，又用手指尖轻叩它的背脊。白牙报之以嚎叫，嚎叫声比以往含有更多那种低声吟唱似的音符。

不仅如此，还有它的欢乐、它心中强烈的爱，也不由得流露出来，从而出现了一种它过去从未有过的表达方式。它突然把头钻到主人的腋下。它不再嚎叫，而是不停地往主人腋下钻，把整个头都钻了进去。

两个男人面面相觑。斯考特眼里含着泪花。

"天哪！"麦特惊讶得说不出话来。

过了一会儿，他回过神来，说："我总说，这狼是只狗。看看它!"

由于敬爱的主人已经回来,白牙恢复得很快。它在小屋里只休息了两个夜晚和一个白天。这之后,它就上路了。那些拖橇狗已经忘记了它的勇猛。它们只记得它最近病得虚弱不堪。所以,看到它从小屋里出来,都朝它扑了过来。

"拿点本事出来!"麦特站在门口看着,嘴里开心地嘀咕着,"揍它们一顿,你这只狼!揍它们一顿!——对,再来一下!"

白牙不需要鼓励。敬爱的主人已经回来,这就够了。它全身再次充满活力,勇猛无比。它很享受打斗,因为它觉得打斗不仅是自我表现,还有一种难以言说的乐趣。所以,和它打斗只有一种结果。那些狗被打得落花流水、四散逃窜,直到天黑,才一个个垂头丧气地回来。从此,它们对白牙服服帖帖,再也不敢冒犯它了。

既然白牙学会了把头钻到主人腋下,它就经常会这么做。这是它的终极表达。再要怎样,它是做不出的。但是,有一种东西是它从来就特别当心的,那就是它的头。它从不喜欢有什么东西碰到它的头。这是它的野性所致,因为出于对陷阱的恐惧,它一碰到什么东西,就会惊恐地避开。特别是它的头,是绝对不能碰的,这是它的本能所要求的。现在,它把头钻到敬爱的主人腋下,可说是有意把自己置于极其危险的境地。这是一种绝对信任、绝对忘我的表示,就像是说:"我把自身交托给你了,你随便怎样都可以。"

一天晚上,斯考特和麦特刚回来,还不想上床睡觉,坐在那里打牌。"十五二,十五四,一对加六。"麦特边打边记分。这时,外面传来人的喊叫声和白牙的咆哮声。他们相互看了看,马上站了起来。

"那只狼在咬人。"麦特说。

又传来一声惨叫,他们加快了动作。

"带上灯！"斯考特喊了一声，冲了出去。

麦特拿起灯，跟在后面。灯光下，他们看见一个男人仰面躺在雪地上，双臂一上一下紧抱着自己的脸和喉咙。这是为了挡住白牙的撕咬。他只能这样。白牙愤怒时会凶狠地攻击对方最脆弱的部位。那人双臂上的外套袖子和里面的蓝色法兰绒衬衫袖子都被咬破，双臂的皮肉也被严重咬伤，正流着血。

斯考特和麦特一开始看到的就是这些。接着，斯考特抓住白牙的脖子，把它拖开。白牙挣扎着、咆哮着，但没有再咬，因为当它听到主人的训斥后，很快安静下来了。麦特把那人扶起来。那人放下双臂，露出了美男子史密斯的那张凶残的脸。麦特猛地缩回手，好像不小心碰到了一堆火。美男子史密斯站在灯光下，眨了眨眼睛，看了看四周。他一看到白牙，顿时惊恐得脸也歪了。

与此同时，麦特发现雪地上有两样东西。他把灯凑近一看，是一条拴狗的铁链和一根粗大的棍子，便顺手拾了起来——这两样东西，他的雇主还是用得着的。

维顿·斯考特看见了，点点头。他什么都没说。赶橇人一手搭在美男子史密斯的肩膀上，示意他转身。没什么好说的。美男子史密斯走了。

此时，敬爱的主人正抚摸着白牙，和它说着话。

"想来偷走你，嗯？你不会跟他走的！哦，他错了，是不是？"

"我想啊，那家伙一定是鬼迷心窍了。"赶橇人笑着说。

白牙呢，激动地耸着背毛，嚎叫了又嚎叫。耸起的背毛渐渐地平复了，但它的喉咙里仍然发出那种模糊的、低声吟唱似的音符。

第五章 驯　　化

一

　　事情还悬而未定，白牙却感觉到事情有点不妙。虽然没有明显的迹象表明有什么事情发生，但它隐约感觉到了。它不知道什么事，也不知道为什么，只是从两个神的身上感觉到一定有事会发生。那两个人呢，总觉得那只像狼一样的狗老是在小屋门外悄悄地独自徘徊，虽然它没有走到小屋里来，但好像知道他们脑子里在想什么。

　　"听，你听！"一天晚上，两人正在吃饭，赶橇人突然说。

　　维顿·斯考特侧耳倾听。门外传来低沉的、焦急的鼻息声，就像是在风中抽泣，所以听得特别清楚。接着，又传来长长的呜咽声。此时，门外的白牙确信，它的神仍在屋里，还没有神秘地消失。

　　"我相信，这只狼是想跟你走。"赶橇人说。

　　维顿·斯考特看看他的同伴，眼神似乎已经表示同意，但嘴上还是不肯承认。

　　"那怎么行，我怎么能带一只狼到加利福尼亚去？"他问。

　　"是啊，我也这么想，"麦特回答说，"你怎么能带一只狼到加利福尼亚去？"

但是，维顿·斯考特听了并不满意。麦特好像是在敷衍他。

"白人的狗对它倒不会怎样，"斯考特接着说，"可它一看见它们，会杀了它们。这样就算不会把我弄得破产，当局也会把它带走，把它处死。"

"是啊，它就是个杀手，我知道。"赶橇人说。

维顿·斯考特看看他，想了想。

"不会的！"他最后说。

"是啊，不会的！"麦特附和说，"你只要雇个人看住它就行了。"

维顿·斯考特不再犹豫。他高兴地点点头。接着，是一阵沉默，只听见屋外低沉的、抽泣似的鼻息声，接着是长长的、哀求似的呜咽声。

"一点没错，它真的太想跟着你了。"麦特说。

维顿·斯考特突然发火了，瞪着他说："你这个人，真是混蛋！怎么不为我想想！"

"是啊，是啊，只是……"

"只是什么？"斯考特大声问。

"只是……"赶橇人欲说还休。接着，他定了定神，耐着性子说："好了，为了这事，你也用不着这样发火。看看你自己，谁都看得出，你拿不定主意。"

维顿·斯考特想了一会儿，然后语气平静地说："你说得对，麦特，我拿不定主意。麻烦就麻烦在这里。"

停了一会儿，他又突然说："真是太荒唐了，要我带着这样一只狗，太荒唐了！"

"是啊，是啊。"麦特回答说，再次使他的雇主很不满意。

"不过，对天发誓，我是说，它知道你要走。"赶橇人天真地加了一句。

"知道不知道都一样,麦特。"斯考特回答说,无奈地摇了摇头。

那天终于来了,白牙从小屋开着的门里望进去,看到地上放着要命的行李袋,敬爱的主人正在往里塞东西。此外,主人还走来走去,小屋里一向平静的气氛一下子变得忙乱起来。这是不容置疑的征兆。白牙早已感觉到了。现在,它认定了。他的神正准备再次出门。上次他没有带它一起去,这次看来也会把它留下。

那天夜里,它仰天长嚎。就像它在幼年时那样长嚎,那时它从荒野返回营地,发现营地不见了,灰海狸的帐篷所在的那个地方,只剩下一堆垃圾。就像那时一样,它现在也仰头望着寒冷的星空,发出一声声哀嚎。

小屋里,两个男人刚躺到床铺上。

"它又不吃东西了。"麦特躺在他的床铺上说。

维顿·斯考特的床铺上传来咕哝声,接着是毯子的窸窣声。

"上次你走后,它差点死掉,这次我看它死定了。"

另一张床铺上传来更响的窸窣声。

"哦,别说了!"斯考特的声音从黑暗中传来,"你比女人还啰唆。"

"是啊,是啊。"赶橇人回答说,但维顿·斯考特吃不准他是不是在偷偷地笑。

第二天,白牙的焦躁不安更加明显了。主人一离开小屋,它就紧跟在后面。主人在屋里,它就在门口徘徊。它从开着的门里可以看到地上放着行李。那是绑在一起的两只大帆布袋和一只箱子。麦特正在把主人的毯子卷起来,把皮大衣包在一块油布里。白牙看着这一幕,呜呜地哀叫着。

过了一会儿,来了两个印第安人。白牙紧盯着他们看,只见他们扛起行李,由麦特带路,下了坡。麦特手里还提着被褥和口袋。但是,它没有跟着他们。主人还在小屋里。又过了一会儿,麦特回来了。主人来到门口,把它叫了进去。

"可怜的家伙,"主人摸摸它的耳朵,拍拍它的背脊,轻声说,"我要出远门了,朋友,你不能跟我去。现在对我叫一声——最后说声再见。"

但是,白牙没有叫,而是急切地看了主人一眼,然后把头钻到了他的腋下。

"汽船鸣笛了!"麦特大声说。育空河上传来内河汽船刺耳的汽笛声。"你少说两句吧。别忘了锁好前门。我从后门出去。快点!"

两扇门同时关上后,维顿·斯考特在前门等着麦特从后门绕过来。门里传出低沉的哀嚎声,接着是长长的、压抑的呜咽声。

"你要照顾好它,麦特。"当他们下坡时,斯考特说,"写信给我,让我知道它的情况。"

"那当然。"赶橇人回答说,"可你听,什么声音!"

两人停下了。白牙在嚎叫,就像死了主人的狗一样嚎叫。那嚎叫声是那么伤心欲绝,那么悲哀、那么痛苦,就如肝肠俱裂,就如一阵阵惨叫,令人胆寒心惊。

奥罗拉号是当年第一艘驶往外地的汽船,甲板上挤满了得逞的冒险家和破产的淘金人。他们当初发疯似的来到这里,现在又发疯似的涌向外地。斯考特在船舷边和麦特握手道别,准备让他回岸上去,而正在这时,他瞥见不远处好像有什么东西,握着的手慢慢地放了下来。他侧身一看,只见白牙正蹲在几英尺外的甲板上,正热切地看着他们。

赶橇人见此,轻轻骂了声该死。斯考特惊得目瞪口呆。

"你锁了前门没有?"麦特问。

斯考特点点头,反问:"后门呢?"

"当然锁了,那还用说。"麦特断然回答。

白牙友好地垂着耳朵,但它蹲在那里没动,也没有想走过来的意思。

"我得把它带上岸去。"

麦特朝白牙走去,但白牙躲开了。赶橇人猛地冲过去,白牙霍地躲进了人群,并在人腿之间绕来绕去,像捉迷藏似的东躲西藏。麦特怎么也抓不住它。

但是,当敬爱的主人说了声"过来"时,它马上就顺从地走了过去。

"我这双手喂了它几个月,它倒反而躲着我。"赶橇人愤愤不平地嘟哝着,"你呢——你就头几天和它熟悉熟悉,后来一次也没喂过它。我总是个倒霉蛋,你呢,你是老板,连它也知道。这我看得出来。"

斯考特正轻轻拍着白牙。突然,他弯下腰,用手指指白牙嘴边的伤口和两眼间的一道裂痕。

麦特弯下腰,用手摸了摸白牙的腹部。

"啊,我们忘了关窗。它下面也有伤。一定是从那里钻出来的。真见鬼!"

不过,维顿·斯考特并没有在听。他在快速思考。奥罗拉号鸣响了起航的笛声。送行的人都纷纷走下跳板,回到了岸上。麦特从脖子上解下自己的围巾,想系在白牙脖子上。斯考特一把抓住赶橇人的手。

"再见,麦特,老伙伴。关于这只狼——你不用写信了。你看,我……"

"什么!"赶橇人不胜惊讶,"你是说……"

"我说就这样。你把围巾拿回去吧。我会写信给你。"

麦特走下跳板,中途还停了一下。

"它受不了那里的天气!"他回过身大声说,"那里太热,要剪掉它的毛!"

跳板被拖回了,奥罗拉号摇摇晃晃地离了岸。维顿·斯考特挥挥手,和麦特最后一次说再见。接着,他转过身,俯视着站在他身边的白牙。

"现在叫吧,你这个坏蛋,叫吧。"说着,他伸手拍拍白牙的头,又摸了摸它的耳朵。

二

白牙在旧金山下船,上了岸。它被惊呆了。它曾深深地感知过神的智力,但当它小步走在旧金山平整的人行道上时,它还是意想不到,白人竟然是那么了不起的神。它曾见过小木屋,现在看到的却是一幢幢大楼。街道上处处有危险——马车、推车、汽车,来来往往,还有高大而驯服的马,拉着巨大的货车。还有街道中央隆隆驶过的有轨电车,不时发出嘎嘎的声响,听上去就像北方树林里山猫的叫声一样可怕。

这一切都是力量的表现。这一切,和远古时期一样,是人类的自我表现,表明人类是万物的主宰。真是宏大而令人震撼!白牙深感敬意,同时也深感畏惧。它在幼年时从荒野来到灰海狸的营地,那时它就觉得自己很渺小。现在,它已经成年而且身强力壮,但仍觉得自己很渺小。这里有那么多神!那些成群结队的神,使它深感困惑。街道上的隆隆声如雷贯耳。那些巨大的东西不停地来来往往，使它深感迷惘。它前所未有地觉得，自己那么有赖于敬爱的主人。所以，它紧跟在主人后面，无论如何也不会离开主人。

然而，白牙将要看到的却是城市中的一幅梦魇般的景象——它将要经历的那些怪诞而可怕的事情，后来在很长一段时间里一直像是一场噩梦。它被主人放进一辆装行李的卡车里，拴在一堆行李袋和手提箱中间。过了一会儿，有个矮胖壮实的神，晃动着身体，噼里啪啦地把那些行李袋和手提箱拖出去，或是拖到车门口，堆成一堆，或是拖出车门，噼里啪啦地扔给正等在那里的另外几个神。

又过了一会儿，白牙仍被主人抛弃在这堆该死的行李中。至少，白牙是这么想的，主人把它抛弃了。后来，它嗅出身边的几个帆布行李袋是主人的，就爬到那几个帆布行李袋上，守护着它们。

"你总算来了。"当维顿·斯考特一小时后出现在车门外时，车上的那个神抱怨说，"你那只狗不让我碰你的东西。"

白牙从车上下来了。它又吃了一惊。梦魇般的城市不见了。因为在它看来，那辆装行李的卡车就是一座房子，它被放进这座房子时，周围都是城市。怎么过了一段时间，城市就消失了！耳边不再有城市的喧嚣声。眼前所见，是宁静的乡村，是阳光下的小河在缓缓流淌。但是，它没有时间对这样的变化感到惊讶。它看到什么就是什么，反正一切都是那些神的所作所为。这是他们的世界。

有辆马车等着。有一男一女朝主人走来。那女人伸出双臂，抱住了主人的脖子——这是个危险动作！所以，当下一刻那女人放开双臂，让主人朝白牙走来时，只见白牙龇牙咧嘴，怒气冲冲。

"别怕，妈妈。"斯考特一边抱住白牙平息它的怒气，一边说，"它以为你会伤害我，它受不了。没事，没事。它很快就会懂的。"

"哦，在这之前，我要亲亲我的儿子还要乘他的狗不在的时候。"那女人笑着说，但脸色已吓得发白。

接着，她看了白牙一眼，只见它背毛耸起，吼声不断，一副凶相毕露的样子。

"它会懂的，会的，不用多长时间。"斯考特说。

他轻声对白牙说着话，直到白牙平静下来，才提高声音。

"蹲下！听好了，蹲下！"

这是主人教过它的，白牙服从了，只是有点勉强，有点迟缓。

"好了，妈妈。"

斯考特对她张开双臂，但眼睛看着白牙。

"蹲下！"他警告说，"蹲下！"

白牙又一次看到了危险动作，它的背毛又一次无声地耸起，同时它稍稍抬起身体，呈半蹲状态。但是，接着在那个陌生的男神拥抱主人时，它也没看到主人受到伤害。这之后，他们把行李袋放进了马车，那两个陌生的神和敬爱的主人都上了车。白牙跟在马车后面，时而警觉地奔跑，时而对跑在前面的几匹马耸起背毛，警告它们：它在后面看着，它们拖着神的车这么快在田间行驶，不能对神有半点伤害。

十五分钟后，马车摇摆着，穿过了一道石头垒起的大门。接着，在两排枝叶交错的胡桃树中间行驶。两边都是大片的草地，宽阔而平整，时而可见几棵高大粗壮的橡树。近处，是阳光下呈金黄色的干草场，和碧绿的芳草地交相辉映。稍远处，是黄褐色的小山和高地牧场。草地的尽头，山谷微微隆起的地方，耸立着一座有长长的门廊和许多窗户的房子。

所有这些，白牙都没有机会细看。因为马车一驶入这里，它就遇到了一只两眼发亮、牙齿锋利、气势汹汹的牧羊犬。那只牧羊犬放过马车和它的主人，却把它拦住了。白牙没有嚎叫予以警告，而是耸起背毛，一声不响地冲了上去。但是，它冲到一半突然停住

253

了。它动作笨拙，挺直前腿，尽力撑住前冲的身体，才没有翻出去。它不能攻击那只狗。那是一只母狗。按种族法规，它和那只狗之间有一道屏障。对它来说，攻击母狗不但没有必要，而且有违它的本性。

但是，那只牧羊犬却没有什么种族法规。作为母狗，它也没有狼的本性。恰恰相反，作为牧羊犬，它本能地对野兽，特别是对野狼，抱着异乎寻常的憎恶感。在它看来，白牙是一只狼，是天生捕食羊群的掠杀者，而自古以来，羊群一直是由它的祖先放牧和保护的。所以，当白牙放弃进攻，勉强撑住身体而没有翻出去时，它朝白牙扑了过来。白牙不由得叫了一声，因为它感觉到那只母狗的牙齿咬到了它的肩膀。但是，它只是叫了一声，没有以牙还牙。它后退几步，有意站直四腿①。然后，它想从那只母狗身边绕过去。但是，不管它从左边绕，还是从右边绕，都是徒劳。那只母狗就是挡在它前面，不让它走。

"看，是柯丽！"马车上的那个陌生男人叫起来。

维顿·斯考特笑了。

"别担心，爸爸，这是训练它的好机会。白牙肯定能学会许多东西，现在还刚刚开始。它正在自我适应。"

马车继续行驶。柯丽依然挡着白牙的路。白牙想离开车道，从草地那边绕过去，但柯丽跟着它绕，而且绕在里圈，总是挡在它前面，对它露出两排亮锃锃的牙齿。它转身穿过车道，想从草地另一边绕过去。柯丽再次把它挡住。

马车载着主人走了。白牙眼看着马车消失在树丛间。情势危急。它再次想绕过去。柯丽也再次绕过去。这时，它突然朝柯丽转

---

① 这是非攻击姿态（狼和狗攻击前通常是四腿弯曲，伏下身，昂起头）。

过身来。这是它惯用的打斗法。肩膀对肩膀，它猛地撞向柯丽。冷不防这一撞，柯丽不仅仅是摔倒，由于正在快速奔跑，被撞得连连在地上打了好几个滚。这下，柯丽的自尊心大受伤害，赶紧爬起来，又是跺脚，又是尖叫。

白牙一刻也没等。只要它让路，这就够了。柯丽尖叫着，拼命追赶白牙。现在，路是笔直的。那就来一次真正的赛跑吧！白牙要让那只母狗见识见识。它步态敏捷，一路迅跑，其实没用多少力气，却像幽灵似的轻灵飘忽。而那只母狗呢，发疯似的，歇斯底里地在后面追赶，虽然跑出了它的最快速度，但它用尽力气也追不上白牙。

白牙绕过那座房子，到了前面的门廊处，看到了那辆马车。马车刚停下，主人正从车上下来。这时，白牙还未停下脚步，突然遭到了侧面攻击。一只猎犬从一边朝它冲来。白牙想转身迎战。但它跑得太快，那只猎犬又离它很近，所以当那只猎犬从侧面冲过来时，它正往前跑，没有防备，一下子被冲倒在地，还打了个滚。但是，它没有慌乱，马上站了起来。它耳朵后倾，嘴唇抽动，鼻子皱起，嘎嘎地咬着牙齿，随即就要一口咬住那只猎犬的喉咙。

主人正朝这边奔来，但离得太远，一时没法阻止白牙。这时，柯丽救了那只猎犬一命。就在白牙扑向那只猎犬要实施致命一击时，柯丽赶到了。它刚才被白牙甩在后面，之前还被白牙撞得连连打滚，现在却像一阵风似的刮了过来——这阵风携带着它的受伤的自尊心，携带着它的满腔义愤和它对这个野性掠杀者的本能的憎恨。它就在白牙一跃而起的瞬间，横冲过来，把白牙再次撞得翻滚在地。

这时，主人来了，一手抓住了白牙。与此同时，主人的父亲叫住了那两只狗。

"我说，它们这是在热烈欢迎一只可怜的北极孤狼。"主人说，这时白牙已经在他的抚摸下安静下来，"这只孤狼出生以来还头一次摔倒，而且三十秒里摔倒了两次。"

马车走了，从那座房子里走出来其他几个陌生的神。他们大多毕恭毕敬地站在远处，只有两个女的，又做出危险动作，用双臂去抱主人的脖子。不过，白牙这时已经容忍了这种动作。看来，这好像没有多大危险，因为这两个神说的话肯定不是在威胁主人。这两个神还想和它打招呼，但它一声吼叫，警告她们离它远点。主人也发声了，表示了同样的意思。这时，白牙紧挨在主人身旁，主人用手轻轻拍了拍它的头。

那只猎犬听从了"狄克！趴下！"的命令，走到台阶上，在门廊边趴下，但是它仍然叫个不停，而且怒视着入侵者。柯丽已经被一个女神抱住。这个女神抱住柯丽的脖子，拍它、摸它。但是，柯丽焦躁不安，叫着、挣扎着。它对这只狼的出现感到愤怒，而且确信，所有的神都做错了事。

所有的神都开始踏上台阶，朝那座房子里走。白牙紧跟在主人后面。狄克在门廊边对它吼叫，它在台阶上耸起背毛，报之以吼叫。

"把柯丽带进去，让它们打一架。"主人的父亲说，"不打不成交啊。"

"那不行，白牙要表示友谊，就是为狄克开一场追悼会。"主人笑着说。

老斯考特好像不太相信，先看看白牙，再看看狄克，最后看看儿子。

"你是说……"

维顿点点头。"我是说，用不了一分钟，顶多两分钟，你就会看到一只死狗。"

他转过身,对白牙说:"好了,你这只狼,还是进去吧。"

白牙竖起尾巴,挺直腿,大步上了台阶,走进门廊。但是,它的眼睛仍盯着狄克,提防它侧面袭击。与此同时,它还准备对付房子里面可能会有什么未知的东西突然向它袭来。然而,并没有什么可怕的东西冲出来。进去后,它又仔细观察四周,也没有发现什么。它这才满意地轻轻哼了一声,在主人脚边蹲下。但是,它仍警觉地留意着周围的动静,随时准备一跃而起,进行一场生死搏斗。因为它觉得,在这陷阱似的住宅里,肯定危机四伏。

三

白牙不仅天生有适应能力,而且经历了许多事情,它知道自我适应的重要性。在这儿,在"远景山庄"——这是斯考特法官住宅的雅号——白牙很快使自己有了家的感觉。它和那两只狗之间不再有大麻烦。那两只狗比白牙更熟悉南方的神,但在它们看来,白牙也有资格在家里陪伴神。白牙是狼,这是它们从未见过的。但是,神允许它在这儿,它们也只能接受,因为它们是神的狗。

当然,狄克一开始还是按部就班地对白牙做了一点表示,因为只有这样它才能心平气和地接受白牙,才能把它看作这座房子里新来的一员。既然狄克这样做了,它们理应成为好朋友。但是,白牙不喜欢交友。它对那两只狗的要求,就是它们不要来打扰它。它生来疏远它的同类,现在依然想疏远它们。所以,当狄克和它打招呼时,它很恼火,一阵怒吼,把狄克吓走了。它在北方时就懂得,绝不能打扰主人的狗,现在依然没有忘记这一点。既然它这样喜欢自我禁闭,这样不理睬狄克,那再好脾气的狗也只好算了,只好对它不理不睬，就像看到马厩旁边的一根拴马桩一样。

但是，柯丽却不是这样。它虽然服从神的命令，接受了白牙，但是没有理由说，它就一定要让白牙平安无事。因为柯丽内心交织着无数记忆，它无意识地铭记着白牙的祖先对它的祖先犯下的种种罪行[①]。羊圈被狼群洗劫，那不是一天能忘记的，世世代代都不会忘记。所有这些，就像马刺一样时时刺激着柯丽，刺激它去复仇。它虽然不能当着神的面做什么，但谁也没法阻止它想方设法使白牙难受。它们之间有世仇，古老的世仇，而它，作为牧羊犬的后代，理应警告白牙，这只狼，它们生来就是仇敌。

所以，柯丽利用它的性别优势，对白牙百般挑剔、粗暴相待。白牙本能地不会去攻击一只母狗，但柯丽的不依不饶又使它不能不理会这只母狗。所以，每当柯丽向它扑来时，它就侧身用皮毛厚实的肩膀抵挡柯丽的尖牙，然后挺直腿，不失风度地走开。要是柯丽逼得太紧，它就只好无奈地、厌烦地绕圈子躲避，用肩膀对着它，不让它咬到它的脸。就是这样，有时它的后腿或者屁股还是会被柯丽咬上一口，这时它也顾不上风度了，只好撤退。但是，总的来说，它一直保持着一种几近庄严的自尊自重。只要可能，它就忘记柯丽的存在。若无可能，它就尽量避开柯丽。只要看到或者听到柯丽来了，它就起身走开。

对它来说，这里还有许多东西要学。和远景山庄的复杂情况相比，北方的生活确实太简单了。首先，它必须了解主人的家庭。这方面，它在某种程度上已经有所了解。它知道，就像密特-萨阿和克露-库奇属于灰海狸所有——因为他们分享灰海狸的食物、火和毯子——现在，住在远景山庄这座房子里的人都属于敬爱的主人

[①] 因为它是牧羊犬，是狼的天敌。

所有。

不过，两者还是有所区别，而且有很大区别。远景山庄要比灰海狸的帐篷大得多。有许多人需要它认识。有斯考特法官和他的夫人；有主人的两个妹妹，贝丝和玛丽；有主人的妻子，艾丽丝；还有他们的两个孩子，维顿①和莫德，一个四岁，一个六岁，刚刚学会走路。关于这些人，没有人可以和它谈论，因而它不知道也不可能知道这些人的血缘关系。但是，它很快就知道，这些人都属于它的主人所有。然后，经过观察，它又慢慢地知道了这些人和主人之间不同程度的亲密关系。因为只要有机会，它就会注意他们的举止、言语和说话时的语气语调。但是，有这样一个既定标准，它必须根据这一标准对待他们，即：凡是主人尊重的人，它必须尊重；凡是主人钟爱的人，它必须钟爱，而且还要悉心守护。

譬如，对那两个孩子，它就必须这样做。但是，它生来不喜欢孩子。它讨厌而且害怕孩子的那双手。它在印第安人的营地里受够了孩子们的暴虐和残忍。所以，当维顿和莫德第一次靠近它时，它恶狠狠地用咆哮声表示警告。这时，主人的一巴掌和一声呵斥迫使它接受两个孩子的抚摸。虽然它在他们的小手抚摸下也嚎叫不止，但叫声中没有那种低声吟唱似的音符。后来，它看出，那个男孩和那个女孩是主人的宝贝。因而，当他们再想抚摸它时，就不需要主人的一巴掌和一声呵斥了。

尽管如此，白牙仍不是心甘情愿的。它屈辱地服从了主人的两个孩子，就像忍痛接受外科手术一样，忍受了他们的抚弄。当它实在忍受不了时，它就起身逃跑。后来，过了一段时间，它渐渐地有点喜欢那两个孩子了。但是，它从来不表露出来。它不会主动接近

---

① 维顿·斯考特的儿子也叫维顿·斯考特，欧美人父子同名同姓很常见。

他们。只是,当它看到他们时,已不再走开了,而是等着他们朝它走来。再后来,当它看到他们朝它走来时,眼睛里会露出欣喜的目光,而当他们离开它去玩别的东西时,它还会不无遗憾地目送他们。

这是一个渐变过程,需要时间。继两个孩子之后,白牙接着要关心的是斯考特法官。这里可能有两个原因。首先,斯考特法官显然是主人很尊重的人;其次,斯考特法官很少和它说话。白牙喜欢在门廊里趴在斯考特法官的脚边,这时斯考特法官在看报纸,时不时会看它一眼神或者嗯一声。这无疑表明,他认可了白牙的存在。不过,这仅仅是主人不在它身边的时候才这样。只要主人一出现,那么对白牙来说,其他一切就不复存在了。

白牙虽然容许家里的所有人抚摸它、摆弄它,但它并不给予他们那种它只给予主人的回应。他们的抚摸不会使它喉咙里发出那种爱的低吟声。还有,虽然他们试过,却一直没能使它依偎在他们身边。这种自我奉献和绝对信任,它只给予它的主人。实际上,在它看来,家里的其他人不管怎样,都只是主人的从属物。

此外,白牙早就知道了家里人和家里的用人有何区别。后者都怕它,但它很克制,从不攻击他们。这是因为它知道,他们也是主人的从属物。它在他们之间保持中立,这就可以了。他们就像克朗代克的那个麦特一样,是为主人做饭、洗盘子的,还要做其他一些事情。总之,他们是做家务的神。

在这个家之外,还有更多东西需要白牙去领会。主人的领地很大,很复杂,但却是有边界的。它知道,这块领地到了县道那里,就终止了。再过去,是属于所有神的公共领地,那里有大街小巷。再过去,在另一些栅栏里面,是另一些神的领地。所有这些地方都有无数法规,行动是受限制的,而它听不懂神讲的话,也没办法学，只能凭经验。它先是自行其是。很快，就触犯了某条法规。这样反复触犯几次，它就懂了，以后就不再触犯那条法规了。

不过，最有效的教育还是主人的巴掌和呵斥。白牙深爱主人，主人的一巴掌远比灰海狸或者美男子史密斯的一顿毒打更使它伤心。他们打它，只是伤害它的肉体，它心里不但不服，还很愤怒。主人的一巴掌虽然总是打得很轻，对它的肉体并没有多大伤害，但却深深地印在它心里。那是主人表示不允许，它由衷地服从。

其实，它很少挨主人的巴掌，更多是主人的呵斥。只要主人一呵斥，它就知道自己错了。只要主人一呵斥，它就会改正自己的行为。主人的呵斥声就如指南针，引导它以正确的行为适应这块新领地上的新生活。

在北方，唯一驯化的动物是狗。其他所有动物都生活在荒野中，理所当然就是狗的猎物。白牙当初就是以捕猎为生的。它没想到，在南方，竟然不是这样。这一点，它来到圣克拉拉峡谷后很快就知道了。一天清晨，它在那座房子旁边溜达，偶然看到一只鸡从鸡舍里逃出来。它本能的反应，就是吃了那只鸡。于是，它纵身一跃，张口一咬，就把那只敢于冒险的家禽叼在嘴里了。那是家养鸡，又肥又嫩，它吃完后舔舔嘴唇，很满意有这样一顿美餐。

那天晚些时候，它在马厩附近又捕到一只离群的鸡。这时，有个马车夫奔来，想救那只鸡。但是，他不知道白牙的血统，只用一根细细的马鞭来对付它。他一鞭子抽过去，白牙扔下那只鸡，直接朝他扑了过来。要是他拿的是一根棍子，或许能制服白牙，但一根马鞭算得了什么。白牙连叫也没叫一声，毫不畏惧，迎着他的马鞭扑过来，而且是直接朝着他的咽喉扑过来的。那马车夫大叫一声"天哪"，连连后退，赶紧扔掉马鞭，用手臂护住咽喉。结果，他的前臂被咬得露出了骨头。

那马车夫惊恐万状。白牙的可怕之处，与其说是它的利牙，不如说是它的阴沉。那马车夫一边用血淋淋的手臂护住咽喉和脸，一边朝马厩里退却。要不是柯丽的突然出现，他的麻烦就大了。柯丽，就像它当初救了狄克一命，现在又救了那马车夫一命。它怒不可遏地冲向白牙。它是对的。它比一些蠢笨的神更了解白牙。它对白牙的种种怀疑，现在都得到了证实。此时此刻，那远古的掠杀者又在施行它的祖传诡计。

那马车夫逃进了马厩。白牙一看到柯丽的尖牙就后退了，接着又绕着圈子躲避它，并用肩膀对着它的尖牙。但是，柯丽没有像往常那样追咬了几圈后就算了。恰恰相反，它越追越激动，越追越愤怒，一直追到白牙风度全失，落荒而逃。

"要让它知道不能去碰那些鸡。"主人说，"不过，要等它做了之后被我抓住，我才能教训它。"

此后两天的夜里，它不仅做了，而且放肆程度超出了主人的预料。它仔细观察了鸡舍和那些鸡的习性。等到夜里，那些鸡都栖息了，它爬到一堆刚刚堆起来的木材上面，从那里一跳，就到了鸡舍的顶棚上，然后爬过支撑顶棚的横梁，从顶棚上跳下。一会儿工夫，它就在鸡舍里了。接着，就是一场大屠杀。

第二天一早，主人出来，到了门前的台阶上，只见马车夫在那里把五十只白色的来亨鸡摆成一排。主人轻轻吹了声口哨，先是惊讶，最后不得不佩服。他看了看白牙，只见它淡定自若，毫无愧疚之意。它甚至还有点自豪，觉得自己做了一件了不起的事情。它还没有犯罪意识。主人抿着嘴，准备完成一桩并不愉快的任务。他随即呵斥那个不知罪的嫌犯，呵斥声中充满了神的怒气。此外，他还把白牙的鼻子按在死鸡上面，同时又响亮地打了它一巴掌。

这之后，白牙再也没有袭击鸡舍。它懂了，那是触犯法规的。

主人曾有意把它带到鸡舍里。看到那些鲜活的肉就在它周围，就在它鼻子底下，它的自然冲动顿时活跃起来。但是，它刚一冲动，就被主人的声音制止。他们在鸡舍里待了半个小时。它一次又一次冲动，主人的声音一次又一次制止它。就这样，它懂得了那条法规，而且在离开鸡的领地前就已经知道，鸡的存在和它毫不相干。

"你是治不好一个杀鸡犯的。"午餐时，斯考特法官听完儿子讲述他如何教训白牙的情况后，悲观地摇摇头说，"它们一旦有了这种习惯，尝过血腥味……"他再次悲观地摇摇头。

但是，维顿·斯考特不同意父亲的看法。

"我告诉你，我会怎么做。"他最后不服气地说，"我要把白牙关在鸡舍里，关一下午。"

"还是为那些鸡想想吧。"法官反对说。

"那这样吧，"儿子接着说，"要是它杀死鸡，每杀一只鸡，我付给你一美元金币。"

"要是没杀，也应该让爸爸受罚。"贝丝提议说。

她妹妹说"是啊"，餐桌上的其他人也都说应该这样。斯考特法官点头表示同意。

"那好，"维顿·斯考特想了想说，"要是明天下午过后，白牙一只鸡也没有伤害，那么，爸爸，你要对白牙在鸡舍里的这段时间，每十分钟说一遍'白牙，我没想到你这么聪明'，要严肃认真地说，就像你在法庭上庄严地宣判那样。"

全家人都找好了隐秘的地方，偷看白牙的表演。但是，表演很枯燥。白牙被主人关进鸡舍后，一直躺在地上睡觉，什么也没做。仅有一次，它爬了起来，那也只是为了到水槽边去喝水。它对那些鸡毫不注意，好像它们根本不存在似的。到了下午四点，它跑了几步后纵身一跃，跳到鸡舍的顶棚上，然后从顶棚的另一边跳了下来。这样出了鸡舍后，他沉着地朝主人的那座房子走去。它已经知道了那条法规。在门廊里，在全家人欣喜的目光下，斯考特法官和白牙面对面，并严肃认真地说了十六遍"白牙，我没想到你这么聪明"。

然而，法规多得不计其数，白牙很困惑，常常不知所措。它知道了，其他神的鸡也不能碰。后来又知道了，猫、兔子和火鸡，它都不能碰。其实，它只知道这类法规中的一部分，自以为，凡是活的东西，它都不能碰。所以，它在房子后面的牧场上看见一只鹌鹑从它鼻子底下逃跑，也没去追赶。虽然它的捕杀本能非常强烈，但它控制住了自己的本能，站着没动。它要服从神的意愿。

后来有一天，还是在房子后面的牧场上，它看见狄克惊动了一只野兔，就去追赶。这时主人就站在附近，在观望，并没有制止它。没有，甚至还鼓励它去追赶。于是，它明白了，捕杀野兔是不犯规的。最后，它完全弄懂了这类法规。凡是家养动物，它都不能与之为敌。即使不友好，至少也要保持中立。至于其他动物，松鼠、鹌鹑和野兔等，都是未被人类驯化的野生动物。它们是猎物，任何一只狗都可以追捕。也就是说，神只保护驯化动物[①]，而且不允许驯化动物之间发生致命冲突。神握有所有驯化动物的生杀大权，而且绝不会放弃这种权力。

相比北方的简单生活，圣克拉拉峡谷的生活要复杂得多。不过，这种复杂的文明生活总体上是受到控制的——有一种自我平衡，就像蝉翼一样薄，同时又像钢铁一样硬。白牙发现，文明生活是方方面面的，它必须面对各种各样的事情——譬如，它到圣何塞镇去，先是跟在主人的马车后面奔跑，后来马车停了，它在街上逛

[①] 杰克·伦敦有生之年，全世界都还没有野生动物保护法。

了逛。生活中形形色色的事物出现在它眼前，不停地引起它的注意，又要求它不停地调整和适应，而且，几乎总是迫使它压制内心的自然冲动。

在肉店里，肉就挂在那儿，但它绝不能碰。主人去拜访的那家人，家里有猫。它绝不能招惹。到处都是狗，对着它叫。它绝对不能攻击。还有，在人来人往的街道上，有无数人被它吸引。他们停下来看它，对它指指点点，谈论着它，甚至还来摸它。对此，对所有这些陌生的手和危险的触摸，它都必须忍耐。好在，它已经有了这种忍耐力。它甚至克服了尴尬和拘束。在众多陌生的神关注下，它镇静自若。他们对它很温和，它也对他们很温和。不过，他们毕竟不敢对它太亲密。他们摸摸它的头就走了，觉得自己的胆子已经够大了，很满意，也很高兴。

但是，这对白牙来说却很不容易。就在它跟着马车奔跑在圣何塞镇的郊外时，有几个小男孩朝它扔石头。它知道，不能去追那几个小男孩，更不能把他们扑倒。它竭力压制住自卫本能，而且压制住了。因为它正在驯化，正在适应文明生活。

但不管怎么说，这总使白牙有所不满。它虽然没有关于正义和公正的抽象概念，但它总觉得，生活中应该讲点公平。因此，它很怨恨，为什么不允许它反抗那几个扔石头的小男孩，那是不公平的。殊不知，它忘记了它和神的协议。照顾它、保护它，是神的职责。就在某一天，主人从马车上下来，手里拿着鞭子，给了那几个扔石头的小男孩一顿教训。那之后，他们就不再扔石头了。白牙懂了，满意了。

还有一件事情，属于同样性质。在去圣何塞镇的路上，在一个十字路口的一家酒馆附近，总有三只狗冲出来骚扰它。由于白牙往往会给对手致命一击，主人一直强制它严守法规，不得和任何一只狗打斗。所以，每次经过那个十字路口的酒店时，白牙都牢记这一法规。每次，那三只狗冲出来时，它总是一边嗥叫，一边退让。但是，它们不依不饶，紧跟在它后面狂吠不止，有时还把它抓伤。这样已有好几次了。酒馆里的几个男人甚至教唆那三只狗攻击它。有一天，他们公然鼓动那三只狗和它打斗。这时，主人停下了马车。

"去吧。"他对白牙说。

白牙简直不敢相信。它看了看主人，又看了看那几只狗。然后，它又回过头急切而疑惑地看着主人。

主人点点头。"去吧，朋友，吃了它们。"

白牙不再犹豫。它转身一跳，不声不响地跳到了对手中间。三只狗都面对着它。接着是一阵狂吠咆哮，一阵猛冲猛撞，一阵狂撕乱咬。路上的尘土扬起，像一团云雾笼罩着战场。没过几分钟，就有两只狗在尘雾中抽搐，第三只没命地逃跑。它跳过一条沟渠，越过一道围栏，逃到了一片田野上。白牙紧追不舍。它用狼的姿势和狼的速度飞奔，灵活轻巧，到了田野上就把那只狗绊倒。然后，杀了它。

三比一，它用三只狗的死结束了这场战斗。消息传开，圣克拉拉峡谷一带的人都在说，谁家的狗都不要去招惹那只战狼。

四

几个月过去了。南方食物丰富，又不用服苦役，白牙心情舒畅、身强力壮。它不仅身在南方，而且融入了南方生活。人类的爱心像阳光一样照耀着它，使它像种植在沃土中的花果一样茁壮成长。

然而，它仍然和其他的狗有所不同。它虽然比那些不知道别样生活的南方狗更懂得法规，更严格遵守法规，但它身上仍有凶猛残暴的一面。它似乎野性未泯，它体内的那只狼只不过是睡着了而已。

它从不和其他狗交友。它孤独地活着，而且会继续这样孤独地活下去。它幼年时曾受到尖嘴和狗群的迫害，成年后又被美男子史密斯当作打斗犬和各种各样的狗打斗，这使它对狗一直很厌恶。它的自然成长过程被扰乱，它脱离了它的同类而依附于人类了。

此外，所有的南方狗都用怀疑的眼光看它。它引起了它们对野性的本能恐惧。所以，它们总是用吠叫、用咆哮，用敌对的、憎恶的态度对待它。对此，它知道不必用牙齿去对付它们，只需要露露牙齿、努努嘴唇就可以了。这几乎总能使一只吠叫着冲过来的狗吓得不敢靠近它。

但是，白牙的生活中有个麻烦。那就是柯丽。这个柯丽，不让白牙有片刻安宁。它不仅不像白牙那样自觉遵守法规，还有意违抗主人的意愿，不肯和白牙友好相处。它总是冲着白牙的耳朵神经质地尖叫。它念念不忘白牙的那件杀死鸡的事，固执地相信，白牙就是个不怀好意的坏蛋。实际上，它在那件事之前就认定白牙有罪，对待白牙就像对待罪犯一样。它是白牙的死对头，总是像警察一样在马厩周围的场地上跟踪白牙。白牙就是好奇地朝一只鸽子或者一只鸡看一眼，它也会大声吠叫，予以严重警告。对此，白牙只好不予理睬，常用的办法就是趴下，把头搁在前腿上装睡。这通常能骗过柯丽，使它不再大喊大叫。

除了柯丽，白牙在其他方面都很好。它学会了自我适应和自我平衡，懂得了相关法规。它学会了沉着和冷静，学会了超脱和宽容。它不再生活在一个充满敌意的环境中。它周围不再处处潜伏着危险、伤害和死亡。那种未知的东西，那种时时逼近的恐怖感和威胁感,现在消失了。生活就像平静的河水,缓缓地流淌,轻松而悠闲,既没有危险,也没有恐惧。

它不知不觉想起了雪。之所以这样,是因为它觉得"这里的夏天太长了"。当然,它只是模糊地、下意识地想起了雪。同样,特别是在太阳底下忍受夏天的酷热时,它模模糊糊地萌生了对北方的向往。不过,这仅仅使它有点不安,连它自己也不知道是怎么回事。

白牙从不表露它的感情。除了把头钻在主人腋下,除了在充满爱的嚎叫声中发出那种低声吟唱似的音符,它没有其他方式来表达它的爱。不过,现在它有了第三种方式。它对神的笑声总是很敏感。笑声会使它愤怒得几近疯狂。但是,它对敬爱的主人从来不会这样愤怒。当这个神善意地、逗乐似的取笑它时,它只是感到困惑不解。虽然它仍会觉得自己心里有一股怒气在上升,但怒气被爱压制住了。它愤怒不起来,但它总得有所表示。起初,它装糊涂,这使主人笑得更响。后来,它干脆装傻,这使主人笑得比以往还要响。最后,它对主人的笑再也不能装傻了。它的嘴微微一张,上唇微微一抬,眼神中露出一种好像是开心、好像是喜欢的表情。它学会了笑。

同样,它也学会了和主人玩耍,在地上打滚,或者,让主人反复逗弄它。对此,它还会假装发火,耸起背毛,嚎叫几声,甚至做出撕咬动作,好像要咬人的样子。但是,它不会忘记,那是玩耍。它装着咬人,总是空咬一下。这样的玩耍、翻滚、打闹、撕咬、嚎叫,最后会突然停下。这时,它和主人相距几英尺,相互看着。片刻之间,他们会同时情不自禁地笑起来,就像暴风雨后海面上升起了太阳。接着,就是主人伸出双臂抱住它的脖子,它低声嚎叫,吟唱着爱的曲调。

不过,除了主人,没有人和白牙玩耍。它不允许别人对它那样。它很矜持，每当有人想和它玩耍时，它总是耸起背毛，大声咆哮。这是警告，不是玩笑。它允许主人和它玩耍，并不表明它是一只普通的狗，更不是一只人人可以逗乐的宠物狗。它的爱是专一的，它不会在任何人面前贬低自己，贬低它的爱。

主人经常骑马外出，伴随主人出行是白牙的主要职责之一。它曾在北方奋力拖雪橇，以此证明它的忠诚，可是南方没有雪橇，狗也不用驮物。所以，它在另一方面表示忠诚——和主人的马一起奔跑。奔跑时间最长的一天，也没有把它累倒。因为它奔跑起来就像狼一样，既轻巧又平稳，还不费力，就是跑了五十英里后，它仍轻松地跑在马前面。

此外，它还有一种和马有关的表现——这方面，有两次特别值得一提。第一次是主人训练一匹健壮的纯种马，教它开门和关门动作。这样，骑马人就不用下马了。主人一次次地要求那匹马进了大门后把门关上，但那匹马每次都很害怕，不是退缩，就是躲避。过了几分钟，它越来越紧张，越来越激奋，最后扬起前蹄，直立起来。主人在马背上用马刺踢它，要它落下前蹄，而它落下前蹄后，又开始蹬后蹄。白牙在一边看着，越看越着急，最后它再也忍不住了，一下子跳到那匹马前面，用一阵狂野的吼叫对它发出警告。

后来，它经常这样对马吼叫，主人也鼓励它叫，帮助他驯马。不过，最有帮助的一次，是它为主人报信。一天，主人骑马穿过牧场，一只野兔突然蹿出。马一受惊，顿失前蹄，翻倒在地，压伤了主人的一条腿。白牙愤怒地扑向那匹马的咽喉。但是，被主人叫住了。

"回去！回家去！"主人命令它，因为主人知道，自己受伤了。

白牙不肯离开。主人想写张纸条，但口袋里没带笔和纸。他再次命令白牙回去。

白牙担忧地看看主人，走了，但又回来，轻声地呜咽。主人温和而严肃地和它说话，它竖起耳朵，专注而痛苦地听着。

"别担心，朋友，快回家去。"主人对它说，"回去告诉他们，我出事了。回去，你这只狼，快回家去！"

白牙知道"家"是什么意思。它听不懂主人的话，但它知道，主人要它回家去。它不情愿地转过身，走了。但没走几步，又停下了，犹犹豫豫地回头看。

"回家去！"主人再次大声发出命令，它终于服从了。

家里人坐在门廊里，正享受着午后的凉爽。这时，白牙来了。它浑身尘土，气喘吁吁，朝他们跑来。

"维顿回来了。"维顿的母亲说。

两个孩子兴高采烈，喊叫着上前去迎接白牙。它闪开他们，直接跑进了门廊。但两个孩子紧跟着它，不停地摸它、抱它，把它挤到了一把摇椅和栏杆边的角落里。它嚎叫着，想摆脱他们。孩子的母亲看到这情形，有点担心。

"它在孩子身边，我总觉得不放心。"她说，"不知哪一天，它会突然扑倒他们。"

白牙疯狂地嚎叫着，从角落里冲出来，撞倒了小男孩和小女孩。孩子的母亲赶紧把他们叫到身边，安慰他们，还对他们说，不要靠近白牙。

"狼终归是狼，"斯考特法官说，"没一只会老老实实。"

"可它不全是狼。"贝丝替她哥哥辩解。

"你这是在替维顿说话，"法官不同意贝丝的说法，"可他只是猜测，它有狗的血统，其实他自己也承认，他对它根本不了解。至于它的长相……"

他还没说完，只见白牙站在他面前，拼命地叫。

"走开！趴下，你！"斯考特法官命令它。

白牙转身跑向主人的妻子。它咬住她的裙子往外拖，甚至把她的薄薄的裙摆也咬破了，吓得她惊叫起来。这时，全家人的注意力都集中到了它身上。

它不再嚎叫，站在那里，昂着头，看着他们的脸。它的喉咙在抽搐，但发不出声音。同时，它浑身抖动，仿佛有什么事情要讲，但又讲不出来。

"我想，它不会疯了吧。"维顿的母亲说，"我告诉过维顿，温暖的气候恐怕不适合一只北极动物。"

"它是想说话，我敢肯定。"贝丝大声说。

这时，白牙真的说话了，发出一阵像狗一样的吠叫声。

"维顿出事了！"主人的妻子断然说。

于是，全家人都站了起来。白牙跑下台阶，接着回过头来，看着他们。接着，它再一次，也是最后一次，发出一阵像狗一样的吠叫声。终于，他们明白了它的意思。

这件事之后，它发现远景山庄的所有人都对它那么亲切，甚至那个曾被它咬伤手臂的马车夫也承认它是一只聪明的狗——至于它是不是一只狼，也没人说了。只有斯考特法官坚持认为，还引用百科全书和各种博物学著作来证明，它是一只狼。

日子一天天过去，圣克拉拉峡谷上空的阳光时有时无。随着白昼越来越短，随着白牙到达南方后的第二个冬天的来临，它有了一个奇怪的发现——柯丽好像不再对它那么凶了。虽然柯丽还会咬它，但好像是在和它闹着玩，每次都咬得很轻，并不是真想伤害它。它也忘记了柯丽曾是它的一大麻烦。现在，柯丽追它、咬它，和它玩时，它总是很淡定，尽量和它一起玩，不再做出那种滑稽可笑的动作了。

一天，柯丽带它走得很远，穿过房子后面的牧场，到了树林里。那是在下午，白牙本要陪主人外出。马已备好鞍，等在外面。这时，白牙犹豫了，因为它感到一种内心深处的骚动——这骚动胜过它所知道的所有法规和生来养成的种种习惯，甚至胜过它对主人的爱，胜过它自己的生命和意志。而就在它犹豫不决时，柯丽咬了它一口，然后忸忸怩怩地走了。它再也忍不住了，情不自禁地跟在柯丽后面。那天，主人独自骑马外出。白牙和柯丽肩并肩地在树林里奔跑，就像多年前它母亲吉琪和独眼老狼在静谧的北极森林里那样。

五

大概就在这时，报纸上充满了关于一个犯人从圣昆丁监狱越狱的消息。那是个凶悍的人。他是社会的失败产物。他的出生环境就不好，后来社会之手在揉捏他成型时又没有给他任何帮助。社会之手是粗糙的，这个人是社会之手揉捏出来的次品。他是畜生——确实讲来，是人形畜生。不管怎样，他是畜生，可怕得可以说是一只嗜血的食肉野兽。

在圣昆丁监狱里，他表明他是不可救药的。惩罚改变不了他的兽性。他宁愿发疯似的挣扎、死去，也不愿活着接受惩罚。他挣扎得越凶悍，社会就越是粗暴地对待他，而粗暴的唯一结果，就是把他弄得更凶悍。对这个吉姆·豪尔来说，捆绑、挨饿、鞭挞、棒打，当然是很难受的，但他不怕这种待遇。他从小在旧金山贫民窟里接受的就这种待遇——那时，他这块黏土就已经被社会之手揉捏成了奇形怪状。

在吉姆·豪尔第三次服刑期间，有个看守和他差不多，也是畜生。那个看守很卑劣,不但到监狱长那里去诬告他,还侮辱他、迫害他。他们两人都是畜生,唯一不同的是那个看守有一串钥匙和一把手枪,而吉姆·豪尔只有牙齿和拳头。但是,有一天,吉姆·豪尔扑向那个看守,真的像丛林里的野兽一样,用牙齿咬断了他的咽喉。

这之后,吉姆·豪尔被关在重刑犯牢房里。关了整整三年。那个牢房是铁制的,上下左右都是铁板。他一直关在里面,从未放出来过。他不见天日。白天就像黄昏,夜里漆黑一片。他就像被活埋在一个铁坟墓里。他见不到人脸,说不了人话。当食物从一个洞里塞进去时,他像野兽一样吼叫。他憎恨一切。有时,他一连几天几夜大喊大叫,发泄他的怒气。有时,他一连几个星期甚至几个月一声不响,在黑暗中无声无息地销蚀他的灵魂。他是个人,更是个怪物,一个可怕的怪物,可怕地沉沦在疯狂的幻觉中。

然而,一天夜里,他竟然逃了。监狱长说那不可能,但牢房里确实是空的,只有一个看守的尸体躺在牢房门口,一半在牢房里,一半在牢房外。还有两个看守的尸体,表明他逃出牢房后逃到了监狱的外墙边。同时表明,他没有发出一点声音,用手掐死了那几个看守。

被杀的看守都有武器,都被他拿走了——他带着武器,逃进了山里。一大群由社会组织起来的人在追捕他。一大笔金钱用来悬赏他的人头。需要钱的农夫,带着猎枪在寻找他。也许,用他的血可以偿还一笔债务,或者送一个儿子上大学。有责任心的居民,找出家里的来复枪去捉拿他。一大群猎犬嗅着他的带血的足迹,在追踪他。还有警犬、商业打斗犬、电话、电报,甚至专用列车,全都不分昼夜地在搜索他的行踪。

有好几次,他们找到了他,并像英雄一样面对他。结果都让他穿过铁丝网逃了，但这种消息还是让公众在早餐桌上读报纸时兴奋了一阵。这之后，被他打死和被他打伤的人陆续运回城里。他们的任务将由其他热心追捕逃犯的人去完成。

这之后，吉姆·豪尔消失了。猎犬徒劳地寻找着他的足迹。一方面，连老实的牧羊人也在遥远山谷里被带枪的人拦下，要他们证明自己的身份。另一方面，那些贪图赏金的人又声称，他们在十几个山坡上发现了吉姆·豪尔的踪迹。

与此同时，远景山庄的一家人读着报纸上的消息，既感兴趣，又感焦虑。女人们都害怕极了。斯考特法官却不以为然地一笑了之，但他不是真心的，因为吉姆·豪尔就是他退休前几天在法庭上当众宣判的。那时，吉姆·豪尔当众宣称，他总有一天要狠狠报复这个审判他的法官。

这次，吉姆·豪尔是对的。他是被无辜判刑的，用小偷或者警察的行话说，是个"铁路局案子"①。吉姆·豪尔被"铁路局"了，被"准时发车"了。他其实没有犯罪，法庭却准时把他定罪入狱。因为他有两次前科，斯考特法官判了他五十年徒刑。

斯考特法官不知详情，不知道自己成了警察诬陷当事人的同谋。那些证据都是伪造的，吉姆·豪尔是无罪受到指控。另一方面，吉姆·豪尔不知道斯考特法官只是不知详情，总认为法官理应是知道的，是和警察穿一条裤子有意制造一桩错案。所以，当斯考特法官判他五十年徒刑要他死在牢里时，他抱着对社会的极大仇恨，当场在法庭上愤怒地跳了起来，但马上就被六个穿蓝色制服的法警拖了下去。在他看来，斯考特法官是滥用法律的主谋，所以他把满腔怒火发泄到斯考特法官身上，发誓要报复这个混账法官。就

---

① 铁路局案子：意为限时破案、限时定罪的案子（这类案子往往是错案）。

这样，吉姆·豪尔开始服刑……越狱。

这一切，白牙当然一无所知。不过，它和主人的妻子艾丽丝之间却有一个秘密。每天晚上，等远景山庄的人都上床后，艾丽丝就会从床上起来，悄悄地让白牙睡在大厅里。那时，白牙还不是真正的家犬，是不能睡在屋里的。所以，第二天一早，艾丽丝又会悄悄下楼，乘家里人还没醒，把白牙放出去。

就在这样一个夜晚，家里人都睡了，白牙醒着，静静地躺在那儿，静静地嗅着周围的空气。突然，它嗅出空气中有一种奇怪的气味，好像这儿来了一个陌生的神。接着，那个陌生的神弄出的声响，也传到了它耳朵里。它没有吼叫。这不是它的习惯。那个神走路的声音很轻。但是，白牙走路的声音更轻，因为它不穿衣服，不会发出窸窣声。它静静地尾随着这个神。它曾在荒野中捕杀过极其警觉的小动物，知道怎样发起突然袭击。

到了楼梯口，那个陌生的神停下脚步，侧耳倾听。白牙也停下脚步，一动不动，看着，等着。敬爱的主人和主人亲爱的家人都在楼上。白牙耸起背毛，但它一声不响，等着。那个陌生的神抬起脚，开始上楼了。

这时，白牙扑了过去。没有任何警告，它在发起攻击前是从来不叫的。它纵身一跃，扑到了那个神的后背上。它的两个前爪紧紧抓住那人的左右肩膀，同时张口一咬，咬住了那人的颈背。然后，它一用力，把那个神仰面拖倒。它和那个神同时翻倒在地。但白牙迅速跳开了。那个神也拼命想站起来。这时，白牙的牙齿又咬了上去。

整个远景山庄都被惊醒。楼下的嘈杂声就像二十个恶魔在打斗。还传来枪声，传来一个男人惊恐而痛苦的叫声，传来一阵嚎叫声和咆哮声。接着，传来家具翻倒和玻璃碎裂的噼啪声。

但是，那些嘈杂声突然传来，又突然沉寂了。打斗只持续了不到三分钟。全家人惊慌地挤在上面的楼梯口往下看。下面漆黑一团，黑暗中传来噗噗声，好像气泡的爆裂声。这噗噗声里时而还夹杂着咝咝声，像吹口哨似的。但是，这声音也很快沉寂了。黑暗中除了好像有人在痛苦挣扎着发出的喘气声，其他声音都没有了。

维顿·斯考特一按开关，整个楼梯和楼下的大厅一下子都亮了。接着，他拿着左轮手枪，和斯考特法官一起小心翼翼地下楼。其实，已经不需要这样小心翼翼了。白牙已经完成了它的搏杀。在翻倒的和摔坏的家具旁边，有个人侧身躺着，一只手臂护着脸。维顿·斯考特俯下身，移开那只手臂，并把那人的头扳过来。那人的咽喉被撕裂，已经死了。

"吉姆·豪尔！"斯考特法官说，父子俩会意地相互看了一眼。

接着，他们转身看看白牙，只见它也是侧身躺在地上，闭着眼睛。但是，当他们俯下身看它时，它微微睁开眼睛，吃力地看了看他们。它想摇摇尾巴，但只是稍稍动了一下。维顿·斯考特摸摸它。它喉咙里发出一阵声响，表示感激。但是，那只是一阵虚弱的呜咽声，而且很快地就停止了。它垂下眼帘，闭上眼睛，同时全身一软，瘫在地上。

"它不行了，可怜的家伙。"主人嘀咕着说。

"那不一定。"法官断然说，起身去打电话。

医生对白牙做了一个半小时的检查后坦白地说："不瞒你们，只有千分之一存活希望。"。

这时，晨光从窗户里照进来，电灯光变得昏暗了。除了孩子，家里人都围在医生旁边，都听到了这个结论。

"断了一条后腿，"医生接着说，"还断了三根肋骨，其中至少有一根刺入肺部。全身的血液已经流失得差不多了，还可能有大面积内伤。它肯定被踩踏过。至于三处明显的枪伤，就不用说了。千分之一存活希望还是乐观的估计，其实只有万分之一。"

"有万分之一希望，也必须救它！"斯考特法官大声说，"不用考虑费用，照 X 光——能用的都用。维顿，马上发电报给旧金山的尼科尔斯医生。哦，不是不相信你，医生，你能理解，我们只是尽最大努力来救它。"

医生宽容地笑了笑。"当然，我能理解，应该尽最大努力来救它。它还必须得到最好的护理，要像护理生病的孩子一样。别忘了我告诉过你们的事，要注意它的体温。十点钟我再来。"

白牙得到了护理。斯考特法官要请专业护士，两个姑娘大声说不用，这事由她们来做。就这样，白牙赢得了医生所说的万分之一存活希望。

其实，医生的判断并没有错，因为他治疗的从来都是文明社会中的人类，而文明人由于世代过着安逸的生活，体质都相当虚弱。相比之下，白牙的体质远远胜过人类，它的生命力之强，是人类难以想象的。它直接来自荒野，而在荒野中，体质虚弱者早就被淘汰了。白牙的父亲和母亲、它的世世代代祖先，都不是体质虚弱者。白牙所继承的是超强的体质和荒野的生命力，无论是它的肉体，还是它的内心，都具有远古生物的耐力和韧性。

一连几个星期，白牙浑身绑着绷带和夹板，像犯人似的不许活动。它长时间昏睡不醒，梦魇连连，脑子里出现了一幅幅北方生活的景象。往日的幽魂一个个来到它眼前。它仿佛又回到那个洞穴，和吉琪在一起。它仿佛又爬到灰海狸的脚前，表示它的驯服。它仿佛又在拼命奔跑，逃避尖嘴和狗群的追咬。

它仿佛又在大饥荒的那几个月里默默地四处寻找猎物。它仿佛又奔跑在拖橇队的最前面，听到密特-萨阿和灰海狸的鞭子在它身后啪啪作响,听到他们大声喊叫"驾!驾!",而此时,因为到了一个狭窄的道口,拖橇狗队要合拢扇形队列才能通过。它仿佛又经历了和美男子史密斯在一起的那些时日,为他表演打斗。每当这时,它都会在睡梦中发出哀嚎声。那两个姑娘看着它,说它一定在做噩梦。

然而,它做的最特别的噩梦却是——它仿佛又看到了那巨大怪异的有轨电车,听到它那种像山猫尖叫似的嘎嘎声。它仿佛又匍匐在灌木丛中,窥视着大树上的一只松鼠,等它从树上下来。但是,当它扑向那只松鼠时,那只松鼠突然变成了有轨电车,不仅像大山般耸立在它眼前,还发出叮叮当当的怪声音,冒出噼噼啪啪的火花,那样子邪恶而可怕。同样,当它仿佛看到一只鹰从空中向它袭来时,接着从天而降的也是那有轨电车,而这时,它又仿佛觉得自己在围栏里,围栏外面都是人,等着看它和其他狗打斗,而它正看着围栏的门,等着对手进来,但围栏的门一开,冲它而来的又是那可怕的有轨电车。这样的梦境一次次出现,而且活灵活现,简直和当初的情景一模一样,恐怖至极。

终于,有一天,最后一条绷带和最后一块夹板拆掉了。那是值得庆祝的一天。远景山庄里的人全都聚集在它周围。主人摸了摸它的耳朵,它轻轻叫了一声,表示它对主人的爱。主人的妻子称它是"天狼"。这名字引来一阵赞许,于是所有的女人都连连叫它天狼。

它想站起来,但试了几次,都虚弱地倒了下去。它卧床养伤的时间太长了,它的肌肉失去了弹性,不再那么强壮有力了。它对自己的虚弱觉得有点愧疚,好像觉得自己没有对神尽心尽职。这么想着,它勇敢地奋力一搏,终于颤颤巍巍、摇摇晃晃地站了起来。

"真是天狼!"女人们齐声说。

斯考特法官得意地看着她们。

"这正是我要说的,"他说,"给你们说出来了。这不是一只狗能做到的。它是狼。"

"是天狼。"法官夫人补充说。

"是啊,天狼,"法官表示同意,"以后我就这样叫它吧。"

"它要重新学走路,"医生说,"最好现在就开始。这对它不会有什么问题,让它到外面去试试。"

于是,它像国王一样,被远景山庄的人簇拥着,走到了外面。它很虚弱,走到草地上就趴下,休息了一会儿。

接着,它的肌肉被它刚才走的几步路激活了,血液开始涌入,这群人又开始移动。到了马厩前,只见柯丽趴在门口,身边有六只胖乎乎的幼犬在阳光下玩耍。

白牙好奇地看着那几只幼犬。柯丽警觉地对它吼叫一声,叫它离幼犬远点。主人用脚尖把一只正爬向它的幼犬推到它面前。它惊讶地耸起背毛,但主人向它表示,这没什么,不用紧张。柯丽呢,这时已被一个女人用双臂抱住,正怨恨地看着它,并用吼叫声向它表示,这不是没什么,是你干的好事。

那只幼犬在它面前爬着。白牙竖起耳朵,惊奇地看着那只幼犬。接着,它们碰了碰鼻子,白牙还感觉到那只幼犬用热乎乎的小舌头舔了舔它的嘴。于是,不知为何,它也伸出舌头舔了舔那只幼犬的脸。

看到这情景,所有的神都拍手叫好。它吃了一惊,困惑地看着他们。这时,它感到有点虚弱,于是它趴下了,竖着耳朵,歪着头,看着那只幼犬。其他几只幼犬纷纷朝它爬来。这使柯丽又恨又急,而白牙却很沉静,听凭那些幼犬一个个地往它身上爬。在神的一片掌声中,它起初还有点尴尬,有点害羞。这之后,那几只滑稽可爱的幼犬在它身边嬉戏玩耍,它在阳光下悠然自得,半闭着眼睛,打起了瞌睡。

热爱生命

Love of Life
1907

他们俩一瘸一瘸,吃力地走下河岸,走在前面的那个还被石头绊了一下,差点摔倒。他们疲惫不堪,因为过度劳累,一脸愁苦。他们各背着一个用毯子裹着的大包囊,因为包囊很重,他们还另加了一根皮带,两头扎住包囊的两个角,中间就套在自己额头上,帮着承重。他们手里都端着一支来复枪。他们屈着身体,垂着脑袋,双眼望着地面,艰难地走着。

"那些藏在地窖里的子弹,要是带上几发就好了。"走在后面的那个人说。

他的语调是阴沉沉、冷冰冰的,情绪低落。他冷冷地说着这些话。前面的那个却一句话也不回答,只顾一瘸一瘸地朝河里走去。河水流过岩石,激起一片白色的泡沫。

后面那个跟了上来。他们连鞋也没脱,就下到了河里,不顾河水冰冷,冻得他们脚踝发痛,脚板麻木。他们涉水到河水淹过膝盖的地方,开始摇摇晃晃地站不稳。跟在后面的那个在一块光滑的圆石头上滑了一下,但他猛力一挣,没有摔倒,只是惊恐地叫了一声。他好像有点头重脚轻,一面摇晃着身体,一面伸出一只手,在空中乱抓,像要抓住什么东西似的。等他站稳后,他想继续朝前走,不料又一趔趄,差一点摔倒。于是,他就站着不动了,望着前面那个一直没有回过头来的人。

他这样呆呆地站了一分钟,好像有什么事要做决定。接着,他大声喊叫:"喂,彼尔,我扭伤脚啦!"

彼尔在白茫茫的河水里一摇一晃地走着,还是没有回头。

后面那个人望着他渐渐走远,脸上毫无表情,但眼睛里的神色却像是一头受了伤的鹿。

前面那个人一瘸一瘸地登上对面的河岸，依然头也不回，自顾自往前走了。站在河里的那个人眼睁睁地望着他。他的嘴唇微微颤抖，嘴唇上乱蓬蓬的胡子也跟着一起抖动。接着，他无意识地伸出舌头，舔了舔嘴唇。

"彼尔！"他又叫了一声。

这是一个伙伴在呼救，但彼尔就是不回头。他的伙伴只能望着他怪里怪气地、一瘸一瘸地、跌跌冲冲地爬上一片平缓的斜坡，随后，在昏暗的天色中，朝一座隐约可见的小山丘走去。他就这样一直望着他翻过小山丘，消失不见了。于是，他收回目光，缓缓地扫视了一下彼尔走后他将独自面对的那个世界。

太阳已落到了地平线上，就像一个快要熄灭的火球，而且几乎被混沌的浓雾和水汽遮掩了，看上去仿佛是一团模模糊糊、不可捉摸的东西。这个人单腿立在水里，掏出怀表看了一下。现在是四点钟，在这种七月底或八月初的季节里——具体日期他已说不清了——他知道，太阳大约是在西北方①。他朝南面望望，知道在那片荒凉的小山后面是大熊湖。他还知道，朝那个方向，将进入北极圈内的加拿大冻土地带。他所站的地方，是铜矿河的一条支流，而铜矿河是向北流的，流向加冕湾和北冰洋。他从来没有去过那里，只是有一次在赫德森湾公司的地图上查看过那个地方。

他再次扫视了一下周围的世界。这里的景象真是令人心寒。四周空旷无际，远处是模糊的地平线，近处有些低矮的小山，全是光秃秃的，没有树，没有灌木，没有草——什么都没有，只有一片可怕的荒野。这使他不由得打了个寒战，眼睛里露出惊恐的神情。

---

① 在北极，太阳不会升到头顶上，总是远远地升起，又远远地落下。

"彼尔！彼尔！"他又喊了几次，但声音不怎么响。

他站在白茫茫的水里，感到无比恐惧，好像周围那片空荡荡的荒野正朝他扑来，像一只野兽一样要把他撕得粉碎。于是，他像伤寒病人一样浑身颤抖起来，连手里的那支枪也握不住了，哗啦一声，掉进了水里。这哗啦一声，总算把他惊醒了。他抖擞精神，尽力鼓励自己不要害怕，然后便在水里摸索，终于把枪找了回来。他把背上的包囊向左挪了挪，这样可以使扭伤的右脚少一点负担。接着，他一步一步、时而痛得一闪一闪地朝着河岸慢慢移动。

到了岸上，他没有停下，而是像发了疯似的，忍着疼痛拼命往那斜坡上爬，然后又一瘸一瘸地拼命朝那座隐没了他的伙伴的小山丘走去，动作很古怪，远不止一瘸一瘸。然而，当他费力地爬上那座小山丘后，往下一看，只见一片死寂的、寸草不生的谷地。他再次感到恐惧，但他再次抖擞精神，再次把背上的包囊再往左肩挪了挪，步履蹒跚地下了山。

下到谷底，那里一片潮湿，厚厚的苔藓像一层海绵，里面吸满了水。他一脚踩上去，水就噗地挤出来。他一抬脚，苔藓就叭地被带起来。他只能尽量挑好走的地方，歪歪斜斜地走过一块又一块沼泽地，同时跟着彼尔留下的脚印，走过一堆又一堆像小岛一样突起在苔藓海上的岩石。

他孤零零一个人，但他没有迷路。他知道，再往前走就会有一个小湖，湖边有许多枯死的小枞树，当地的人把那里叫作"titchinnichilie"——意思是"有小棍子的地方"。他还知道，有一条小溪通向那小湖，溪水不是白茫茫的。

溪上有灯芯草——这一点他记得很清楚——但没有树木，他可以沿着这条小溪一直走到水源尽头的分水岭。翻过这道分水岭，他可以走到另一条小溪的源头。那条小溪是向西流的，他可以沿着溪流走到它和狄斯河交汇的地方，那里有一只底朝天的独木舟，覆盖着一个小坑。小坑里有许多石头。翻开那些石头，可以找到他那支空枪所需要的子弹，还有钓钩、钓丝和一张小渔网——可以用来捕鱼——说不定，还会有一点面粉、一块腌猪肉和一些豆子。

他想，彼尔准在那里等他。他们将划着那只独木舟，顺着狄斯河向南到达大熊湖。然后，他们在湖上再向南划，一直到麦肯齐河。到了那里，他们还要继续向南走。这样，北方的严寒就被他们抛在身后了。那时，任凭这里天寒地冻、河流冰封，他们将向南、向南，直到一个温暖的地方，那里有赫德森湾公司的驿站。那里不仅树木成荫，还有美味佳肴。

这个人一路挣扎前行，脑子里就这么想着。他不仅承受着身体的磨难，还苦苦地在脑子里思索着：彼尔不会扔下他不管的，他一定在那只独木舟旁边等着他。

也多亏他这么想，否则他就不会这样拼命，早就躺下等死了。现在，随着那模糊得像个圆球一样的太阳慢慢向西北方下沉，他一再盘算着他和彼尔怎样才能在冬天来到之前尽快逃往南方。他反复想着那个小坑里埋着的食物，还有赫德森湾公司驿站里的美味佳肴。他已经两天没吃东西了。至于没有吃到他想吃的东西，那就更不止两天了。他时而弯下腰，摘几颗沼泽地上的那种灰白色浆果，把它们放到口里嚼几下，然后吞下去。这种沼泽地浆果只有一小粒种子，包裹在一层浆水里，吃在嘴里又苦又涩。他明知道这种浆果毫无营养，但仍然怀着一种既无道理、又有悖经验的希望，耐心地嚼着它们。

这样走到九点，他实在太疲倦、太虚弱了，被一块岩石绊了一下，便身体一晃，跌倒在地。他侧身躺在地上，一时爬不起来。过了好一会儿，他才勉强挣脱包囊上的皮带，笨拙地坐起来。这时，天还没有完全黑,他借着仅剩的一点暮色,在乱石中间摸索着,寻找干枯的苔藓。收集到一些后,他便用它们点起一堆不见火焰、唯有黑烟的篝火,并用一只铁皮罐子来煮水。

当他打开包囊时,第一件事就是数数他的火柴。一共六十六根。他怕数错,又数了三遍。接着,他把火柴分成三份,分别用油纸包好,一份放在他的空烟草袋里,一份放在他的破帽子的帽圈里,最后一份放在贴胸的衬衫里。这之后,他突然又觉得不放心,于是又把火柴拿出来,再数一遍。

仍然是六十六根。

他想烘干潮湿的鞋袜,但他的鹿皮鞋已经破烂得像是一些湿漉漉的碎片。他的毡袜上有好几个大洞,两只脚都皮开肉绽,血正从破洞里流出来。他扭伤的右脚踝,里面血管直跳。他仔细一看,那脚踝已肿得和膝盖一样粗了。他从他仅有的两条毯子上撕下一块,用来包扎扭伤的脚踝。随后,他又撕下几条,裹在脚上,用以代替已经不能再穿的鹿皮鞋和毡袜。接着,他喝下铁皮罐子里已经煮热的水,上好怀表的发条,便钻进两条毯子当中。

他睡得像死人一样。北极午夜前后的短促黑夜转眼即逝。

太阳又从东北方升起——或者说,那个方向出现了曙光,因为那天有云,太阳被乌云遮住了。

六点时,他醒了,直挺挺躺着。他仰视着灰蒙蒙的天空,只觉得肚子很饿。当他撑住胳膊翻身时,一阵粗粗的呼吸声把他吓了一跳,只见一只公鹿正用机警的眼光看着他。这只动物离他不过五十尺光景,他脑子里顿时出现了烤鹿肉的吱吱声和鹿肉的香味。于是,他无意识地抓起那支空枪,瞄准公鹿,扣下了扳机。公鹿一惊,猛地一跳,转身跑了,只听见山岩上传来一阵嘀嗒嘀嗒的蹄子声。

287

这人咒骂着,把枪扔在地上。他吃力地想站起来,一面大声地哼哼,仿佛在做一件很费劲的事。他的关节全都像生了锈的铰链,在骨臼里转动不便,所以一屈一伸都得咬咬牙才行。最后,他的两条腿总算站直了。接着,他又花了一分钟左右,才挺直腰,才像一个人那样站立起来。

他慢慢地爬上一个小丘,看了看周围的地形。那里既没有大树,也没有灌木,什么都没有,只见一望无际的灰色苔藓,中间点缀着一些点灰色的岩石、几块灰色的水塘和几条灰色的小溪。天空也是灰色的。没有太阳,连太阳的影子也没有。他不知道哪儿是北,哪儿是南,连昨天晚上他是从哪个方向过来的,也忘了。不过,他并没有迷路。

这一点,他是知道的。他知道自己很快就会走到那个"有小棍子的地方"。他觉得那个地方应该就在左前方,而且不远——也许只要再翻过一个小山丘,就到了。

于是,他便回到原地,打好包囊,准备动身。他摸了摸那几包火柴,确信它们还在,也就没有再拿出来数一数。不过,他还是犹豫了一下,待在那儿没动。这次是因为一个装得鼓鼓实实的鹿皮袋。那个袋子并不大,他用手也能把它提起来,但他知道,它足有十五磅,和包囊里其他东西加在一起差不多重。他踌躇了好一阵子。最后,他把那个口袋从包囊拿出来,扔到一边。可是,当他重新开始整理包囊时,他又停下手,朝那个鹿皮袋看了几眼。接着,他又一把将它拿了回来,还神色慌张地朝四周看了看,仿佛这片荒野要把它抢走似的。因而,等他最后站起身来,摇摇晃晃地开始上路时,那个鹿皮袋仍在他背后的包囊里。

他朝左前方走去,时而停下来吃一点沼泽地里的浆果。扭伤的右脚踝已经僵硬,所以他比昨天瘸得更加厉害。比起肚子里的痛苦，这就算不了什么了。饥饿使他感到剧烈的胃痛。这胃痛一阵阵发作，好像有什么东西在啃他的胃，差一点使他把方向也搞错了。沼泽地里的浆果不但不能减轻胃痛，反而使他的舌头和口腔也被刺激得火辣辣的。

他总算走进了一个山谷，就在他眼前，几只松鸡从岩石间和沼泽地里拍着翅膀飞起来，发出"咯儿-咯儿-咯儿"的叫声。他捡起石头想打一只下来，但没有打中。于是，他放下背上的包囊，蹑手蹑脚走过去，像一只猫一样，想抓住一只停下来的松鸡。他的腿碰在坚硬的岩上，裤子破了，膝盖上还流出了血，滴在地上，留下一道血迹。但是，比起饥饿的折磨，这也算不了什么。他在潮湿的苔藓上慢慢爬着，衣服湿透了，浑身冰凉。但是，他好像什么也没有感觉到，因为他太饿了，除了想吃东西，什么也顾不上了。然而，那几只松鸡却总在他面前飞来飞去打着转，就是不停下来，还"咯儿-咯儿-咯儿"地叫，好像在嘲笑他。于是，他只能诅咒它们，伴随着它们的叫声，大声谩骂。

有一次，他爬到了一只松鸡旁边，却没有发现这只松鸡就在他身边——这只松鸡一定是睡着了。直到这只松鸡从岩石缝里呼的腾空而起，冲着他的脸飞起来时，他才猛地一惊，急忙伸手去抓，却只抓到松鸡尾巴上的三根羽毛。他眼睁睁地看着松鸡飞走，感到非常气愤，好像这只松鸡做了一件对不起他的事。没办法，他只能回到原地，重新背起包囊。

时光渐渐消逝，他又走进了一条连绵的山谷，或者说一片沼泽地。这里的动物好像比较多。一群驼鹿走了过去，大约有二十多头，就在来复枪的射程之内。然而，他的来复枪里却没有子弹，只能眼巴巴地看着它们。他一时发了狂，想冲上去抓住其中的一只，但他连走路都一瘸一瘸，想必是追不上驼鹿的。一只黑狐狸朝他走来，嘴里还叼着一只松鸡。他大喊一声。狐狸一听到他可怕的喊声，吓得掉头就跑，但却没有丢下嘴里的松鸡。

傍晚时分，他沿着一条小河走着。由于含有石灰，河水变成了乳白色。河边有几丛稀疏的灯芯草。他抓住几棵灯芯草，连根拔起，看到了白色的草根，就像木瓦上的钉子那么大小。他把草根放进嘴里，咯吱咯吱地嚼，味道好像还不错，但就是嚼不烂。

这东西和浆果一样，有些水分，但大多是纤维，没有什么营养。然而，他不管有没有营养，放下包囊，爬到草丛里，像牛吃草一样大啃大嚼起来。他疲倦不堪，很想休息一会儿——躺下睡个觉。可是他没有停下，而是继续挣扎着往前走——这倒不是因为他急于赶到那个"有小棍子的地方"，而是因为饥饿迫使他去找东西吃。他在小水坑里找青蛙，他用手指挖土找蚯蚓，尽管他知道，在这遥远的北方，是没有青蛙也没有蚯蚓的。

他每经过一个水坑都要找一找，但什么也没找到。最后，当暮色茫茫之际，他在一个水坑旁看到里面似乎有一条小鱼，好像是一条鲦鱼①。他俯下身，把一只胳膊伸到水里，一直伸到水淹没了他的肩膀，但那条鱼好像溜了。于是，他就用双手去抓，但是，鱼没抓到，却把水坑底上的乳白色泥浆搅了起来。他一紧张，脚一滑，人又掉进了坑里，半个身体都浸湿了。于是，坑里的水更浑了，根本看不清鱼在哪儿。他只好等，等泥浆沉下去再说。

过了一会儿，他又开始抓鱼，水又被他搅浑。他等不及了，解下身上的白铁罐子，想舀干坑里的水。起初，他像发了疯似的舀，溅了一身水，而舀出来的水，因为就泼在水坑旁边，很快又流了回去。后来，他舀得比较小心，不再让水流回去，同时不断告诫自己

---

① 鲦 [tiáo] 鱼：一种生长在水洼中的小鱼，体长约 15 厘米。

要有耐心,尽管他的心在怦怦跳,手在瑟瑟发抖。就这样,他舀了半个小时,坑里差不多只剩下一杯水了。

可是,还是没有看见那条鱼。这时,他才发现,原来水坑壁上有一道暗缝,那条鱼已经从那里钻到旁边的一个大坑里去了,而那个大坑里的水,他再舀一天一夜,也舀不干啊!早知道有这条暗缝,他一开始就应该把它堵死——要是这样,那条鱼就是他的了!他这样想着,四肢无力地瘫倒在潮湿的地上,哭了起来。起初,他只是轻声哭泣。过了一会,对着团团围着他的荒野,他号啕大哭。这之后,他还大声抽泣了很久很久。

他升了一堆篝火,喝了几罐热水,使身体暖和一下之后,就像昨夜一样,在一块岩石上露宿。他最后检查了一下火柴,看看有没有受潮。接着,他上好了怀表的发条。毯子又湿又冷,右脚踝又痛又麻,但他只觉得饿。在不安的昏睡中,他一次次梦见酒席和宴会,梦见餐桌上的美酒和菜肴。

醒来时,他又冷又饿。天上没有太阳。灰蒙蒙的大地和天空,变得越来越阴沉。一阵刺骨的寒风刮过,初雪仿佛从山顶上飘了下来。空气变得越来越浓密,后来竟成了白茫茫一片。这时,他又升起一堆火,又烧了一罐水。天上下的是雨夹雪,雪花又大又潮。起初,一落到地面就化了,但后来越下越多,不但浇灭了火,还把他收集来当燃料的干苔藓也都淋湿了。

这是一个警告。他必须背起包囊,不管脚有多瘸,必须向前走。至于去哪儿,他不知道。他现在已不再想那个"有小棍子的地方"了,也不再想彼尔和狄斯河边的那只独木舟下的小坑了。他满脑子只有一个字——"吃"。他饿得几乎疯了。他不再管自己应该往哪儿走,只想着走出这个山谷。他在湿漉漉的雪地里胡乱地走着,在这片沼泽地里吃一些浆果,在那条小河边吃一些灯芯草根,但这些东西既难吃，又永远填不饱肚子。

后来，他找到一种带酸味的野草，吃起来还可以，只是很难找，因为这是一种贴着地面生长的蔓生植物，几寸深的雪，就把它掩埋了。那天晚上，他既没有火，也没有热水，就在寒冷中钻进了毯子。他睡不着，就算睡着了，也时而饿醒。而此时，雪又变成冰冷的雨，落在他仰着的脸上，又把他弄醒了好几次。天总算亮了——又是灰蒙蒙的一天，没有太阳。雨已经停了，甚至像刀绞一样的饥饿感，也消失了。他已经饿得没有了食欲，只觉得胃里隐隐作痛，这倒反而使他觉得好过一点。所以，他的脑子也稍稍清醒了一点，再一次想到了那个"有小棍子的地方"和狄斯河边的那个小坑。

他把撕剩的那条毯子扯成一条一条，用来包扎那双血淋淋的脚。他还把扭伤的右脚踝重新扎紧，为这一天的跋涉做好了准备。等到收拾包囊时，他再次对着那个鼓鼓实实的鹿皮袋踌躇了好一阵子，最后还是把它放进了包囊。

地上的雪已经被雨融化了，只有山头上还有白雪。太阳出来了，他这才知道了自己的方位，并且知道自己走错了方向。在前两天的行程中，他可能走得过分偏左了。于是，他就有意朝右前方走，以此纠正前两天的错误。

现在，他对饥饿感已不再那么敏锐，只觉得浑身乏力、虚弱不堪。他在沼泽地里找浆果或者拔灯芯草时，常常不得不停下来喘口气。他觉得舌头又干又燥，胀鼓鼓的，好像上面长满了细毛，含在嘴里时时都有苦味。他的心脏也给他添了很多麻烦。每走几分钟，他的心脏就会怦怦地跳一阵，然后又会仿佛很痛苦似的一停一跳[①]，

---

① 这是因为过度饥饿致使内分泌紊乱而引起的早搏。

使他只觉得透不过气,头昏眼花。

中午时分,他在一个大水坑里看到有两条鲦鱼。要把坑里的水舀干是不可能的,但这次他比较镇静了,试着用白铁罐子把鱼舀了上来。那两条鱼只有他的小指头那么长,不过他此时也并不觉得特别饿。胃里的隐痛也因为越来越麻木,也越来越没有什么感觉了。他的胃好像已经睡着了。他把那两条鱼活生生地放进嘴里,费劲地嚼了几下,而他这么做,纯粹是出于理智的思考。他其实并不想吃,但是他知道,要活下去,就必须吃。

到了黄昏时,他又抓到三条鲦鱼。他吃了两条,留下一条当明天的早饭。太阳已经把零星散落的苔藓晒干,所以他又能点火烧水,让自己暖和一下。这一天,他走了不到十英里。第二天,只要心脏不再怦怦乱跳,他就奋力往前走,但他只走了五英里多一点。不过,他的胃真的睡着了——已经毫无感觉。

现在,他走到了一个陌生的地方,驼鹿越来越多,狼也多了起来。荒野里,时不时传来狼嗥声。有一次,他还看见,就在他眼前不远处,有三只狼横穿过去。

又过了一夜。第二天一早,他头脑比较清醒,于是就解开系在那个鼓鼓实实的鹿皮袋上的绳子,从那里面倒出一大堆黄澄澄的粗金沙和金块。他把这些金子一分为二,分成了两小堆。一堆用一块碎毯子包好后,他把它藏在一块岩石下面。另一堆又被装回到了那个鹿皮袋里。接着,他又从剩下的那条毯子上撕下几条,把脚裹好。还有那支枪,他仍然舍不得扔掉,因为狄斯河边的小坑里还有子弹。

这一天有雾,他又有了饥饿的感觉。他的身体非常虚弱,时而一阵晕眩,什么都看不见。现在,摔跤跌倒,对他来说已成家常便饭。有一次,他一跤摔下去,竟然正好摔在一个松鸡窝里。那里有四只刚出壳的小松鸡,大概才出世一天——这几个活蹦乱跳的小东西,当然也能充饥。他把它们活活塞进嘴里,像嚼蛋壳似的嚼起来。母松鸡咯咯地叫着,在他身旁飞来飞去。他把枪当棍子,挥舞着想把它打下来,但它躲开了。他朝它扔石头,还真有一块石头击中了它的翅膀。母松鸡拍着受伤的翅膀,拼命地逃。他在后面一瘸一瘸,拼命地追。

也许是那几只小松鸡吊起了他的胃口,他不顾扭伤的脚踝阵阵发痛,跌跌冲冲地追着母松鸡,时而扔一块石头,时而骂一句脏话。有几次,他追着追着,就摔倒了,但他咬咬牙,又爬起来。有几次,他只觉得头晕眼花,快撑不住了,但他使劲揉揉眼,继续追。

这么追着追着,他竟然追到了谷底的沼泽地里,并在那里的苔藓地上看到有一排脚印。这不是他自己的脚印,他一眼就看得出。那一定是彼尔留下的。但他不能停下,因为母松鸡就在他眼前,他得先把它抓住了再说。

母松鸡被他追得筋疲力尽。他也一样筋疲力尽。母松鸡终于瘫在地上,喘着气。他也瘫在地上,喘着气。相隔只有十英尺,但他就是没有力气爬过去。等他稍稍恢复过来,母松鸡也恢复过来。他把手伸过去,母松鸡拍拍翅膀,又离他十英尺远。就这样,他们一前一后,在地上挣扎着。终于,天黑了,母松鸡不见了。他想爬起来,但刚站直身体,突然一阵头晕,又扑倒在地,脸擦破了,背上的包囊压得他不能动弹。他一动不动地过了好久,才勉强翻过身来,侧躺在地上。他上好怀表,就在那儿一直躺到第二天清晨。

又是有雾的一天。现在,他唯一的一条毯子也已经有一半做了裹脚布。他没有再找到彼尔的脚印。不过,这无所谓。他实在太饿了——不过——不过,他还是在想,彼尔是不是也迷了路。这样到了中午时分,他觉得身后的包囊越来越重,再也背不动了。于是,他把那袋金子拿出来,把其中的一半倒在地上。到了下午,他把另一半也扔掉了。现在,他身上的重物就只有半条毯子、一个白铁罐子和一支枪了。

一种幻觉,开始出现。他总觉得,他好像还有一粒子弹,就在枪膛里,只是一直没有想起来。但紧接着,他又对自己说,枪膛里是空的,没有子弹。随后,他又觉得,枪膛里应该有子弹。这样,好几个小时,他时而出现幻觉,时而摆脱幻觉。时而,他还会打开枪膛看一看,结果看到的总是空空的枪膛。尽管一次次的失望使他非常痛苦,但他还是一次次地打开枪膛,好像那里真会有一颗子弹似的。

他又走了半个小时。幻觉又出现了。他于是想摆脱它,但它就是缠住他不放,直到他再次打开枪膛,再次在失望中驱散它。有时,他还会一面凭本能机械地走着,一面胡思乱想,脑子里就像有无数条蛀虫在蠕动,产生各种各样稀奇古怪的念头。不过,这种不切实际的胡思乱想不会持续多久,因为饥饿很快就会把他唤醒。有一次,他正这样胡思乱想时,忽然一惊,猛地转过神来,看见眼前有一个他做梦也不敢想的东西。他像酒醉一样,身体摇摇晃晃,差一点跌倒。一匹马!就在他面前,站着一匹马!他简直不敢相信自己的眼睛。他只觉得眼前一黑,霎时间又金星乱迸。他使劲揉揉眼睛,定神一看。天哪!不是马,而是一只大棕熊!这只猛兽正恶狠狠地看着他,随时准备扑过来。

他马上举起枪。但是,枪刚举起,他一想,又马上放下,随即从屁股后面的刀鞘里拔出一把猎刀。肉和生命,就在他面前。他用拇指试试刀刃。刀刃很锋利。刀尖也很锋利。

他多么想扑到那只熊身上,把它杀了。但是,他这时心里突然一阵紧张。好像有一股热血突然从他的心脏涌向他的大脑,他只觉得整个头颅好像突然被铁箍箍紧,脑子里嗡嗡作响。

他想奋力一搏的勇气被一阵汹涌而来的恐惧驱散了。他这样虚弱,还想和一只熊搏斗吗?要是这只猛兽发起攻击,他不是死定了吗?

于是,他只能尽力摆出一副勇猛的样子,手握猎刀,眼露凶光,瞪着那只熊。那只熊笨拙地往前挪了两步,突然站立起来,试探性地发出一阵咆哮。

此人如果转身逃跑,那只熊肯定穷追不舍。好在他没有逃跑,而是由于恐惧,生出了另一种勇气。他也咆哮起来,和熊的咆哮一样狂野、一样可怕、一样气势汹汹,而且还带着一种准备拼命时的无畏气概。

那只熊稍稍退缩了一下,虽然仍在发出威胁的咆哮,但它显然被眼前这只始终直立着的、既神秘又可怕的动物怔住了。此人站在那里,就如一尊雕像,纹丝不动,直到那只熊悄悄溜走,他才猛然一阵哆嗦,瘫倒在潮湿的沼泽地里。

当他重新振作起来继续前行时,心里又有了一种新的恐惧。这不是惧怕自己会因为断粮而被活活饿死,而是惧怕自己还没有饿死就被凶残地撕成碎片。这地方有很多狼。狼嗥声时不时在荒野上空回响,就如在他头顶上织成了一张危险的网,而且伸手便能摸到。所以,他一听到狼嗥声,就会惊恐地举起双手,像托住被风刮倒的帐篷一样,想推开那张网。

时而有两三只狼从他前面走过。但它们都避着他,因为它们数量不多,不敢贸然攻击。再说,比起他这种直立行走、遭攻击时会又抓又咬的古怪动物,它们更愿意捕食不会搏斗的驼鹿。

傍晚时,他看到地上有一堆凌乱的骨头,显然是狼在这里进餐后留下的。这些骨头在一小时前还长在一只小麋鹿身上，但随着一阵嚎叫，一阵奔跑，这只小麋鹿就变成了一堆骨头。他端详着这堆骨头，其中有几根还没有被啃得精光发亮，上面还有一丝丝粉红色的嫩肉，里面的细胞还没有完全死去。难道，在天黑之前，他也会变成这样？难道，生命就是这样，呃？就是这样空虚，这样转瞬即逝？也许，活着才是痛苦，死去并不怎么难过。死就像睡觉，就是结束、安息。那么，为什么他又那么怕死呢？他这么想着。

不过，他很快就不想这些大道理了，很快就蹲在苔藓地上，拿起一根骨头放到嘴里，啃食上面残留的、微微泛红的嫩肉。鲜美的肉味在他的记忆中已经很模糊了，然而这一点点带血的生肉却马上使他兴奋得发狂。他甚至想把骨头也吃下去，便使劲地咬。有时，他咬碎了一点骨头。有时，却咬碎了自己的牙齿。于是，他就用石头来砸，把骨头砸碎，然后吞进肚里。忙乱之中，他还砸到了自己的手指，但使他惊奇不已的是，石头砸在手指上，他竟然不觉得痛。

接着几天，下起了可怕的雨雪。他不再定时露宿，也不定时收拾行李，而是白天黑夜都在赶路。摔倒在哪里，就在哪里喘息，稍有一点力气，他就凭着行将垂危的生命之火，挣扎着一步一步往前走。实际上，他已经丧失了意志，逼着他往前走的是他的求生欲望——是他的生命不愿意死。他也不再痛苦。他的神经已经完全麻木，脑子里时而出现怪异的幻象，时而出现美妙的梦境。

然而，他还是没有忘记随身带着那几根驼鹿骨头，时而会拿出来啃一啃、吸一吸。他不再关心东南西北，只是沿着一条流过一片开阔地的小河，机械地走着。而且，他既没有看见河水，也没有看见山谷。他看到的只是一片混乱的幻觉。他的灵魂和他的肉体虽然还在一起往前走着、爬着，但它们之间已经没有多少联系，仿佛已经分开了。

有一天，当他醒来时，他意识到自己正仰卧在一块岩石上。太阳光很亮、很暖和。他听到远处有驼鹿的尖叫声。他隐约记起，自己是在雨雪交加、刮着大风的一天晕倒在这儿的，至于那一天是两天前还是两星期前，他已浑然不知。

他一动不动地躺着，让温暖的阳光照在他身上，使他冰冷僵硬的身体稍有一丝暖意。哦，是个大晴天，他心里想。

或许，他还能知道自己身在何处。他痛苦地、费力地侧过身，看到岩石下方有一条河，很宽，河水流得很慢。他觉得很奇怪，为什么他从未见过这条河。他慢慢抬起头，目光顺着河望去，看到河水蜿蜒地流向较远处的几座小山。那几座小山是光秃秃的，他往日从未见过这样荒凉、这样低矮的小山。于是，他漫无目的地把目光投向更远处，顺着这条陌生的河流一直望到天际。他似乎望见它注入了一片闪闪发光的大海。他一点也不激动。这太奇怪了，他想，这又是幻觉。要不，就是海市蜃楼——不过，多半是幻觉，是他神经错乱的缘故。后来，他又看到那闪亮的海面上好像还有一艘船，就更加相信是幻觉了。他把眼睛闭了一会儿再睁开。奇怪，幻觉竟然还是没有散去！但一点不奇怪的是，他知道，在荒野里是绝不会有什么大海和船的，就像他的空枪里没有子弹一样。

这时，他听到背后有鼻息声——像是喘不出气的声音，还有咳嗽声。但他虚弱之极，全身僵硬，只能很慢很慢地翻过身来。他看看周围，好像没有什么东西，但他耐心等着。

又听到鼻息声和咳嗽声。他隐约看到，就在离他不到二十英尺远的两块岩石间，露出了一只灰狼的头。两只尖耳朵不像别的狼那样是竖直的，而是耷拉着的。两只眼睛暗淡无光，还布满血丝。脑袋有气无力地低垂着，好像很痛苦。在阳光下，这只狼还不停地眨着眼睛。它显然有病,就在他看到它的那一刻,它又发出一阵咻咻的鼻息声和咯咯的咳嗽声。

这大概是真的,他一边想,一边又翻过身去,想再看看那被他认为是幻觉的大海和船是不是已经消失。可是,远处仍是一片闪光的大海,那艘船依然清晰可见。难道这是真的?他闭上眼睛,想了好一会,终于想明白了:当初,他一直是向北偏东走,结果离开了狄斯分水岭,走到铜矿谷来了。这条宽阔的、流得很慢的河,就是铜矿河。那片闪光的大海,就是北冰洋。那艘船是一艘捕鲸船,本应驶往麦肯齐河口的,但它行驶得太偏东了,现在只能停泊在加冕湾里。他记起了很久以前在赫德森湾公司见过的那张地图。于是,一切都清楚了,原来是这么回事!

他坐了起来,想到了自己的处境。裹在脚上的毯子早已磨破,双脚已烂得没有一块好肉。他再也没有毯子可用来裹脚了。枪和猎刀都不见了。帽子,还有帽圈里那一小包火柴,也不知在什么地方丢了。好在,贴胸放在烟草袋里的那包火柴总算没丢,而且还是干的。他看了一下怀表。时针指着十一点,怀表还在走。显然,他一直没有忘记上发条。

他沉静得几近麻木。他浑身衰弱无力,但并不觉得怎么痛苦。他也不觉得饿,甚至都没有想吃东西的感觉。

现在,他无论做什么都只是出于一种本能。他撕下裤腿管的下半截,用来裹脚。那只白铁罐子总算还在。他想喝点热水,然后就朝着那艘船的方向走。他知道,还有一段可怕的路程要走。

他的动作很慢,又像半身不遂似的哆嗦着。他想去找些干苔藓来生火,这时才发现,他已经站不起来了。他试了好几次,最后只好死了心,用手和膝盖在地上爬来爬去。有一次,他甚至爬到了那只生病的狼附近。那只野兽显然不想走开,正伸出一条几乎无力卷曲的舌头，舔着长长的牙齿。他注意到它的舌头不像通常那样是健康的红色，而是暗黄色的，上面好像有一层厚厚的、干乎乎的黏膜。

此人喝下一些热水后，不但觉得可以站起来了，甚至还觉得可以像一个快要死的人那样跟跟跄跄地走几步。他每走一两分钟，就要停下来休息好一会儿。他两腿发软，摇摇晃晃地走着，就像跟在他后面那只狼一样，步履艰难。这天晚上，当夜幕笼罩闪光的大海时，他知道，他和大海之间的距离只缩短了不到四英里。

这一夜，他总是听到那只狼的咳嗽声，时而还听到一群驼鹿的叫声。他知道，强壮、活跃而健康的生命就在他身旁，同时也知道，那只生病的狼正紧随着他这个快死的人，希望他快快死去。清晨，他一睁开眼睛，就看到这只野兽正用一种饥渴的目光瞪着他。它夹着尾巴蹲在那儿，看上去好像一只可怜的狗。寒冷的晨风吹得它直打哆嗦，而每当此人吃力地、像咕噜似的对它吆喝一声时，它也只是无精打采地咧咧嘴。

太阳升起来了，亮堂堂的。这天上午，他一直在跌跌冲冲地朝着闪光的大海上的那艘船走去。天气好极了。这是北极地带短暂的深秋。可能只有一个星期。说不定，后天就会结束。

下午，此人发现地上有一些痕迹，是另一个人留下的，不是脚印，是爬过的痕迹。他想，也许是彼尔留下的，但他只是这么想想而已。他其实并在乎是不是彼尔留下的。他甚至连一点好奇心都没有了。他早已没有了兴致和热情。他对痛苦也已经无动于衷。他的胃，他的神经，都睡着了。只有一种内在的求生本能，在逼迫他前行。他虚弱得几乎死了，但他的生命却不愿沉寂。正因为生命不愿沉寂，他才继续吃着沼泽地里的浆果和鲦鱼，继续喝水，继续提防着那只生病的狼。

他就沿着那人留下的痕迹往前走,没走多远就到了尽头——潮湿的苔藓地上有一堆刚被啃食过的骨头,旁边有许多狼的脚印。他还发现了一个鹿皮袋,和他的一模一样,只是已经被尖利的牙齿咬破了。那鹿皮袋沉甸甸的,他想把它提起来,一时还没有力气,但最后,他还是用力把它提了起来。彼尔,他到死都带着它!天哪!他觉得彼尔真是可笑,不由得笑出了声。

现在,他将活下去,还能把它带到那艘船上去。哈哈!他笑得那么可怕,就像乌鸦叫,而那只生病的狼,就在他身后,也发出一阵凄惨的嗥叫声。突然,他不笑了。要是这真是彼尔的尸骨,他怎么可以这样嘲笑他呢?这些被啃得精光发白的尸骨,难道真是彼尔的?

他转身走开了。不错,彼尔抛弃了他,但他不会拿走彼尔的那袋金子,也不会吸食彼尔的骨头。反过来,要是他的骨头在这儿,彼尔说不定就会这么做——他一边摇摇晃晃地走着,一边默默地想着。

他走到了一个水坑旁边。当他俯身想看看水坑里有没有鲦鱼时,他好像眼睛被什么东西戳了一下,猛地仰起了头。他看到了映在水面上的一张脸。那张脸之可怕,竟然使他顿时恢复了知觉,感到无比震惊。水坑里有三条鲦鱼,但水坑太大,不可能舀干。他用白铁罐子去捞,但捞了几次,都没捞到。最后,他不再捞了。他担心自己太虚弱,腿一软会掉进水坑里淹死。也正因为有这样的担心,他也没有爬上河里的浮木,顺流而下。

这一天,他和那艘船之间的距离缩短了三英里。第二天,只缩短了两英里——因为他不能走了,只能像彼尔那样,在地上爬。到了第五天天黑时,他发现那艘船离开他还有七英里,而他每天连一英里也爬不到了。幸亏天气一直很好,他才得以继续爬行,爬爬停停，时而晕厥，而那只狼呢，也一直尾随着他，不停地在他身后喘气、咳嗽。他的膝盖已经和他的双脚一样血肉模糊。尽管他从衬衫上撕下两条布，包住了两个膝盖，但在他身后的苔藓地和岩石上依然留下了点点血迹。有一次，他偶然回头一看，只见那只生病的狼正在舔他的血迹。他仿佛看到了自己可怕的结局——除非——除非杀死那只狼。于是，一幕罕见的求生悲剧开始上演了。一个垂死的人，一路爬着。一只垂死的狼，一路跛行。就这样，两条垂死的生命在这荒野里拖着垂死的躯体，以求用对方的死亡来延续自己的生命。

他觉得，要是他的死能使一只健康的狼活着，那倒也值得。但跟在他身后的却是一只病入膏肓、只剩一口气的狼。一想到自己要被这样一只狼吃掉，他就觉得羞耻和厌恶。他就是这样，至死还要讲究一番。其后，他脑子里便混沌一片，各种各样的幻觉纷至沓来，神志清醒的次数越来越少，时间越来越短。

有一次，他昏昏沉沉地睡着了，突然被耳边粗粗的喘息声惊醒。只见那只狼从他身边一跛一跛地跳开——它因为虚弱，还滑了一跤，样子很可笑。但他并不觉得有趣。他甚至也不觉得害怕。他已经到了这一步，根本谈不上这些了。不过，这倒使他的头脑清醒了一会儿。他躺在那里，默默地想着。

那艘船现在离他不过四英里，他只要揉揉眼睛，就能清楚地看到它。他同时还能看到，有一只小船的白帆在闪光的海面上慢慢地移动。然而，他无论如何也爬不完这四英里路。这一点，他心里很清楚，而且，他对此还很镇静。他知道，就是半英里，他也爬不动了。但他不想死，他要活下去。他吃尽苦头，受尽折磨，到头来还是死掉，那太不公平了。也许，他注定要死，但就是到了奄奄一息，他仍然不想死。也许，这么想简直是发疯，但不管怎样，就是到了死神手里，他仍要挣扎，仍想活。

他闭上眼睛，竭力使自己镇静下来。虚脱像潮水般从他身体的各个部位涌来，但他奋力抵御着，绝不让虚脱的潮水把他淹没。然而，这种致命的虚脱，就像海里的潮水，不可阻挡地、一波一波地涨上来，一点一点地在淹没着他的意识。有时，他眼看就要被淹没了，只因为他拼命摆动双手，才勉强把头从漆黑的水面上伸出来。有时，他还真的被淹没了，但他似乎有一种神奇的心灵之力，即便在水下仍顽强地挣扎着，不屈不挠。

此时，他的躯体好像已经死了。他一动不动地仰面躺着，隐约听到那只狼正一口一口喘着粗气，一挪一挪朝他爬来。它越爬越近，慢慢向他逼来。它好像用了很长很长时间，但他始终一动不动。它的嘴已凑到他耳边，然后伸出那条粗糙得像锉刀似的舌头，在他的脸上舔了舔。这时，不知从哪儿来的力气，他竟然伸出那两只手——手指弯曲得像鹰爪——想掐住它的喉咙。然而，却掐了个空。要准确而快速地掐住对手的喉咙，需要有足够的力气，而他，没有这种力气。

那只狼耐心地等着，真是可怕。此人也耐心地等着，一样可怕。

现在，他又一动不动地躺着，用尽全部心力和昏迷抗争，等着那只想吃他而他也想吃它的狼。虚脱的潮水再次涌来，淹没了他。这时，他会做着长长的梦。但不管是在做梦，还是醒着，他一直都等着，等着那种喘气声，等着那条锉刀似的舌头来舔他的脸。

他没有听到喘气声，只是从梦中慢慢醒来，感觉到有条舌头正在舔他的一只手。他一动不动地等着。狼的牙齿轻轻咬住了他的手。它咬紧了，正用尽最后一点力气想把牙齿咬进去，让那里面的东西流出来——它等着那东西，已经很久了。然而，此人也等了很久了，他扭动那只被咬住的手，一把抓住了狼的下巴。狼无力地挣扎着，此人的手也无力地抓着，而这时，他的另一只手慢慢地摸了过来，掐住了狼的喉咙。这样足足过了五分钟，此人才把自己的身体压在狼身上。他的手没有足够的力气把狼掐死，但他的脸正紧贴在狼的咽喉处，嘴里还有许多狼毛。半小时后，此人只觉得一股温热的液体慢慢流进了他的喉咙。那液体气味难闻，流进他胃里就如铅液，沉甸甸的，但他凭着本能，吮吸着。这之后，此人翻了个身，直挺挺地仰面躺着，昏昏沉沉地睡着了。

捕鲸船"白德福号"上有几名科考队员。他们从甲板上远远看到有个奇怪的生物在沙滩上蠕动。他们看不清那是哪一种生物，于是便放下小艇，要去看个究竟，因为他们原本就是来做生物考察的。结果，他们看到了一个活着的人，但他的样子，简直使他们不敢把他称作人。他已经瞎了，知觉极其迟钝，就像一条巨大的虫子在地上蠕动着。他的动作几乎没有什么效率，但他仍不停地扭动着、爬着，而其速度，每小时大约只有二十英尺。

三个星期后，此人躺在捕鲸船"白德福号"的一个铺位上，骨瘦如柴、泪流满面。他说出了他是谁，以及他经历的一切。他还含糊不清地说到他母亲，说到南加利福尼亚，说那里是他的家乡，那里阳光灿烂，有橘子树，还有鲜花。

又过了几天，他就和船上的人坐在一张桌子旁吃饭了。他馋极了，看到桌上的食物，特别是看到别人吃东西，他就迫不及待地想吃。别人每咽下一口，他就神情紧张地瞪别人一眼。他的神志已经清醒，但每到吃饭的时候，他却总是莫名其妙地发脾气，恨船上所有的人。他心存恐惧，总是害怕会断粮。他到厨师那里去打听，到船舱清洁工那里去打听，甚至到船长那里去打听，船上到底贮藏了多少食物。尽管他们无数次对他保证，说船上不会断粮，但他还是不相信，还是偷偷地溜到贮藏室门外，探头探脑地要窥个究竟。

很明显，此人一下子胖了许多。他每天都会胖一点。那些科考队员都摇摇头，还说了一通道理。他们限制此人的饮食，但没用，他的腰围依然在增大，体重依然在增加。

水手们都咧着嘴笑。他们知道这是怎么回事。后来，那些科考队员派人去监视他，终于也知道了。监视他的人看到，每次吃过早饭，他就会像叫花子似的伸手向这个或者那个水手乞讨。于是，这个水手笑了笑，给了他一块硬面包，而他拿到面包后，会贪婪地看上好一阵子，然后像守财奴似的藏在衬衫里。那个水手见此，觉得很好玩，于是又笑着给了他一块硬面包。

对此，科考队员们处理得很谨慎。他们没有去阻止他，而是经常偷偷地去查看他的床铺。那里摆满了硬面包，不但每个角落里都有一大堆，连褥子里也塞得满满的。然而，他并没有神经错乱。他只是恐慌，生怕再遇到饥荒——就是这么回事。科考队员们说，这没什么，他不久就会恢复的。事实上也正是如此。还没等"白德福号"到达旧金山湾隆隆地抛下铁锚，他就恢复了正常。

图书在版编目(CIP)数据

野性三部曲 /(美)杰克·伦敦著;刘文荣译. ——
上海:文汇出版社,2023.5
 ISBN 978-7-5496-4009-6

Ⅰ.①野… Ⅱ.①杰… ②刘… Ⅲ.小说集—美国
—近代 Ⅳ.①I712.44

中国国家版本馆 CIP 数据核字(2023)第 073893 号

野性三部曲

著　者 / [美]杰克·伦敦
译　者 / 刘文荣

策划编辑 / 陈今夫
责任编辑 / 陈　屹
封面装帧 / 薛　冰

出版发行 / 文匯出版社
　　　　　上海市威海路 755 号
　　　　　（邮政编码 200041）
经　销 / 全国新华书店
排　版 / 南京展望文化发展有限公司
印刷装订 / 上海颛辉印刷厂有限公司
版　次 / 2023 年 5 月第 1 版
印　次 / 2023 年 5 月第 1 次印刷
开　本 / 890×1240　1/32
字　数 / 240 千字
印　张 / 10

ISBN 978-7-5496-4009-6
定　价 / 78.00 元